U0451015

本书系江汉大学"城市治理与文化传承"省级优势特色学科群资助成果、2023年武汉市社科基金后期资助项目"近代交通与武汉城市发展变迁研究（1861—1938）"（项目编号：2023049）结项成果

近代交通与武汉城市发展变迁研究

(1861—1938)

王耀 著

中国社会科学出版社

图书在版编目（CIP）数据

近代交通与武汉城市发展变迁研究：1861—1938／王耀著. -- 北京：中国社会科学出版社，2024.9.
ISBN 978-7-5227-4214-4

Ⅰ.F572.89；F299.276.31

中国国家版本馆 CIP 数据核字第 20242PY121 号

出 版 人	赵剑英
责任编辑	鲍有情　彭　丽
责任校对	韩天炜
责任印制	李寡寡

出　　版	中国社会科学出版社
社　　址	北京鼓楼西大街甲 158 号
邮　　编	100720
网　　址	http://www.csspw.cn
发 行 部	010-84083685
门 市 部	010-84029450
经　　销	新华书店及其他书店
印　　刷	北京明恒达印务有限公司
装　　订	廊坊市广阳区广增装订厂
版　　次	2024 年 9 月第 1 版
印　　次	2024 年 9 月第 1 次印刷
开　　本	710×1000　1/16
印　　张	15.75
插　　页	2
字　　数	230 千字
定　　价	78.00 元

凡购买中国社会科学出版社图书，如有质量问题请与本社营销中心联系调换
电话：010-84083683
版权所有　侵权必究

目　录

绪　论 …………………………………………………………………（1）

第一章　铁路与城市功能的现代转型 ………………………………（11）
　第一节　京汉铁路与城市交通的现代化 ……………………………（11）
　　一　京汉（卢汉）铁路的筹建与开通 ………………………………（11）
　　二　京汉铁路与武汉（汉口）城市发展 ……………………………（19）
　第二节　粤汉通轨与"大十字"立体交通格局的形成 ………………（26）
　　一　曲折反复的粤汉铁路 ……………………………………………（26）
　　二　粤汉铁路对武汉的多重影响 ……………………………………（31）
　第三节　域外铁路对武汉城市发展的考察 …………………………（36）
　　一　陇海铁路的修筑 …………………………………………………（36）
　　二　商业圈层的缩小：陇海铁路对武汉（汉口）经济的
　　　　冲击 ………………………………………………………………（41）

第二章　现代航运中心的形成与演变 ………………………………（46）
　第一节　轮船航运的闯入与木船运输的没落 ………………………（46）
　　一　现代轮船运输的传入 ……………………………………………（46）
　　二　传统木船运输：从干线转向支流 ………………………………（53）
　第二节　长江最大水陆运输综合枢纽的形成 ………………………（57）
　　一　江海航运、水铁联运与内河航运的扩张 ………………………（57）

二　码头设施的新建改造和近代航运管理体制的建立……（64）
　　三　客货业务的起伏不定……………………………………（68）
　　四　渝申直航的不利影响……………………………………（76）
 第三节　现代航运与城市发展………………………………………（81）
　　一　城市空间的扩张…………………………………………（81）
　　二　城市经济结构的变化……………………………………（85）
　　三　现代航运中心功能初显…………………………………（89）

第三章　不甚发达的公路运输……………………………………（97）
 第一节　从传统驿道到现代公路……………………………………（97）
　　一　传统驿道的变迁…………………………………………（97）
　　二　现代公路的创建…………………………………………（99）
 第二节　客货运输的基本情况……………………………………（108）
　　一　商办到官办：公路运输企业的变迁……………………（109）
　　二　有限的客货运输…………………………………………（116）

第四章　中部邮电中心的形成与航空事业的初创………………（123）
 第一节　从大清邮政到中华邮政…………………………………（123）
　　一　外国在汉邮局的设立与裁撤……………………………（123）
　　二　民信局的起起伏伏………………………………………（128）
　　三　现代邮政的基本情况……………………………………（137）
 第二节　区域电信中心的确立……………………………………（144）
　　一　电报与电话：城市电信事业技术角度的观察…………（144）
　　二　市办、省办与国办：利益的多方博弈…………………（150）
　　三　政治、经济与社会：城市电信事业的多重影响………（154）
 第三节　民用航空事业的滥觞……………………………………（159）
　　一　各类航线的开辟…………………………………………（160）
　　二　机场建设的滞后…………………………………………（163）

第五章　多样化的市政交通 …………………………………………（166）
　　第一节　轿子、马车与人力车的共存 …………………………（166）
　　　　一　轿子、马车等传统出行方式的更迭 …………………（166）
　　　　二　人力车与城市社会生活 ………………………………（171）
　　第二节　公共汽车：城市交通的主力军 ………………………（186）
　　　　一　电车计划的夭折 ………………………………………（186）
　　　　二　公共汽车：城市公共交通主力军的短暂之旅 ………（192）
　　第三节　轮渡业的发展变迁 ……………………………………（200）
　　　　一　传统木划向新式轮渡的过渡 …………………………（200）
　　　　二　从私营到官办：过江轮渡的新发展 …………………（204）

结　语 ………………………………………………………………（209）

参考文献 ……………………………………………………………（216）

后　记 ………………………………………………………………（240）

图 目 录

图 1-1 1924 年汉口大智门车站 …………………………… (18)
图 1-2 粤汉铁路首次直达通车抵达徐家棚站……………… (30)
图 2-1 招商局之航行长江轮船 …………………………… (51)
图 2-2 建筑怡码头 ………………………………………… (66)
图 3-1 武葛路桥 …………………………………………… (106)
图 3-2 武昌汉阳门车站 …………………………………… (119)
图 4-1 汉口电话局蓄电池室 ……………………………… (149)
图 4-2 沪宜间第一次开航第三号汉口号飞机装运邮件情形 … (162)
图 5-1 汉口市公安局检查人力车 ………………………… (175)
图 5-2 汉口特别市公共汽车路线 ………………………… (194)
图 5-3 汉口街头的汽车 …………………………………… (197)
图 5-4 由武昌码头开往汉口的轮渡 ……………………… (205)

表 目 录

表1-1 1924—1930年汉口杂粮出口数量统计……………………(42)

表1-2 1925—1931年汉口全部贸易纯额……………………(43)

表2-1 晚清时期在湖北汉口经营长江航运的主要外资轮船公司概况……………………(49)

表2-2 1897—1904年开辟汉口轮船运输的各小轮公司简况……(53)

表2-3 1894—1898年出入汉口帆船只数及吨位数……………(55)

表2-4 来航汉口民船之种类、航行地、装载货物……………(56)

表2-5 外埠主要民营航运企业在汉一览（1936年）……………(58)

表2-6 武汉港往来外洋的海轮艘数吨数统计……………………(59)

表2-7 1921年武汉本埠小轮企业一览……………………(62)

表2-8 以武汉为中心的周边地区木船（民船）运输情况一览……………………(64)

表2-9 武汉港主要码头一览（1936年）……………………(65)

表2-10 汉口港进出口货值净数统计（1927—1936年）………(69)

表2-11 汉口港直接对外贸易货值统计（1927—1936年）……(71)

表2-12 武汉港棉花运销上海等国内港埠的数量（1925—1935年）……………………(72)

表2-13 武汉港各条航线班轮航次统计（1936年）……………(74)

表2-14 最近十年（1924—1933）来汉口之直接对外贸易总额……………………(79)

表 2-15	中国五大商港贸易总额	(79)
表 2-16	四大港在中国对外贸易总值中所占比重（1871—1911 年）	(86)
表 2-17	上海、汉口和福州等 11 个港口进出口总值比较（1863 年）	(93)
表 2-18	汉口港进出口货物总值统计（1894—1911 年）	(93)
表 2-19	汉口、重庆等 9 个港口进出口贸易额在全国贸易总额中所占比重（1900—1911 年）	(94)
表 3-1	湖北省公路路线（七省公路会议决定）	(103)
表 3-2	与武汉相关主要通车公路统计（1937 年）	(107)
表 3-3	1927—1938 年武汉地区商办汽车公司营运情况	(113)
表 3-4	湖北省会公共汽车管理处主要线路一览（1934 年 1—6 月）	(115)
表 3-5	汉宜路鄂东路两路乘客人数统计（1933 年 3 月—1934 年 6 月）	(116)
表 3-6	湖北省公路管理局鄂东段武汉境内各站乘客往来人数统计（1935 年 7 月）	(118)
表 3-7	湖北省会公共汽车管理处乘客人数一览（1934 年 1—6 月）	(118)
表 3-8	汉宜鄂东路货运收入一览（1933 年 3 月—1934 年 6 月）	(120)
表 4-1	胡万昌信局基本情况一览	(129)
表 4-2	晚清汉口民信局业务情况一览	(132)
表 4-3	民信局包封信件历年比较（汉口部份）	(133)
表 4-4	湖北民局 1930—1933 年交寄之邮件数目	(133)
表 4-5	武汉地区历年邮政负责人名单（1911—1937）	(141)
表 5-1	由一码头至各要区之规定价目	(176)
表 5-2	由大智门火车站至各要区之规定价目	(177)

表 5-3　汉口市人力车工生活状况调查（1936 年 12 月）……（179）

表 5-4　汉口市人力车（高低度）年龄分配状况统计
　　　　（1936 年 12 月）……………………………………（180）

表 5-5　汉口公共汽车运营情况一览
　　　　（1929 年 9 月—1931 年 4 月）……………………（195）

表 5-6　武汉轮渡营业状况调查……………………………（207）

表 5-7　湖北建设厅航政处 1934 年（1—9 月）武汉轮渡
　　　　收支盈余统计…………………………………………（208）

绪　　论

一　研究缘起及意义

（一）研究缘起

德国人文地理学家拉采尔曾有言："交通是城市形成的力。"纵观中外城市发展史，交通对城市发展的重要作用毋庸置疑。交通为城市人流、物流、信息流的往来沟通提供重要通道，是连接城市与城市、城市与乡村的重要纽带，交通对城市空间格局、经济运行、社会习俗等诸多方面有着极为重要的影响。

工业革命后，以蒸汽机为动力的现代交通形式诞生。现代交通工具的出现，进一步缩短了时空距离，城市亦因此发生翻天覆地的变化。孙中山曾说："交通为实业之母，铁道又为交通之母。国家之贫富，可以铁道之多寡定之，地方之苦乐，可以铁道之远近计之。"[①] 现代交通工具在晚清时期被引入中国后，催生了一批如郑州、石家庄一样的新型城市，也不可避免地带来了诸如镇江、朱仙镇等传统城市的衰落。

武汉在明清时期就号为"九省通衢"。尤其是汉口，在明清时期的崛起，一大重要原因就是位居长江之中游、便于东西货物转运的交通优势地位。1861年汉口开埠后，轮船、铁路、电报等现代交通形式纷至沓来，从城市空间、经济格局、社会生活等多个领域深刻影响了武汉三镇的城市发展进程。

[①] 孙中山：《在上海与〈民立报〉记者的谈话》（一九一二年六月二十五日），《孙中山全集》（第二卷），中华书局1982年版，第383页。

（二）研究意义

本书拟以城市史的研究视角，对近代武汉交通发展与城市发展变迁进行贯通性、系统性研究，其意义有三：

一是填补当前武汉地方史研究的空白，补充学术界对近代武汉交通在大范围、宽视野、综合性研究方面的不足。

二是通过对近代武汉交通发展状况的系统梳理，全方位展现现代交通对近代武汉城市空间、经济格局、社会生活、城市功能等方面的多重复合影响，进一步透视城市发展的独特样貌、角色定位与基本特点。

三是通过对历史上武汉三镇交通发展的研究，为当下武汉的交通建设和交通治理提供经验借鉴，为武汉建设具有全球竞争力的国际性综合交通枢纽城市提供智力支持，为以中国式现代化为指引的当代湖北城市发展提供历史经验。

二　研究综述

目前学界对近代武汉交通的研究主要集中在三个方面：一是武汉城市史、地方史研究中的交通部分；二是对近代武汉交通的专门研究；三是近代交通史中涉及武汉的部分。

（一）武汉城市史、地方史研究中的交通部分

此类研究主要集中于各类武汉城市通史著作中。《武汉史稿》对南京国民政府时期武汉三镇的交通发展状况进行了细致梳理。[1]《近代武汉城市史》系国家"七五"重点课题成果，该书分为四编，上迄1840年，下至1949年，在全部三十章内容中，涉及近代交通发展的有四章，对晚清直至中华人民共和国成立前武汉三镇的航运、铁路、邮电、航空、市政交通等进行了全面考证。[2]《武汉通史·晚清卷》辟有专章对京汉铁路、近代汉口轮运进行描述，同时对近代邮政电信和市内交通事

---

[1] 皮明庥、欧阳植梁主编：《武汉史稿》，中国文史出版社1992年版，第560—564页。
[2] 皮明庥主编：《近代武汉城市史》，中国社会科学出版社1993年版。

业亦设置专节进行分析。①《武汉通史·中华民国卷》(下)设置专章"立体交通网络的初步建构"对民国时期武汉交通发展进行了全面深入的探讨。②《城市早期现代化的黄金时代——1930年代汉口的市政改革》从市政建设的角度对民国时期汉口的公共交通建设、市内交通管理等内容进行了详细梳理。③

(二) 对近代武汉交通的专门研究

按照交通类型,相关研究成果大致可分为以下几类:

一是总括性研究。《民国大武汉对外交通》对民国时期武汉的铁路、公路、航空、航运等对外交通的发展进行了全面细致的梳理。④《民国大武汉城市公共交通》对民国时期武汉三镇的轮渡、人力车、出租车、公共汽车四种市政交通形式的沿革发展变迁进行了初步探究。⑤

二是关于铁路的研究。《武汉铁路百年》分别从京汉铁路与汉口之谜、粤汉铁路与武昌之谜、武汉长江大桥与铁路枢纽之谜、历史风云与人文轶事四个方面详细解读了铁路与近代武汉的方方面面。⑥《"兴"、"隐"之间——京汉、粤汉铁路与汉阳(城)》将眼光投向较少被关注的汉阳城,"以粤汉铁路修建为线索探究汉阳古城从'因厂重兴'到逐渐消隐在武昌、汉口发展光环的过程中其背后的社会动因和自然选择缘由"⑦。

三是关于航运的研究。《武汉港史》记述了武汉自东汉至1985年的城以港兴,港为城用,互为依托的产生、形成、发展和变化的历史全貌及其客观规律。该书设有专章对近代武汉三镇港埠、货物运输、港口治

---

① 皮明庥主编:《武汉通史·晚清卷》,武汉出版社2006年版。
② 涂文学主编:《武汉通史·中华民国卷》(下),武汉出版社2006年版,第133—153页。
③ 涂文学:《城市早期现代化的黄金时代——1930年代汉口的市政改革》,中国社会科学出版社2009年版,第267—276页。
④ 吴华、徐佳:《民国大武汉对外交通》,《档案记忆》2020年第4期。
⑤ 吴华、李俊:《民国大武汉城市公共交通》,《档案记忆》2020年第5期。
⑥ 汪瑞宁:《武汉铁路百年》,武汉出版社2010年版。
⑦ 赵莘婷、谭刚毅:《"兴"、"隐"之间——京汉、粤汉铁路与汉阳(城)》,《华中建筑》2019年第11期。

理等内容进行了详细描述。① 《近现代武汉水运对城市空间演变影响规律研究（1861年—2009年）》"将近现代武汉水运划分成三大阶段，即兴盛阶段、衰落阶段、特殊阶段"，并从空间扩展比例变化、扩展模式变化两个方面就近现代武汉水运对城市空间扩展的影响规律进行了深入分析。② 《江汉关与近代武汉的城市发展——以航运交通为中心的考察》以航运交通为切入点，重点探讨了江汉关对近代武汉城市发展的多重作用——"为武汉成为整体的行政区划奠定了基础，加速了近代武汉的城市发展"③。《江汉关与武汉——以航运交通为中心的考察》通过梳理江汉关的航政管理机制，重点从商业经济、社会生活两个方面论证了江汉关对近代武汉城市发展的影响。④

四是关于邮政电信的研究。《汉口五国租界"客邮"始末》系统整理了汉口客邮的缘起、各国在汉客邮的基本情况及汉口客邮取消的过程。⑤ 《从多元到整合的晚清汉口邮政——以江汉关博物馆馆藏为视角》以江汉关博物馆馆藏文物为切入点，对近代汉口的邮驿服务体系进行了梳理，认为近代汉口邮驿体系的发展进程"昭示了中国社会现代转型的一个侧面"⑥。《战后武汉电信事业研究（1945—1949）》梳理了抗战胜利后南京国民政府对武汉电信事业的接收、整理和重建的状况，"分析战后国民政府对恢复与重建武汉电信事业所做出的努力及成果，进而探讨战后国民政府对重新控制城市社会和恢复社会稳定的努力及无力"⑦。《近代中国城市电信事业的基本考察（1884—1937）——以武汉为样本

---

① 郑少斌主编：《武汉港史》，人民交通出版社1994年版。
② 李明术：《近现代武汉水运对城市空间演变影响规律研究（1861年—2009年）》，博士学位论文，华中科技大学，2011年。
③ 吴成国、王秦江：《江汉关与近代武汉的城市发展——以航运交通为中心的考察》，《湖北大学学报》（哲学社会科学版）2023年第1期。
④ 吴成国、王秦：《江汉关与武汉——以航运交通为中心的考察》，《档案记忆》2023年第3期。
⑤ 陈波：《汉口五国租界"客邮"始末》，《集邮博览》2004年第6期。
⑥ 陈玥：《从多元到整合的晚清汉口邮政——以江汉关博物馆馆藏为视角》，《集邮博览》2018年"大龙邮票与清代海关邮政——大龙邮票诞生140周年特刊"。
⑦ 卞桂英：《战后武汉电信事业研究（1945—1949）》，硕士学位论文，华中师范大学，2014年。

的分析》一文对近代武汉电信业的发展情况、管理权限的争夺、对城市的全方位影响等进行了深入探究，指出"近代武汉三镇电信业的发展是一种不充分、不平衡的发展，究其原因，是经济基础相对薄弱，政治环境动荡频仍，以及管理者的水平低下"①。

五是关于市内交通的研究。《清末民初汉口创办有轨电车计划失败经过》详细介绍了汉口电车创设失败的具体情形。②《武昌起义后汉口重建中的国家与社会》从国家与社会的角度分析了民国初期汉口电车创设失败的缘由，指出电车事业的失败"根本原因正是禁止民办城市公用事业"③。《武汉公共汽车（1929.2—1945.5）》对民国时期武汉三镇公共汽车的基本情况进行了全面梳理。④《公共汽车：近代城市交通演变的一个标尺——以1929年到1931年的汉口为例》以汉口公共汽车事业的创办、发展为对象，总结归纳了汉口公共汽车事业兴办运营的基本特点，并就公共汽车对城市社会生活的影响进行了探究。⑤《长江轮渡与近代武汉市民生活》介绍了武汉轮渡创设、运营的基本情况，指出"过江轮渡便利了近代武汉市民出行，同时又是一个凝结着政治意味和生活意味的公众空间，都市政治风云和社会百态在此延伸"。该文还强调"长江轮渡既承载着多姿多彩的市民生活，又催生了武汉市民众朦胧的公共责任感和改善轮渡运营以利民生的善意，与此同时也呼唤着广泛而真诚的市民认同美德的养成"⑥。《近代武汉轮渡发展述论》全面梳理了传统时期武汉过江交通及轮渡创设、发展的进程，认为"轮渡的兴起与发展极大便利了三镇之间的人员流动与经济文化交流，促进了两岸由独立发展向同城融合的转变，使得武汉三镇得以开启迈向一个跨江带湖

---

① 王耀、周德钧：《近代中国城市电信事业的基本考察（1884—1937）——以武汉为样本的分析》，《南京邮电大学学报》（社会科学版）2023年第3期。
② 梁志权：《清末民初汉口创办有轨电车计划失败经过》，《湖北档案》2002年第3期。
③ 涂文学：《武昌起义后汉口重建中的国家与社会》，《史林》2021年第6期。
④ 李友林、张明方、刘建群：《武汉公共汽车（1929.2—1945.5）》，《武汉春秋》1982年试刊2号。
⑤ 艾智科：《公共汽车：近代城市交通演变的一个标尺——以1929年到1931年的汉口为例》，硕士学位论文，四川大学，2007年。
⑥ 胡俊修、曹野：《长江轮渡与近代武汉市民生活》，《湖北社会科学》2008年第7期。

的现代化大都市的进程"①。《晚清以来武汉的轮渡事业与城市交通网络（1896~1987）》一文"通过分析武汉轮渡事业发展变迁的过程，观察不同历史时期的制度转型和经济发展过程中的城市交通的实际状况，透视了经济因素与社会发展的关系，尽力刻画了近代武汉轮渡事业的内在变迁"②。

市内交通方面，有关人力车的研究成果颇多，集中在人力车夫方面。《人力车和轿子》对武汉三镇的人力车及轿子两种交通形式进行了详细描述。③《多重权力网络下的近代中国人力车夫——以1945—1949年的汉口人力车夫为中心》"通过对汉口地区1945—1949年间人力车夫的分析，揭示其更为真实和清晰的面相，反映其与国家、劳工社团和商人社会的复杂关系"④。《困顿与迷茫——近代的武汉人力车夫》从武汉人力车的起源、样式、类型以及人力车夫的来源、困苦生活等方面全面勾勒了近代武汉三镇人力车业的基本业态和人力车夫的生活样貌。⑤《战后汉口人力车夫的生存合力（1945—1949）》关注抗战胜利后汉口的人力车夫群体，认为"人力车夫通过依靠整个权力网络、参与国家和不同社会力量的互动和利用自身的斗争优势，其利益得到尊重，其要求也得以尽可能地满足，这说明他们的弱势地位似乎已经发生了实质上的改变"⑥。《老武汉的街头文化——近代汉口人力车夫的业缘与生存》以"街头文化"概念为研究切入点，在经过细致梳理及认真分析后，指出"业缘关系已经成为近代汉口人力车夫生存和发展的重要条件，并且在一定程度上悄然改变着这群弱势群体与强势力量之间

---

① 吴承胜：《近代武汉轮渡发展述论》，《社会科学动态》2017年第8期。
② 于镕彬：《晚清以来武汉的轮渡事业与城市交通网络（1896~1987）》，硕士学位论文，华中师范大学，2021年。
③ 龙良超、廖广生：《人力车和轿子》，《武汉春秋》1983年第4期。
④ 汤蕾：《多重权力网络下的近代中国人力车夫——以1945—1949年的汉口人力车夫为中心》，硕士学位论文，华中师范大学，2006年。
⑤ 刘秋阳：《困顿与迷茫——近代的武汉人力车夫》，《学习月刊》2007年第4期。
⑥ 汤蕾：《战后汉口人力车夫的生存合力（1945—1949）》，《华中师范大学学报》（人文社会科学版）2007年第6期。

的力量对比"①。《抗战后人力车夫多重管理者角色探析——以1946—1949年汉口废除人力车运动为例》一文以抗战后汉口废除人力车计划为研究对象，在深入剖析该项计划中各方力量的博弈后，指出"以人力车业尤其是人力车夫为中心，国家、劳工阶层社团和商人阶层共同构筑了一个多重权力网络，而人力车夫的利益在三者的利益博弈中得到了很大程度地张显"②。《中共武汉地方组织与1921年汉口人力车夫大罢工》将研究视角聚焦汉口人力车夫的罢工，认为"在开展罢工的过程中，共产党人注重将政治斗争与经济斗争相结合，指导建立了武汉地区第一个现代工会，促使人力车工人克服个体劳工的散漫性，积极组织和团结起来，成为日后革命斗争中的一支有生力量"③。

（三）近代交通史中涉及武汉的部分

此类研究主要集中于近代航运史研究中。《清末民初湖北内河航运业的变迁》在系统梳理近代清末民初湖北内河航运近代化历程的基础上，分析了近代内河航运业的兴起对湖北区域市场格局形成的影响，文章实则是以汉口港为论述重点。④《湖北航运史》上溯远古，下讫1990年，是一部反映湖北地区航运经济技术情况的专著。该书分古代、近代、现代三篇，其中近代篇重点对汉口港的货物运输、轮船航运业、木船运输业等内容进行了论述。⑤《长江航运百年探索》将近代武汉港口定位为长江近代最大港口。⑥日本学者松浦章的《清代内河水运史研究》设有专章从汉口埠头、民船种类及运营结构、民船船料等方面对清代汉口民船运输业进行了深入探讨。⑦《近代湖北航政研究（1928—

---

① 汤蕾：《老武汉的街头文化——近代汉口人力车夫的业缘与生存》，《三峡文化研究》（第七辑），2007年。
② 汤蕾：《抗战后人力车夫多重管理者角色探析——以1946—1949年汉口废除人力车运动为例》，《学习月刊》2012年第8期。
③ 严锴、严昌洪：《中共武汉地方组织与1921年汉口人力车夫大罢工》，《广东社会科学》2022年第5期。
④ 张克兰：《清末民初湖北内河航运业的变迁》，《长江论坛》1998年第3期。
⑤ 《湖北航运史》，人民交通出版社1995年版。
⑥ 黄强、唐冠军主编：《长江航运百年探索》，武汉出版社2009年版。
⑦ [日]松浦章：《清代内河水运史研究》，董科译，江苏人民出版社2010年版，第212—225页。

1949）》关注近代湖北航运管理的变迁，系统梳理了近代湖北航政的设置、运作及变革，武汉作为近代湖北航运重镇是该文探讨的重点。①《论汉口开埠初期湖北航运业新旧力量的嬗递（1861—1889）》聚焦晚清时期湖北地区现代轮运业及传统木船航运业之间的竞争、共存，认为"传统木船航运并没有迅速退出历史舞台，新旧力量在很长一段时期内共存互补，旧力量甚至快于新力量而发展"②。此外，尚有大量关于全国性的铁路史、邮政电信史、公路史的研究中涉及近代武汉的内容，因成果较多，不再赘述。

从上述研究成果的梳理可以看出，目前有关近代武汉交通发展变迁的研究已取得不少成果，这些都为本书的研究写作奠定了良好基础。但细究之下，仍存在一些问题，主要表现在以下几个方面：

一是研究存在"两张皮"现象。无论是城市史抑或交通史的研究，大多数更多关注各自学科的研究场域，一定程度上忽视了交通进步与城市发展之间互为因果、互相影响的关系，有关现代交通发展对城市功能、空间格局、社会生活等多重复合影响的研究并不多见。

二是研究领域热度不一，航运研究居多，对其他交通类型关注相对较少。目前研究中较多关注近代汉口的航运交通，对铁路、公路、邮政电信等交通形式关注较少，更难以见到对近代武汉交通发展变迁的综合性考察和研究。

三是缺乏对近代武汉交通与城市发展之间宏观上的把握。目前可见的成果大多数以类别性、描述性研究为主，缺乏从更为宏观的角度对现代交通形式与近代武汉城市发展的多重复杂关系进行系统性探究。

总体而言，近年来关于近代武汉交通发展变迁已形成不少成果，但涉及的成果中或以航运、市政交通为主，缺乏全面性、整体性研究；或集中于近代某个特殊时段，缺乏贯通性研究。这些问题的存在都使本书

---

① 苏明强：《近代湖北航政研究（1928—1949）》，博士学位论文，华中师范大学，2015年。
② 常城：《论汉口开埠初期湖北航运业新旧力量的嬗递（1861—1889）》，《湖北经济学院学报》2017年第3期。

的研究有一定的必要性和可行性。

三 研究思路、方法及创新之处

（一）研究思路

本书从整理和归纳有关近代武汉交通的方志、档案、报刊、论著等资料入手，在准确把握近代武汉交通发展状况的基础上，系统考察近代交通发展对这一时期武汉城市空间、经济运行、社会风貌、城市功能的多重复合影响，并将武汉置于全国空间及近代时段中进行适度的比较分析，进而分析现代交通方式对武汉城市发展的正面及负面影响，以期为当代武汉交通规划与城市发展提供借鉴和参考。

（二）研究方法

本书以马克思主义理论和方法为指导，以国内外已有的研究成果为基础，综合运用历史学、城市学、地理学、社会学等多学科的研究方法和理论。

1. 文献研究法

历史研究的基础是文献。本书是在搜集、整理、阅读、分析诸多历史文献的基础上而成的。本书研究的时间范围虽主要限定在近代（1861—1938），但在搜集梳理历史文献过程中，却上溯清前中期，下讫1938年，力求尽可能充分利用多种材料进行论证。

2. 比较分析法

本书的论述重点在近代武汉，但不仅仅局限于此，而是将近代武汉交通的发展放在整个中国交通现代化的进程中，通过其与郑州、上海等交通城市发展的比较，总结归纳出其发展的若干特点。

3. 数据统计法

本书涉及大量交通统计数据，主要通过图表等形式对相关统计数据进行分析，以期归纳总结相关规律特征。

（三）创新之处

研究视野的创新性。本书以近代交通发展为切入点，将近代武汉城市的发展放在整个中国交通发展变迁的大背景下进行讨论，以城市史的学科视野观照近代武汉现代交通形式发展、演变的进程及类型特征，充分考虑近代中国城市发展的交通要素，为近代中国城市史、交通史研究提供新的维度。

研究内容的创新性。突破以往的分类研究，对近代武汉交通进行总括式研究。本书以近代武汉交通发展为具体对象，包括铁路、水运、公路、邮政、电信、航空、市政交通（人力车、马车、轮渡、公共汽车等）多种交通形式，探寻现代交通形式对城市空间、城市功能、社会阶层的多重复合影响，这是以往研究成果中鲜有涉及的。

研究观点的创新性。过往研究中较为关注现代交通对近代武汉发展的正向促进作用，本书在关注积极影响的同时，亦深入探究现代交通对近代武汉发展的消极影响，并提出"汉口现象"这一在近代中国城市史、交通史研究中的特殊现象。

四 相关概念界定

（一）研究的地域范围

本书以武汉为主要地域范围。因近代武汉三镇分合不定，或三镇合为一市，或汉口独立成市、汉阳被武昌代管，或武昌独立成市、汉阳被汉口代管，但无论三镇行政建制如何变化，本书的空间范围主要聚焦汉口、汉阳、武昌三镇，与当下武汉主城区范围大致一致。在对具体问题进行探讨时，结合具体环境其地域范围会适当扩大。

（二）研究的历史时期

"近代"是本书所包含的主要历史时期，但在具体时间选取上，本书上溯1861年，下以1938年为限，时间跨度七十余年，包含晚清、北洋政府及南京国民政府时期。时间上溯自1861年的主要原因是该年汉口开埠，现代轮运这一交通形式进入武汉三镇，城市交通现代化的序幕由此拉开；时间下限为1938年，因该年日军攻占武汉，三镇沦陷，原有的城市交通现代化进程被彻底打断。本书虽以1861—1938年为主要时段，绝大部分的论述和分析亦主要聚焦于这一时间段，但在时间范围上绝不仅仅局限于此，而是以所撰写内容的需要为具体准绳，适当进行前后延展。

第一章　铁路与城市功能的现代转型

铁路作为工业革命的产物，极大地改变了近代世界，正如康有为所言："夫铁路缩万里为咫尺，循山川如图画，收远边为比邻，以开民智，富民生，辟地利，通商业，起工艺，省兵驿，固边防，莫不由之。"[①]从这一点上来看，1906年建成通车的京汉铁路不仅仅是促进了武汉城市交通的现代化进程，更是从深层次上推动了武汉城市功能的现代转型。

第一节　京汉铁路与城市交通的现代化

晚清时期，虽早有构筑铁路的呼吁，但在保守顽固派的反对之下，全国铁路建设乏善可陈。京汉铁路的修筑亦是波折不断，甚至一度有夭折的危险。在张之洞、盛宣怀等人的坚守下，京汉铁路最终全线贯通，并极大地改变了武汉（汉口）城市发展的进程与样貌。

一　京汉（卢汉）铁路的筹建与开通

晚清时期，铁路修筑时常成为洋务派和顽固派争论之焦点，顽固派

---

① 宓汝成编：《中国近代铁路史资料（1863—1911）》（第一册），中华书局1963年版，第206页。

官员"一闻修造铁路、电报,痛心疾首,群起阻难,至有以见洋人机器为公愤者"①。京汉铁路从倡议直至正式开通,亦是多方掣肘,历经十余年的波折。

(一)卢汉铁路的倡议与缓建

1888年津沽铁路通车后,时任北洋大臣、直隶总督的李鸿章拟将该路延伸至天津,但遭到清廷内部保守派的激烈反对。清廷只得下旨"着海军衙门会同军机大臣妥议"②,但反对之声多于赞同意见。不得已,清廷着各地方督抚大臣发表意见,参与讨论。在参与讨论的封疆大臣中,除态度模棱两可如浙江巡抚崧骏、安徽巡抚陈彝等之外,闽浙总督卞宝第等明确反对修筑铁路,湖南巡抚王文韶、江西巡抚德馨等则认为津通路太过逼近京师,可以修筑他路以为试行,真正支持李鸿章建津通路的少之又少。时任两广总督的张之洞最后一个上陈奏折,提出了完全不同的见解——修筑卢汉铁路。

在张之洞所上的《请缓造津通铁路改建腹省干路折》中,主要表达了三层意思:

一是强调修筑铁路的政治与经济意义。"臣之愚见,窃以为今日铁路之用,尤以开通土货为急。""现在洋药、洋货之来源,无可杜遏,惟有设法多出土货、多销土货以救之,此乃王道养民立国之本源,并非西商争利会计之小数。""苟有铁路,则机器可入,笨货可出,本轻费省、土货旺销,则可大减出口厘税以鼓舞之。"③张之洞还在奏折中指出:"是铁路之利,首在利民。民之利既见,而国之利因之。利国之大端,则征兵、转饷是矣。方今强邻环伺,外患方殷,内而沿海沿江,外而辽东三省、秦陇沿边,回环何止万里,防不胜防,费不胜费。若无轮车铁路应援赴敌,以静待动,安所得无数良将精兵利炮巨饷而守之。夫

---

① 《伦敦致李伯相》,杨坚点校《郭嵩焘诗文集》卷11,岳麓书社1984年版,第190页。

② 中国史学会主编:《中国近代史资料丛刊·洋务运动》(六),上海人民出版社、上海书店出版社2000年版,第210页。

③ 《请缓造津通铁路改建腹省干路折》(光绪十五年三月初三日),苑书义等主编《张之洞全集》(奏议二十五),河北人民出版社1998年版,第662、663页。

守国即所以卫民，故利国之与利民实相表里，似宜先择四达之衢，首建干路以为经营全局之计，以立循序渐进之基。"①

二是反对修筑津通路。在奏折中，张氏从经济、政治上阐述了津通路的费用过巨、导致失业人口过多等五大弊端，认为津通路并非迫在眉睫，可以缓办。

三是倡议修筑卢汉铁路。在奏折中，张之洞明确提出修筑卢汉铁路，并提出了修筑该铁路的理由："内处腹地，不近海口，无引敌之虑……编户散处，不如近郊之稠密，一屋一坟易于勘避……干路袤远，厂盛站多……执鞭之徒，列肆之贾，生计甚宽，舍旧谋新，决无失所……以一路控八九省之冲，人货辐辏，贸易必旺……岂惟有养路之资费，实可裕无穷之饷源……征兵之道，莫此为便……大开三晋之利源，永塞中华之厄漏"等。同时，张之洞还提出了修筑铁路的具体办法：将铁路分作四段，每段用银四百万两，分两年筑成（每年筹款两百万两），合计四段共需八年造成；至于筹款方法，除官款外，可以招商股。材料则主要购自本国："至购买铁料，取之海外则漏卮太多，实为非计。……土炼之产虽逊洋铁，亦足济用。即使价值略贵几微，其财仍散在中国，不宜斤斤计较。……除首段动工参购洋料外，其余悉用土铁，以杜外耗，庶几施工有序，而藏富在民。"②

张之洞的奏折得到了慈禧的支持，"张之洞所议自卢沟桥起经行河南达于湖北之汉口镇，划为四段，分作八年造办等语，尤为详尽。此事为自强要策，必应通筹天下全局。海军衙门原奏，意在开拓风气，次第推行，本不限定津通一路，但冀有益于国，无损于民，定一至当不易之策，即可毅然兴办，毋庸筑室道谋。着总理海军事务衙门即就张之洞所奏各节，详细复议奏明请旨"③。

---

① 《请缓造津通铁路改建腹省干路折》（光绪十五年三月初三日），苑书义等主编《张之洞全集》（奏议二十五），河北人民出版社1998年版，第663页。

② 《请缓造津通铁路改建腹省干路折》（光绪十五年三月初三日），苑书义等主编《张之洞全集》（奏议二十五），河北人民出版社1998年版，第665—667页。

③ 宓汝成编：《中国近代铁路史资料（1863—1911）》（第一册），中华书局1963年版，第170—171页。

为推进卢汉铁路的修筑，1889年8月，"力陈不可"筑路的湖广总督裕禄被调走，张之洞出任湖广总督，其主要目的就是"创办铁路"①。8月初，清廷下旨："总管海军事务衙门奏《遵议通筹铁路全局》一折，据称拟照张之洞条陈，由卢沟桥直达汉口，现在先从两头试办，南由汉口至信阳州，北由卢沟至正定府，其余再行次第接办，并胪陈筹款购地各节，所奏甚为赅备，业据一再筹议，规画周详，即可订计兴办，著派李鸿章、张之洞会同海军衙门将一切应行事宜妥筹开办，并派直隶按察使周馥、清河道潘骏德随同办理，以资熟手。此事造端闳远，实为自强要图，惟创始之际难免群疑，著直隶、湖北、河南各督抚剀切出示，晓谕绅民毋得阻挠滋事，总期内外一心，官商合力，以蒇全功，而裨至计。余均照所请行。"②

在此形势之下，卢汉铁路本应立即开工，然而此前一力主张修筑卢汉铁路的张之洞却改变了主意。9月，张之洞上《遵旨筹办铁路谨陈管见折》，提出了缓建卢汉铁路的观点。

在《遵旨筹办铁路谨陈管见折》中，张之洞认为："是洋款洋铁两端，皆必致坐受盘剥，息外有息，耗中有耗。臣前奏铁路之益，专为销土货、开利源、塞漏卮起见，若因铁路而先漏巨款，似与此举本意未免相戾"，指出"以积款、采铁、炼铁、教工四事为先，而勘路开工次之"③。总的来说，张之洞将其主张概括成"四宜"，即"储铁宜急，勘路宜缓，开工宜迟，竣工宜速"。

在此情形之下，清廷亦做出了缓建卢汉铁路的决定，并将每年两百万两的铁路拨款转到关东铁路，张氏对此并无异议。"关东路工紧要，

---

① 《致天津李中堂》（光绪十五年七月二十日发），苑书义等主编《张之洞全集》（电牍十一），河北人民出版社1998年版，第5360页。
② 《遵旨筹办铁路谨陈管见折》（光绪十五年九月初十日），苑书义等主编《张之洞全集》（奏议二十七），河北人民出版社1998年版，第710页。
③ 《遵旨筹办铁路谨陈管见折》（光绪十五年九月初十日），苑书义等主编《张之洞全集》（奏议二十七），河北人民出版社1998年版，第710、711页。

廷议移缓就急,卢汉之路可徐办等因。谨当遵办。湖北即专意筹办煤、铁、炼钢、造轨,以供东工之用。"①

从倡议到缓建,一年时间不到,张之洞对修筑卢汉铁路的态度发生巨变。究其原因,最重要者当是张之洞此时的主要精力投放在其主导的"湖北新政"之中,尤其是汉阳铁厂的修建。"两广总督张之洞根据军略上的理由,反对这条铁路(津通铁路)的延展;他主张建造几条远离海洋而贯通内地的大干线,以从北京到汉口的一条干线为张本。张之洞是一位文章家,他的奏章使得皇帝左右的大臣们由衷地折服;于是他调任武昌,奉命承办他所规划的干线,用中国材料、在中国人的监督下进行建筑,一如他所建议的那样。他自知不能贯彻自己的宗旨,但是为将来计,设立了汉阳铁厂。"②

(二) 卢汉铁路的再启

1895 年甲午战后,清政府开始意识到铁路在军事上的重要作用,主张修筑北京—清江(镇江)铁路,并让张之洞保奏修筑铁路的人员,但张之洞却明确反对修筑清江铁路,而是再次提议修筑卢汉(京汉)铁路。1895 年 5 月,张之洞在《吁请修备储才折》中说道:"军事之兴,一切隔阂,兵饷、军火转运艰辛,劳费百倍,而仍有缓不济急之患,使铁路早成,何至如此?中国应开铁路之地甚多,当以卢汉一路为先务。此路南北东西皆处适中,便于通引分布,实为诸路纲领,较之他路之地处一偏、利止一事者,轻重缓急,大有区别。若巨款大举而不先造此路,以后物力愈绌,恐难再举。伏愿圣明深维时局,锐意创造,此事需款虽巨,可使洋商垫款包办,卢汉一路限以三年必成,成后准其分利几成,年限满后,悉归中国,如此则费不另筹而成功可速,弊端浮费亦少。至干路成后,枝路尤宜多造。"③

---

① 宓汝成编:《中国近代铁路史资料(1863—1911)》(第一册),中华书局 1963 年版,第 188 页。
② [美]马士:《中华帝国对外关系史》(第三卷),张汇文等译,上海书店出版社 2000 年版,第 85—86 页。
③ 《吁请修备储才折》(光绪二十一年闰五月二十七日),苑书义等主编《张之洞全集》(奏议三十七),河北人民出版社 1998 年版,第 994 页。

张之洞的建议为清廷所接受。随后，张氏上奏清廷，提出了修筑卢汉铁路的具体方式："俟勘毕绘图后，注明道里……分寄外洋各国工作大厂，令其估价，限若干日密封寄华，汇齐拆封，择其价廉而又系著名大厂者，令其承办，包定工料用费若干，年限若干，不如式者，如何议罚。外洋即系如此办理。洋厂只包办工程，其款悉由官筹，不必令兼揽借款，其买地、弹压等事，须有委员经理"，对筹款方式亦做了规划："外洋惟借款修铁路最为乐从，款巨而息轻，以为此债最稳故也。即可以本路作押，无须海关作保，分还年限宜稍宽以舒气。"① 但清廷并没有完全接受张之洞的提议，而是确立了华商筹款自筑的方针，"至由卢沟南抵汉口干路一条，道里较长，经费亦巨，各省富商如有能集股至千万两以上者，着准其设立公司，实力兴筑。事归商办，一切赢绌，官不与闻。如有成效可观，必当加以奖励。将此宣谕中外知之"②。1896年4月24日，清廷又下旨："卢汉铁路，关系重要。提款官办，万不能行，惟有商人承办，官为督率，以冀速成。王文韶、张之洞均系本辖之境，即着责成该督等，会同办理。道员许应锵等，分办地段，准其自行承认，毋稍掣肘。"但亦强调："不得有洋商入股为要。"③

商办政策受到张之洞的极力反对。1896年7月，张氏联合王文韶上奏《芦汉铁路商办难成另筹办法折》，认为华商背后均被洋人股份操控，"是四人者，其行径不必尽同，而全恃洋股为承办张本则无不同，分地承办各节，均可毋庸置议"，提议"暂借洋债造路，陆续招股，分还洋债"④。在张之洞的计划中，铁路修筑方式为官督商办，成立铁路公司专司铁路修筑事宜。清廷同意了张之洞的意见，成立了由盛宣怀总

---

① 《致总署》（光绪二十一年七月十八日戌刻发），苑书义等主编《张之洞全集》（电奏六），河北人民出版社1998年版，第2087、2088页。

② 宓汝成编：《中国近代铁路史资料（1863—1911）》（第一册），中华书局1963年版，第205页。

③ 宓汝成编：《中国近代铁路史资料（1863—1911）》（第一册），中华书局1963年版，第225页。

④ 《芦汉铁路商办难成另筹办法折》（光绪二十二年七月二十五日），苑书义等主编《张之洞全集》（奏议四十四），河北人民出版社1998年版，第1185、1186页。

司其责的中国铁路总公司。至此，卢汉铁路正式提上修筑日程。

（三）比利时借款与铁路的修筑

卢汉铁路动议修建后，首要的问题就是向何国借款。当时的西方列强为了谋取在华的铁路权利，纷纷主动提出借款给清廷，但是张之洞比较倾向比利时，其主要理由就是"（比）章程似较英、美为妥，惟息尚多，然恳借甚切，当易就范"①。但实则时人就已经认定比利时的后台为法、俄等国，如王文韶说："借款一事，香帅看得太易。诚然兜揽时通融异常，定议时要挟特甚，真深于阅历之言……特恐无此顺当事耳"②；盛宣怀也说："款一日不还清，权一日必下移……但闻比与法相连，恐亦有要求也。"③ 就连德璀琳也指出："比利时是一个富裕的小国，可是它同中国的贸易往来很少，且两国之间并没有深厚的友情。为何它能够突然贷给中国如此庞大的一笔款项？事实上，法国人是这笔生意的幕后主使，俄国人也给与了支援。正因如此，盛宣怀得以从比利时获得贷款。这件事目前已经解决了，可是中国的危机却已迫在眉睫。"④ 但张之洞对此却不以为然，仍坚持与比利时借款。

1897年5月27日，《中比芦汉铁路借款合同》在武昌正式签订，合同中明确规定清廷"以芦汉铁路及其产业与一切属于该铁路之物作保"，向比利时借款"四百五十万金磅，九扣实付四百零五万磅，分作四批交付"⑤。1898年6月双方签订了《中比续约三十条》以及卢汉铁路《行车章程》。由此，比利时攫取了卢汉铁路的修筑权、高额借贷权以及行车经营权等。卢汉铁路比国借款合同中关于以路为抵、高额的修筑费用、债权国拥有铁路经营权等一直为日后诸多铁路借款合同所援

---

① 《致上海盛京堂》（光绪二十三年二月十六日戌刻发），苑书义等主编《张之洞全集》（电牍四十八），河北人民出版社1998年版，第7247页。

② 《王夔帅来电》（二月十七日），盛宣怀撰《愚斋存稿》卷26，台北：文海出版社1975年影印版，第659页。

③ 《寄王夔帅》（二月十八日），盛宣怀撰《愚斋存稿》卷26，台北：文海出版社1975年影印版，第659页。

④ "Mr. Detring and the Tsungli Yamen," *The North - China Herald and Supreme Court & Consular Gazette (1870 - 1941)*, September 10, 1897, p. 501.

⑤ 《芦汉铁路借款合同》，《路政之研究》第4期，1920年。

引,成为中国与列强之间铁路关系的蓝本。

1896年,在盛宣怀负责的中国铁路总公司成立之初,京汉(卢汉)铁路北端卢沟桥至保定一段即开始了修建工作,主要是由清廷拨付官款承修,总长132.7公里。1897年7月,在张之洞与比利时商谈借款后不久,京汉(卢汉)铁路南端汉口通济门至滠口段开工,次年8月该段基本完工,长23.5公里,其后又延伸至汉口玉带门。1898年底,比利时公司从南北两端进行勘测,确定全路正式线路。1902年,汉口至信阳段建成。1905年,南北两段铁路在河南詹店附近接轨,同年11月,全路关键工程——黄河大桥竣工,全线贯通。"芦汉铁路刻已筑成,汉口开车三十六点钟即可直抵都城,现改名曰京汉铁路,定于本月十六日开车。三日内所有往来搭客概不收费,以为举行发轫之祝典。"① 次年4月1日,全线正式通车,干支线共计1311.4公里。

图1-1 1924年汉口大智门车站

资料来源:《汉口大智门车站正视》,《铁路公报(京汉线)》第144期,1924年。

---

① 《京汉铁路落成礼》,《新闻报》第3版,1905年11月12日。

二 京汉铁路与武汉（汉口）城市发展

京汉铁路的通车，极大地改变了武汉（汉口）的城市面貌和城市地位，推动了武汉（汉口）由传统"九省通衢"向近代交通枢纽地位的转变，提升了武汉（汉口）在全国经济版图中的格局与地位。

（一）扩大了城市区域，改变了城市面貌

铁路给城市带来最直接的影响就是扩大了城市的区域面积，使城市摆脱传统城墙的束缚，逐渐向周边扩展。"通过建立运输线路，通往更遥远的地区，大都市就能把整个国家都合并进去。这样一来，郊区的时代，以前被农村包围的城市现在向着周围的农村变形繁殖的时代，由铁路所开启。"①

京汉铁路修筑前，汉口的主城区主要集中在沿河、沿江一带，向北以汉口堡为界。1904年，张之洞修筑后湖大堤，使汉口免受水灾侵袭，但此时的后湖地区仍是以荒野、菜田地为主，尚未形成真正意义上的市区。铁路的修筑，"可增加生产，向昔认为荒僻之区，转瞬或成繁盛之域"②。京汉铁路修筑后，原本荒凉的汉口堡外的后湖地区由于人流、物流的集中，迅速成为繁华之地。

京汉铁路进入汉口的第一站是刘家庙车站。刘家庙大致在今天的武汉市江岸区黄浦路至丹水池一带，其名字源于最早在此落户的刘、王、陈三户人家合资建成一座"兴隆寺"，但民间习惯称之为刘家庙。刘家庙车站建成后，首先涌入的是大量与铁路相关的产业工人，随之各色经商、做工、医卜、流民等纷纷进入车站附近，最终以车站为中心形成了房屋、集市、街道和城区。刘家庙车站发挥着门户的功能，"将两类交通与交通空间彼此连接起来：一类是城里的交通空间，另一类则是铁路

---

① ［德］沃尔夫冈·希弗尔布施：《铁道之旅：19世纪空间与时间的工业化》，金毅译，上海人民出版社2018年版，第59页。

② 章勃：《我国急须完成五大干线意见书（转载）》，《南浔铁路月报》第8卷第1期，1930年。

的交通空间"①。附近街道的命名是刘家庙车站作为汉口门户功能的最好注解。刘家庙车站附近极少见到以姓名、地名、"墩"等为名的街道,而是以数字冠名,如"头道街""二道街""三道街""四道街"。所谓的"头""二""三""四"实际上是以所在地域与汉口城堡的距离远近来确定的,"头道街"就是从刘家庙火车站下车后进入汉口城区的最后一道街,而从当时汉口城区的方向来看,"头道街"就是刘家庙地域的第一道街。从这些命名当中,不难看出刘家庙地区的发展轨迹,更能窥见京汉铁路对汉口城市发展的影响。

"铁路对城市造成影响,最直接也最明显的区域,是城市与铁路实际发生关系的区域——毗邻轨道和车站的区域。在这些地方,铁路以果断的措施改变了老城的地貌。"② 与刘家庙地区不同,玉带门和大智门车站更靠近汉口城区,但京汉铁路的修筑完全改变了这两个区域的面貌。由于人、车、货的集聚,原本荒芜的玉带门、大智门一带建起了众多的仓库、工厂、运所、货栈、市场,形成了一条繁华的商业带。一时之间,"廛居鳞次……三十里几比屋接连矣"③,正如《夏口县志》所言:"猥自后湖筑堤,芦汉通轨,形势一年一变,环镇寸土寸金。"④

京汉铁路的修筑,带动了沿线地区的迅速发展,使汉口从封闭的城区逐渐向外发展。铁路的修建,人流的增加,使汉口城内越发狭小拥挤,起初对汉口城区的发展起保护作用的汉口堡,到后来却阻碍了城区的发展扩大和对外交流。1906 年,汉口堡开始被拆除,并修建起从硚口到英租界的后城马路。一批批新兴的近代企业落脚于硚口以上汉水沿岸到大智门车站之间,从丹水池到谌家矶,都成为汉口近代企业的集中

---

① [德]沃尔夫冈·希弗尔布施:《铁道之旅:19 世纪空间与时间的工业化》,金毅译,上海人民出版社 2018 年版,第 243 页。

② [德]沃尔夫冈·希弗尔布施:《铁道之旅:19 世纪空间与时间的工业化》,金毅译,上海人民出版社 2018 年版,第 249 页。

③ 王葆心著,陈志平等点校:《续汉口丛谈·再续汉口丛谈》,湖北教育出版社 2002 年版,第 28 页。

④ 武汉市地方志办公室主编:《民国〈夏口县志〉校注》,武汉出版社 2010 年版,第 201 页。

地。由此，汉口市区西面向汉水上游延伸，中间向铁路贴紧，北面向沿河入江口拓展。据统计，"京汉铁路开通后，直到民国初期，汉口城区面积从 11.2 平方里扩展到了 28 平方里"①。王葆心在《续汉口丛谈》中更是这样说道："自芦汉铁路开行后，廛居鳞次。则上自硚口，下延直至今谌家矶矣。""有清一代，汉市之愈推愈广，日衍日奇，其大概视此矣。"②

（二）促进了武汉（汉口）经济贸易的迅猛发展

"交通工具的增加和改良，自然会对劳动生产力发生影响：使生产同一商品所需要的劳动时间减少，并建立了精神与贸易的发展所必需的交往。"③ 京汉铁路的修筑，使汉口对外贸易的路线与格局发生了整体的改变，城市对外贸易大为发展。

京汉铁路联通北京、汉口，途经河北、河南等地，铁路沿线的河南以及湖北黄陂、孝感等地的产品通过铁路源源不断进入汉口市场，尤其是河南地区的偃师、周口、信阳等地，这些地区的货物原本是通过沙河等渠道进入镇江地区从而转运上海，但"1907、1908 年京汉（卢汉）铁路通车，立即改变了河北、河南平原大量土特产的集散方向"④，"以致一些向由运河而至本口（指镇江）或本口经运河往内的货物，渐由汉口、浦口、胶州等处运输"⑤。河南地区的土特产品大量通过京汉铁路运入汉口，"1904 年河南货物由汉口输出之总值达 740 万两，卢汉铁路通车后至 1910 年，其输出额飙升到 1790 万两"⑥。汉口的商业圈因此

---

① 汪瑞宁：《武汉铁路百年》，武汉出版社 2010 年版，第 57 页。
② 王葆心著，陈志平等点校：《续汉口丛谈·再续汉口丛谈》，湖北教育出版社 2002 年版，第 28 页。
③ 马克思：《经济学手稿》（1861—1863 年），《马克思恩格斯全集》（第 37 卷），人民出版社 2019 年版，第 217 页。
④ 胡鲁璠、杨方益：《解放前镇江工商概述——抗战前部份》，宝应县政协文史资料研究委员会编印《镇江文史资料》第 15 辑，1989 年，第 13 页。
⑤ 马庆国：《民国时期镇江海关逐渐衰落的研究》，镇江市历史文化名城研究会编印《镇江市历史文化名城研究论文集》第五集，2004 年，第 140 页。
⑥ 任放主编：《中国近代经济地理·华中近代经济地理》，华东师范大学出版社 2016 年版，第 113 页。

迅速扩大,"生产之圈限,陡然以倍数增加,故贸易额亦以倍数进"①,在近代中国经济格局中的地位进一步凸显。湖北商务议员孙泰圻曾说:"查汉口地方,绾毂中原,华洋辐辏,为内地第一商埠。近因铁路开通,商轮之由外洋直抵本埠者,无时不有,商务之繁盛,日甚一日。"② 宣统元年(1909),湖北警务公所在其第一次统计书中有记载:这时的汉口已有粮食、匹头、棉纱、棉花、茶叶、绸缎、华洋百货、绣货、颜料、五金、牛皮、铜锡器、竹木器、衣帽、山货、蛋行、衣帽、文化用品等商业门类154个,商店总数达到了8864家,占武汉三镇商店总数的58.6%。③ 以地区为基础成立的较大商业行帮有12个,其中年贸易额在3500万两以上的有宁波帮(包含南京)、广东帮,年贸易额在2500万两以上的有湖南帮,年贸易额1000万至1500万两的有河南帮、四川帮、江西福建帮、云贵帮,年贸易额在600万两以上的有山西及陕西帮、山东帮、徽州帮(包括太平帮)。④ 除本土商人之外,洋商也大量涌入,"除小本营生之店铺不计外,所谓洋商行号约计凡百余户"⑤。在来汉外国人的职业统计中,商人达到了723人,约占总人数的25.8%。⑥

"贸易为经济发展之要素,而交通则贸易唯一之工具也。"⑦ 与传统的水运相比,铁路运输的吨位、速度自是不可同日而语。"试计铁路货车之价值,如以一列车,并机关车而计之,可载重三百吨者。需费六万四千两,而小轮一艘,益以载重一百五十吨之货船两艘,其值不过二万

---

① (清)张寿波编纂:《最近汉口工商业一斑》,上海:商务印书馆1911年版,第6章第1页。
② 《汉口商业情形论略》,《商务官报》第23期,1906年。
③ 湖北警务公所:《湖北警务公所第一次统计书》(宣统元年分),"商店分类局别表(其一——其十一)",第36—52页。中国第一历史档案馆藏,档案号:21-0292-0064。
④ (清)张寿波编纂:《最近汉口工商业一斑》,上海:商务印书馆1911年版,第1章第21—25页。
⑤ (清)张寿波编纂:《最近汉口工商业一斑》,上海:商务印书馆1911年版,第1章第27页。
⑥ (清)张寿波编纂:《最近汉口工商业一斑》,上海:商务印书馆1911年版,第1章第16—17页。
⑦ 盛叙功编译,刘虎如校订:《交通地理》,上海:商务印书馆1931年版,第4页。

六千两。二者相较，数之多寡相去已悬殊矣。"① 据清朝邮传部当时的统计，光绪三十三年（1907）汉口江岸、大智门、玉带门三大火车站的货运数达到了 95051 吨，光绪三十四年（1908）为 75589 吨，到宣统元年（1909）达到了 83150 吨，与其他各站相比一直位居前列。② 贸易量的增加，直接带来了贸易额的增长，京汉铁路通车后的第二年（1907），汉口间接对外贸易进出口总额为 115071383 海关两，在全国的贸易地位仅次于上海，超过广州和天津，成为近代中国第二大国际商埠。③ 1910 年汉口土货出口总值较上一年度有大幅增长，海关就认为"土货出口贸易的增进因素是京汉铁路通车，有利于开辟货物新的来源，并减轻了运输成本；加速了运输时间；保障物资运输安全等"④。时人对此亦有清醒的认识："观近年汉口贸易额增进之数，较前几大一倍，伟然占全国通商口岸之第二位，皆此铁路之力。"⑤

（三）提升了近代武汉（汉口）的城市地位

一是奠定了近代武汉交通枢纽地位的基础。明清时期，武汉因其得天独厚、交通便利的地理条件，被称为"九省通衢"之地，但所谓"九省"主要还是以武汉周边省份为主，并未突破传统交通形式的藩篱。京汉铁路的修筑，使得武汉拥有了火车这一近代交通利器，畅通了汉口与中国北方地区尤其是北京的沟通与联系，将诸多远离汉口的省份、城市纳入了武汉交通圈内。传统社会时期，从汉口前往北京，历经湖北、河南、河北数省，相距 3000 余里，需经由 30 多个驿站，鞍马劳顿、困难重重，耗费大量时间。与传统的人力、畜力等交通方式相比，

---

① ［英］薛特奈柏威尔：《振兴中国内河航业之计划》，严桢译，经世文社编译部编《民国经世文编》第 38 册《交通》，出版地点不详，经世文社 1914 年版，第 46 页上。
② 《京汉铁路各站客货数目三年比较表（宣统元年分）》，《邮传部第三次统计表（宣统元年路政上）》，1909 年。
③ 武汉地方志编纂委员会主编：《武汉市志·对外经济贸易志》，武汉大学出版社 1996 年版，第 96 页。
④ 《Hankow Trade Report for the year 1910》，转引自陈钧、任放《世纪末的兴衰——张之洞与晚清湖北经济》，中国文史出版社 1991 年版，第 196 页。
⑤ （清）张寿波编纂：《最近汉口工商业一斑》，上海：商务印书馆 1911 年版，第 2 章第 22 页。

火车这一现代交通工具在速度方面无疑具有绝对优势，时人曾有竹枝词言火车之快捷："巧同缩地哄人游，斜日西沉尚未休。恍与轮船争迅捷，一番风景画图留。"① 英人菲尔德维克曾在京汉铁路上乘车旅行。事后他写道："汉口至北京有铁路联系，铁路全长750英里。普通车60小时可以到，快车只需36小时。"不仅仅如此，菲尔德维克更是从全球交通的大视野来看京汉铁路对汉口的作用，"旅客通过西伯利亚铁路，16天便可以到伦敦。最近几年，京汉铁路已经成为外国人在汉利益巨大增长的主要因素"。他还说："在粤汉路修筑完工以前，本路（京汉铁路）成了联系广州至九龙线、通过西伯利亚到欧洲大陆的链条。粤汉铁路完成以后，一定还会带来远远超出汉口本身利益的巨大成果。"② 从这个意义上来说，京汉铁路不仅仅强化了汉口与北京的联系，进一步巩固了其"九省通衢"的城市地位，更在一个宏阔的视野下将汉口推向了全世界。

　　二是提升了武汉在全国经济版图中的格局地位。明清时期，汉口位居"四大名镇"之首，名列"天下四聚"之一，但无论是"四大名镇"还是"天下四聚"，汉口在全国经济版图中的格局、定位始终是内陆地区、中西部地区最大的商品交易地，尚谈不上是全国性的中心。武汉在全国经济地理中更多地承担的是横向传导的角色，即东西往来、西北东南往来居多，而纵向传导职能不显。京汉铁路修筑后，除传统的东西横向传导角色在不断强化之外，武汉地区亦开始取代大运河运输等传统形式，承担起南北传导的角色。京汉铁路作为纵向传导的主力，因其天然的速度快、运力大的特点，极大地缩短了南北导向的时间和空间。遥想当年，轮船火车齐发，西可至四川、重庆，北可进北京、内蒙古，东可达上海、江浙，南可及广州、香港，武汉不再局限于区域性的中心，而是一跃成为"驾乎津门，直逼沪上"的全国经济中心之一——"东方芝加哥"。

---

　　① 《和味嫩仙史火轮车诗原韵》，《申报》1877年1月1日第4版。
　　② ［英］菲尔德维克：《汉口》，姚伟均译，冯天瑜、陈锋主编《武汉现代化进程研究》，武汉大学出版社2002年版，第329页。

三是提升了武汉（汉口）在中国政治格局中的地位与影响力。铁路在近代传入中国后，经历了漫长曲折的接受过程。1865年英国人杜兰德在北京修筑的一条小铁路被清廷拆除，1874年英国人狄克松在上海修筑的淞沪铁路亦被清廷拆毁。其后，由李鸿章主持修建的唐山—胥各庄铁路最开始只能用牲口牵引。1893年修筑完成的台湾铁路在甲午战后割让给日本，1894年完工的湖北大冶运矿铁路路线太短、规模较小。相比这些被拆毁或全国影响力不足的铁路，京汉铁路实则是晚清朝廷集全国之力、大规模运作的第一个大型建设项目，"卢汉铁路奠定了中国近代铁路运输业的第一块重要基石"[1]。作为该条铁路重要一端的汉口，其在全国格局中的重要性不言而喻。

不仅如此，京汉铁路的修筑亦是张之洞推行"湖北新政"的内在动因之一。1889年，张之洞由两广调任两湖，其主要目的就是筑路。张氏就任湖广总督后，便谋求将原本计划在两广地区开设的铁厂等洋务企业内迁至武汉，并向德国订购"熔铁大炉二座，日出生铁一百吨，并炼熟铁炼钢各炉压板抽条，兼制铁路各机器，一切配全，能拆开分运，行经山路至内地者尤好"[2]，并令湖北巡抚奎斌秘密勘查大冶一带的铁矿。[3] 事实上，没有修建京汉铁路的动议和具体操作，就没有张之洞一手操办的"湖北新政"，更谈不上武汉在近代的崛起；没有"湖北新政"，京汉铁路这一浩大工程也不可能轻易完成，汉阳铁厂的投入运行，就是为了提供修筑铁路用的钢轨。再将视线拉长，京汉铁路的修筑还具有深远的时代意义。1911年5月，鄂、川、粤、湘四省掀起保路运动，其最直接的导火索就与清廷推行的京汉、粤汉、川汉等铁路"国有"政策相关。保路运动是辛亥革命的前奏，为武昌首义这一完全不同于过去农民战争的城市革命拉开了序幕。

---

[1] 任放主编：《中国近代经济地理·华中近代经济地理》，华东师范大学出版社2016年版，第112页。

[2] 《致柏林洪钦差》（光绪十五年八月二十三日发），苑书义等主编《张之洞全集》（电牍十二），河北人民出版社1998年版，第5372页。

[3] 《致武昌奎抚台》（光绪十五年八月二十六日发），苑书义等主编《张之洞全集》（电牍十二），河北人民出版社1998年版，第5374页。

第二节　粤汉通轨与"大十字"立体
　　　　交通格局的形成

从动议到全线贯通，粤汉铁路历经了四十多个年头。粤汉铁路通车后，武汉作为全国交通"十"字中心的地位基本确定，对城市空间扩张、城市经济等方面都产生了多重复合影响。

一　曲折反复的粤汉铁路

粤汉铁路的修筑提议与京汉铁路几乎在同时期，然则其修筑历程却是曲折反复，时间跨越晚清、民国时期，长达四十余年。

（一）晚清时期的一波三折

1894年，张之洞、王文韶、盛宣怀等人上书请修卢汉铁路，其中奏明卢汉工竣，再由武汉接展至广东，为南干铁路。从武汉到广州的这条铁路即粤汉铁路，这是最早有关修筑粤汉铁路的倡议。此后，广东、湖南民间亦积极请奏政府，"请赶筑粤汉铁路"，"不独芦汉北路当速即开工，即汉粤而南亦应从速接修，以免迁延时日"[1]。1898年，粤汉铁路的修筑正式提上议事日程，首要的问题就是修路资金问题。在京汉铁路的样板作用下，粤汉铁路最终采取了同样的借款筑路方式。同年，清政府与美国美华公司签订粤汉铁路借款合同，双方约定，美国美华公司应借款400万英镑，合2800万库平银两，年息5%，折扣90，分50年还清，中国以铁路及其收入为抵押；铁路用美华公司人代建代管，除土工外，工程由美华公司包办，并给5%的购料手续费；路成后，享有行车管理权并享有五分之一的铁路余利。但美华公司必须于3年内将铁路建成。[2] 1900年，双方签订借款合同续约。与原约相比，借款额由原来

---

[1] 《铁路确闻》，《申报》1898年8月7日第1版。
[2] 《照录粤汉铁路合同》，《申报》1898年12月17日第1—2版。

的400万英镑增加到4000万美元，合5300万库平银两，利息、折扣、抵押、还款期限、酬劳费、余利分配等项，基本照原约。合同对粤汉路的支线和平行线做了明确的规定：在"粤汉干路及枝路经通界内，不准筑造争夺生意之铁路，并不准筑造与粤汉干路及枝路同向并行之铁路，致损利益"；同时将修成期做了延长，由3年延至5年，美华公司承诺从1900年始，"三年为限，一律告竣"，且"不能将此合同转与他国及他国之人"①。

然则，到了1903年合同规定的完工时间，美华公司却只修成广州到佛山、三水的支路，干路丝毫未动，完成全路遥遥无期，而且公司的控制权被转让给比利时，这就完全违背了当初与清政府签订的借款合同约定。在此情形之下，清政府要求废除合约，并收回粤汉铁路修筑权。经过将近三年的谈判，中美双方于1905年8月29日订立《收回粤汉铁路美国合兴公司售让合同》，双方约定由清政府在6个月内交清675万美元的"补偿费"赎回粤汉铁路。在督办粤汉铁路修筑事宜的张之洞的安排下，该项费用由湖北、湖南、广东三省分别筹办，其中：广东300万，两湖各200万。但财政拮据的三省地方政府，根本无法拿出赎银。不得已之下，张之洞只好与英国香港政府签订《鄂督张向英国香港政府借款赎回粤汉铁路合同》，借款110万金磅以解燃眉之急，合同规定："香港政府应允借与湖北、湖南、广东三省共一百一十万金磅"；"此项借款本银分作十期归还，每一年一期，每期一十一万金磅"；"利息系按每百金磅四磅半合算"；"以湖北、湖南、广东三省烟土之税捐作保"。②并约定"将来粤汉铁路修造之款除中国自行筹集外，如须向外洋借款当先向□国询商，开价如与他国所开息扣比较相同，先尽英国银行承办"③。

---

① 宓汝成编：《中国近代铁路史资料（1863—1911）》（第二册），中华书局1963年版，第514—515页。

② 《鄂督张向英国香港政府借款赎回粤汉铁路合同》，《申报》1905年10月15日第9版。

③ 《鄂督借英款赎粤汉铁路文》，《申报》1905年10月16日第2版。

粤汉铁路赎回后，"三省士民欢声雷动、如获更生"[①]。政府与民间重启铁路修筑之声不断，"务须设法筹款，从速兴工，万不可稍涉迟延，致生变端"[②]。但对于如何修筑却是意见纷纷，不得统一，最终采取了分省修筑、各筹各款的方式，广东采取商办形式，湖南采取官督商办，湖北采取官办。这种分段进行的修筑方式为粤汉铁路后来极度缓慢、分段通车的运营方式埋下了伏笔。1906年，停工将近4年时间的粤汉铁路重启修筑工程，但三省工程却进展缓慢。粤境自1906年9月兴工到1911年止，仅仅筑成广州到韶关铁路85公里。湖南地界的进度到1911年，也只完成了长沙到株洲的50.3公里。湖北境内则最为拖沓，自1907年开工到1911年，仅筑路基数里。

在此种情形之下，张之洞重新提出"借款筑路"的方式并得到了清政府的认可。1908年6月，张之洞被任命为督办粤汉铁路大臣，"所有路务大端，由该大臣通筹三省全局，体察情形，随时主持裁定"[③]。1911年5月，清廷与英法德美四国银行团正式签署《湖北湖南两省境内粤汉铁路、湖北省境内川汉铁路借款合同》。此时的清政府已是风雨飘摇，粤汉铁路的举借外债，在国内掀起轩然大波，以拒款、集股为主要要求的保路运动再度高涨，尤其是四川省最为激烈。清政府为镇压四川的保路运动，只得调动湖北新军入川镇压，是时武汉革命党人加紧活动，一举引发了武昌起义和辛亥革命，并最终颠覆了清王朝的统治。政权更迭之下，粤汉铁路的修筑自是无从谈起。

(二) 全线通车的艰难历程

中华民国成立后，粤汉铁路的修筑被重新列入日程。1912年5月，湖南籍的同盟会元老谭人凤被任命为粤汉铁路督办，粤汉铁路的修筑开始重启。6月，谭人凤向北京政府上书《粤汉路事说帖》，提出："所有三省路事，既有督办为总揽机关，应即同时一律进行，俾可克期告成，

[①] 《申谢收回粤汉铁路传单》，《申报》1905年9月17日第4版。
[②] 《电催速办粤汉铁路》，《申报》1905年9月24日第2版。
[③] （清）朱寿朋编，张静庐等校点：《光绪朝东华录》（第5册），中华书局1958年版，第5943页。

以符统一路权本旨。"① 为解决粤汉铁路修筑的技术问题，詹天佑被任命为粤汉铁路会办。8月，谭人凤与詹天佑一起从上海来到武汉，在汉口中街（现为武汉市江岸区陈怀民路一带）正式设立粤汉铁路督办总公所。1912年11月，担任粤汉铁路督办的谭人凤改任长江巡阅使。其后，由于"政局未定，两岁之中三易督办，相继而去者如黄兴、岑春煊、交通次长冯元鼎，皆未久于其事"②。1913年6月，粤汉铁路改由政府交通部直接管理，由交通次长兼任督办，实际工作仍由詹天佑负责。

在詹天佑的主持之下，粤汉铁路的修筑开始紧锣密鼓地进行。1913年6月，完成粤汉铁路武昌至岳州（今湖南岳阳市）段复勘定测图及羊楼司支线图。1914年6月，完成岳州到长沙段的复勘定测。北端起始地正式确定在武昌徐家棚。复勘定线任务完成后，各段工程准备正式开工。但此时恰逢第一次世界大战爆发，铁路的建设材料和设备费用大幅上涨。詹天佑提出"就款计工"的应变之策，主张集中有限的财力物力，确保重点路段的工程建设，建议先修粤汉铁路湘鄂段中武（昌）长（沙）一段。后经交通部核准，粤汉铁路工程（实际上只是武长段）重新启动。

此后，詹天佑及其筑路团队克服地质条件复杂、经费工期紧张等重重困难，坚持施工，最终顺利完成工程建设。1917年2月，徐家棚车站落成。8月，武昌至蒲圻（今湖北赤壁市）段通车，并于"每星期三六两日开行武蒲工程客车各二次"，"旅客极为欢迎，惜车少人多，时有供不应求之叹"。③ 1917年6月19日，武昌至岳州段210公里全线接通；9月3日，通车运营。1918年9月16日，武昌至长沙段顺利通车，并与1910年完工的50公里长沙至株洲铁路接通。至此，粤汉铁路北端工程全线完工，加上已在1916年6月通车的全长224.2公里粤汉铁路南段——广州至韶关段，整个工程仅剩下株洲至韶关间尚未通车。

由于缺乏资金，粤汉铁路株洲至韶关段455.7公里一直未能动工，

---

① 谭人凤：《粤汉路事说帖》，《协和报》第2卷第42期，1912年。
② 吴希曾：《粤汉铁路湘鄂线沿革史略》，《铁路协会会报》第104期，1921年。
③ 吴希曾：《粤汉铁路湘鄂线沿革史略》，《铁路协会会报》第104期，1921年。

使粤汉铁路成为一条"断头路"。此后,英国政府为使粤汉铁路全线通车后可与广(州)九(龙)铁路接轨,使九龙、香港与内地贯通,提出由南京国民政府使用庚子退款来修筑株韶段工程。1933年7月,南京国民政府与中英庚子赔款董事会签订契约,共计"退还庚款"470万英镑。粤汉铁路株韶段工程正式动工修建。

  株韶段主要经过山区,地质结构复杂,施工难度极大,加之气候炎热多雨,蚊蝇肆虐,造成瘟疫流行,严重影响工程进度。施工期间,染病和遇险死亡的人数多达3400人,即平均修筑1里铁路就有4个人献出生命。经过筑路工人3年多的艰苦努力,1936年4月28日,株韶段铁路与已建成的广韶段顺利接轨。至此,该段455.7公里的工程全部竣工。

图1-2 粤汉铁路首次直达通车抵达徐家棚站

资料来源:《粤汉铁路首次通车于三日晚抵武昌徐家棚站时之影》,《良友》第120期,1936年。

  1936年7月,粤汉铁路全线1095.872公里全部接通,粤汉铁路局正式在武昌徐家棚办公。粤汉铁路"全线共有大桥119座,大小火车站

88个（1937年至1941年间撤销16个，新增41个）"①。同年9月1日，从广州直达武汉的首趟列车，由南段的起始地黄沙车站发车，历时44个小时，于9月3日到达徐家棚车站。从动议到全线通车，粤汉铁路的修筑历时整整40余年方才完工。

二 粤汉铁路对武汉的多重影响

粤汉铁路的修筑对武汉城市发展尤其是武昌地区的发展产生了莫大影响，时人有言："自京汉铁路建筑以后，使粤汉铁路继续完成，则二大干线，互相衔接，纵贯南北，足以融化两大河流之文化，绾握中部各省之命脉，而汉皋一区，亦成全国无与伦比之重镇。"②

（一）拉动了武昌城区的建设与发展

粤汉铁路北端自武昌引出，在车流、人流、货流的叠加作用之下，武昌城区空间不断向外拓展，城市建设飞速发展，尤其是曾经人烟稀少的徐家棚地区，因为粤汉铁路北段起点站在此设立，一时之间，商贾云集、工人扎根，一跃而成为武昌城区以北最繁华热闹的地方。1916年，粤汉铁路尚在修筑之时，报纸就记载："武昌下新河徐家棚粤汉铁路总站地方居民甚众。"③ 其后，由于徐家棚车站的竣工，加之粤汉铁路分段开通所带来的巨大人流、物流，大量居民纷至沓来，房屋如雨后春笋，"沟边街""洋园"等地名亦相继出现，甚至形成了因粤汉铁路兴起并以粤汉铁路冠名的"粤汉里"这种独一无二的特色里份。而到了粤汉铁路全线贯通的1936年，徐家棚车站亦越发宏伟，"徐家棚者，粤汉路武长段（即湘鄂路）之起点站也，株韶段之材料运输所，亦设于是。余始意湘鄂路规模初不甚宏，岂知身临其地，则湘鄂路管理局之范围，并不在津浦平汉之下，各种设备，应有尽有，办公房屋与员工住宅，尤鳞次栉比，不下数十宅之多"④。

---

① 汪瑞宁：《武汉铁路百年》，武汉出版社2010年版，第105页。
② 孙棣三：《粤汉铁路完成与武汉之勃兴》，《汉江晚报周年纪念号》，1926年。
③ 《汉口事变之善后》，《申报》1916年8月12日第6版。
④ 赵君豪：《汉粤纪行（二）》，《申报》1936年3月7日第2张第8版。

除徐家棚地区之外，武昌城区布局因为其他几个车站的设立而不断向外拓展。1915年4月，余家湾车站建成；同年6月，鲇鱼套车站竣工；1916年，通湘门车站完工。一个车站带动一片城区的发展，三大车站将武昌的城区布局向东、北、南三方拓展了几十里。尤其是当年并非重点车站的通湘门站，其发展几乎见证了粤汉铁路的艰难通车和武昌城的沉沉浮浮。该站始建于1916年，位于现在武昌火车站南端道口附近，当年仅有1条站线，1所小票房，站级为二等，业务量极少，其首次通车为1917年由武昌至蒲圻。1936年粤汉铁路全线通车后，因当时通湘门车站距市中心较远，旅客乘车不便，又在当年12月底建成武昌总站，通湘门车站则被撤销。武昌总站因位于当时的宾阳门一带，故又被俗称为"宾阳门车站"，经过几十年的发展，如今的宾阳门车站已成为全国铁路的特等车站——武昌火车站，其周边亦早已成为配套齐全、功能完善、交通发达的闹市区。

（二）强化了与其他区域的经济往来，进一步凸显了武汉的经济中心地位

粤汉铁路纵贯鄂、湘、粤三省，所经之地大多物产丰富，铁路通车后，棉花、桐油、大米、煤炭等土特产品经过铁路运往全国各地，武汉作为北端始发站，其经济中心地位更为凸显。时人曾言："武汉扼长江下游，地居黄河珠江两大流域之间，为南北往来之要道，货物集散之所。今粤汉铁路全线贯通，则南北各省客商必云集于武汉，将来武汉大铁桥如果筑成，更增加武汉市场之价值，有取上海而代之可能。"[①]

相比水运，铁路迅捷的特征更为明显，这使得当时采用铁路运输成为一种全新的选择。早在粤汉铁路尚未全线通车之时，虽然"大宗商货尚难发展，而一般商家已络驿（绎）而来，所运货物以普通食用品为多，如冬笋、猪肉、纸张之类，连日尚觉踊跃，亦发轫以来之好气象也"[②]。到粤汉铁路全线通车后，"往来京粤之间者，为时不过三四日而

---

① 杨拱辰：《粤汉铁路之概观》，《铁路杂志》第2卷第7期，1936年。
② 《运输情形》，《铁路协会会报》第77期，1919年。

止耳,不但货物可免损坏而减少时间,犹在二倍以上,此便利客货有如斯者"①。粤汉铁路将北京和广州这南北两大中心城市连为一体,武汉作为京汉铁路的南端起点和粤汉铁路的北端起点,其重要性凸显无疑。"盖粤汉通车,则凡大宗农产货物之出口,来自汉口以北者,可以径运广州或转香港,付航敏捷,以应世界市场之需要……又如广东之草席果品与现正从事大量生产之蔗糖及其他农工产品等,可畅销汉口以北各经济中心。"②除此之外,粤汉铁路还将西南各省与广州紧密相连,而这条线路的中转点就是武汉,"国人之前往西南各省,以及南部各省之北往华中华北者,均将由粤汉铁路来往。同时货物之由南而北由北而南者,亦必舍海航而取道铁路,以谋时间之经济、市场之发展"③。1921年粤汉铁路武昌至株洲段通车后,当年客运量达36.5万人次,货运量达35.2万吨;湘鄂段整理后的1934年,客运量上升到85.5万人次,货运量上升到54.5万吨。④沿线商贩可以从京津、沪汉、江浙等地区采购工业品及洋货,然后由铁路运回销售,内地农副产品也可沿铁路直运汉口。

粤汉铁路还使武汉与广州的联系进一步强化,武汉拥有了出海的另一个选择。"自粤汉路通车后,则川鄂土产则不必再假道上海,而可直接由广州出口,而川鄂湘等省之洋货,亦可由广州入口,此外河北、山西、陕西、河南等省与华南交易,亦可由粤汉,而不必走上海,至于浙赣二省货物因浙赣路之完成,亦可不必集中上海,由粤汉路出广州,因是武镇市之繁荣,固当可指日而待,广州之发展,更未可限量。"⑤

此外,粤汉铁路的支线株萍铁路对武汉的经济发展亦显重要。株萍

---

① 黄霭如:《对于粤汉铁路湘鄂段继续建筑之感言》,《铁路协会会报》第109期,1921年。

② 冯锐:《粤汉铁路完成与我国农业复兴之影响》,《粤汉铁路株韶段工程月刊》第4卷第5期,1936年。

③ 凌鸿勋:《粤汉铁路工程之推进及将来湘粤两省商业之展望》,《南针(上海1929)》第7期,1935年。

④ 湖北省地方志编纂委员会编:《湖北省志·交通邮电》,湖北人民出版社1995年版,第34页。

⑤ 曾宪琳:《粤汉铁路通车与我国前途之关系》,《路向》第3卷第7期,1936年。

铁路为湖南株洲到江西萍乡，1905年竣工通车，其主要目的是运送萍乡煤炭至汉阳铁厂。在粤汉铁路未通车之时，萍乡煤矿的煤在到达株洲之后，只能通过轮船转运下洞庭湖进长江运达汉阳铁厂，耗时既长且颇费周折。粤汉铁路武（昌）长（沙）段与株萍铁路接通后，萍乡煤矿的煤炭资源一路畅行无阻直抵汉阳铁厂，"客商更形便利……实行按日装运煤焦六百吨"①，保证了汉阳铁厂的基本生产和市民生活需要，对武汉的经济建设贡献巨大。

（三）基本确定武汉全国交通"十"字中心的地位

明清时期，武汉地区因"九省通衢"的交通地位名扬全国，其主要交通方式以长江、汉水的水路运输和驿站陆路交通为主。京汉铁路建成后，武汉与华北地区的经济联系进一步强化，其交通中心明显呈现为"⊥"形状。粤汉铁路通车后，所缺乏的南段一环被补齐，形成了完整的"十"字形，武汉作为全国交通"十"字中心的地位基本确定。

在全国交通的"十"字形中，北为北京，南为广州，西为重庆，东为上海，武汉则为南来北往、西通东达的中部中心。"粤汉铁路一通，便将广州、汉口、北平三大经济中心联成一气，同时并可与上海联接。"② 是时，无论是由京汉铁路来汉口转粤汉铁路南下，或从粤汉铁路到武昌转京汉铁路北上，均须经过武昌徐家棚至汉口"法国码头"（后被命名为粤汉码头）之间的专用航线进行转乘，传统的水运码头和现代的铁路运输在此时此地完美地融为一体。

时间与空间、长江与铁路在武汉交互、相融，铸就了武汉独一无二的风景线，亦成就了武汉"十"字中心的交通节点地位。"以京汉粤汉之衔接，横贯长江，成十字形，而汉口适居其中心，为水陆利便，四通八达之要镇。凡京汉线粤汉线之物产与商业，皆将于是集中。长江上下游之物产与商业，其转输于鄂湘粤三省，或鄂湘粤三省之物产与商业，其转输于上下游者，亦将以是为枢纽。而因物产与商业之发达，在文化

---

① 《粤汉铁路湘鄂线运输及营业状况》，《铁路协会会报》第103期，1921年。
② 冯锐：《粤汉铁路完成与我国农业复兴之影响》，《粤汉铁路株韶段工程月刊》第4卷第5期，1936年。

上与政治上，亦有一时无两之发展。"① 实际上，在粤汉铁路尚未全线通车时，时人对此就有清晰的描述："武昌为湖北政治教育中心，而武昌汉口汉阳形成三足鼎立之势，实握华中政治经济工业之枢纽，九省交通之中权，其地位的重要，将因此路的通车而愈显。"②

（四）不利之影响——湖南基本脱离"汉口经济圈"

如上所言，粤汉铁路对武汉城区的扩展、经济的促进、全国交通地位之形成，有着极为重要且积极的影响。但与之相对的，粤汉铁路对武汉的发展亦产生了些许不利之影响，其最重要者当为湖南基本脱离"汉口经济圈"。

粤汉铁路通车之前，湖南地区一直是汉口的经济腹地，无论是明清时期的漕粮、食盐，还是清末民初的大米、桐油、煤炭等货物，几乎全部通过洞庭湖和长江水路运往汉口，进而运往全国乃至全世界。即使到了1918年粤汉铁路武长段通车后，这种经济联系并未削弱，在当时，"湘省之产米谷年约一千四百万担，运输汉口约有三百万担……其次为桐油，湘产者约占全国百分之三十九，均由汉口转输出口"③。

1936年，粤汉铁路株韶段通车，因向南更为便捷且通过广州可以直接出海至全世界，湖南开始逐步脱离"汉口经济圈"，而转身投入"广州经济圈"的怀抱。主持修建粤汉铁路株韶段、曾任粤汉铁路铁路工程局长兼总工程师的凌鸿勋对此直言不讳。在他看来，无论是米粮，还是桐油、煤炭，与广州相比，汉口市场显得局促不已，湖南地方货物在粤汉铁路建成后选择广州出口自是理所当然。

"粤汉铁路贯通以后，同时得湘省各公路之联络，湘省产米，可向粤桂运销。任粤桂销剩，尚可设法出口。且据湖南经济调查所湖南海关贸易一书所载，米粮出口之百分之九十五以上，系运往长江下游，即粤省所需，亦由长江出口。可知粤汉路完成后，米产向粤运销，不需再绕海道，运费减轻，销数增加，米商之前途，殊可乐观。"

---

① 孙棣三：《粤汉铁路完成与武汉之勃兴》，《汉江晚报周年纪念号》，1926年。
② 林岳皋：《粤汉铁路之评价》，《青年月刊》第3卷第1期，1936年。
③ 周锺歧：《粤汉铁路今后之使命》，《铁路杂志》第2卷第4期，1936年。

"桐油可由广州径装欧美——查湘省出口货物，植物油占百分之三十九，其中实全系桐油。均由长沙岳州输出。民国十九年输出总额为四七九·九二一担，值关平银一一·九〇二·六一四两。三分之二运销国外，余则运销国内，大都均由汉口出口。粤汉路完成，此项大宗出口货，可由广州径装欧美，距离时日，均较汉口起运为省也。"

"萍乡煤产量较巨，均由株萍鄂路转运汉口。湘省自产之煤，亦由火车装出。萍煤湘煤，均以汉口为运销中心点，绝无南运赴粤者。……粤汉铁路完成以后，萍矿及湘省自产之煤，除因株韶段新路，本身需用巨量煤斤外，可由火车直运广州，以应广州大量需要。且可夺广州外煤市场。较之局促于汉口煤市辐辏之地，出路宽广多矣。"①

除像凌鸿勋这样的铁路专业人士之外，湘粤两省的政府、商家、民间亦是自觉或不自觉地强化经济往来与合作，尤其是在湘米和粤盐的运输上。"自粤汉铁路通车，湘赣各省禾稼今年咸告丰收，湘粤当局乃实行经济合作，闻经决定湘米运粤、粤盐运湘可藉粤汉铁路以为转运。"②

第三节 域外铁路对武汉城市发展的考察

近代中国交通网络格局的变迁，会带来某些城市的飞速发展，推动城市现代化和现代城市化的进程；但同一条铁路线、同一条轮运航线的修建、开设，却可能对另一座城市带来截然相反的结果。民国中期的武汉，因陇海铁路这一项似乎与其完全无关的交通网络格局的变化，一度跌入发展的谷底。

一 陇海铁路的修筑

陇海铁路原名陇秦豫海铁路，是以清末倡修的汴洛（开封到洛阳）

---

① 凌鸿勋：《粤汉铁路工程之推进及将来湘粤两省商业之展望》，《南针（上海1929）》第7期，1935年。
② 《粤汉路完成后 湘米即将运销粤省 洋米贬价竞销》，《申报》1936年10月23日第2张第7版。

铁路为基础，不断扩展，逐渐延伸而成。汴洛铁路作为陇海铁路的起源，其创办则源于晚清卢汉铁路与津镇（天津—镇江）铁路之争。

1898年1月，容闳上奏清廷，请求修筑津镇铁路，并称"现经集股已有一千万两之谱"，并"拟请先提股银二百万两，以充朝廷要需"，以后路成通车营业，"所获余利，按照四分之一，报效国家"，保证"解交户部饬收，按年汇报，年清年款，不得拖欠"①。清廷对该筑路条件自是十分心动。此时张之洞、盛宣怀主导的卢汉铁路刚刚与比利时签订借款合同，即将动工修建。在此情形之下，张氏、盛氏担心津镇铁路的动议将影响卢汉铁路的顺利进行，自是对容闳的建议持反对态度，但容闳之计划在李鸿章、翁同龢、张荫桓等重臣支持之下，声势颇张。不得已之下，盛宣怀提出建立以汉口为中心的铁路网。他表示不仅要建卢汉铁路，而且要建粤汉铁路，还要将沪宁铁路延伸到汉口。这就极大地改善了卢汉铁路投资的营利环境。②此外，盛氏还提出修建卢汉铁路的支路——汴洛铁路，保支路之利以保干路。光绪二十五年（1899），盛宣怀上奏清廷，认为"卢汉干路之外，又有津镇干路，试思中国只此财力，南北只此货客，两路并肩，利散而薄，在德使但欲就山东接通直隶、江苏，在英使但欲就江苏接通山东、直隶，各占其权利之所在，绝不顾中国将来如何还债也，似此卢汉直路应得之利已失一半矣"。接着又指出外国列强拟修建多条支路对卢汉铁路影响亦大，"然犹冀枝路稍可补救，乃俄国银行已准从正定之柳林铺另造至太原省，英国福公司又欲从泽州、怀庆之间另造至卫辉，并欲直造至襄阳或浦口，似此卢汉横路应得之利又将全失矣"。为巩固卢汉铁路利益计，盛宣怀在奏折中提出修筑汴洛铁路："卢汉干路南岸系在荥泽过河，查荥泽县东至开封府约计一百七十里，西至河南府约计二百五十里，又郾城东南至周家口，约计一百二十里，路甚平坦，铺轨极易，自汴以达齐鲁，自洛以通秦陇，自周家口以达淮河，商务来源极远，应请归入总公司卢汉干路筹款

---

① 刘中国、黄晓东：《容闳传》，珠海出版社2003年版，第440页。
② 朱从兵：《张之洞与粤汉铁路——铁路与近代社会力量的成长》，合肥工业大学出版社2011年版，第49页。

接造，以免各国觊觎，促我生机，此系近干短枝要路，本不在停办之列，况属由干生枝，不致纷歧横扰，如蒙俞允，臣当与总理衙门、路矿总局妥商，即令比商筹款勘估，一气赶造，约计干路造抵黄河之日，即为枝路接通汴洛之期，不仅收利归本有益，实于大局亦有关系。"①

盛宣怀这一建议被清廷允许，汴洛铁路的修筑正式提上日程。1903年，清廷与比利时签订《1903年中国国家铁路五厘借款》。条款共计13条，由比利时借款2500万法郎，约定30年付清。其后，由于所借款项不敷使用，"光绪三十一年（1905）又续订第二次借款一千二百五十万法郎，此第二次借款，后又增额为一千六百万法郎"②。有了充足资金的支持，汴洛铁路的修筑进展颇快，"光绪三十二年（1906）末，开封郑州间六十五公里之轨道完成。光绪三十四年（1908）末，郑州洛阳间一百二十二公里之轨道完成，于是全线通车，开始营业"③。

汴洛铁路因使用比利时借款修筑，故比国谋取不少利益。在民间争夺"利权"呼声高涨之时，汴洛铁路的修筑甚至受到河南民间的反对，时人就曾在报纸赋诗对借款修路进行批判：

风霆指掌炫雄图，敲骨吸髓戕病夫。公理强权浑不管，赚将条约作灵符。

谁看河山值寸金，通航假道听分侵。自从隶入测量薄，不到黄河不死心。

期约茫茫四十年，个中机括自精坚。他人换得金钱去，归赵终愁璧不完。④

虽然汴洛铁路的修筑在民间存有非议，但客观来说，该路通车后，

---

① 《预筹铁路还款并保全枝路折》（光绪二十五年十月），盛宣怀撰《愚斋存稿》卷4，台北：文海出版社1975年影印版，第138—139页。
② 蔚文：《陇秦豫海铁路过去之历史及现状》，《金城》第1卷第11期，1926年。
③ 蔚文：《陇秦豫海铁路过去之历史及现状》，《金城》第1卷第11期，1926年。
④ 揖声：《得友人书言汴洛铁路告成感赋三绝》，《豫报》第1期，1907年。

"秦汴来往商人较前利便，于商务大有裨益矣"①。而郑州则因位居卢汉铁路与汴洛铁路交会之处，现代交通优势顿显，自此逐渐发展起来。

与汴洛铁路筹建几乎同时，河南官绅也积极筹划本省铁路建设。河南巡抚陈夔龙指出河南应重点修筑两条铁路："一自开封达于山东之济南，曰开济铁路；一自洛阳达于陕西之潼关，曰洛潼铁路。均为目前最不可失之机。"② 此后，洛潼线得到陕西省的大力支持，陕西巡抚致函陈夔龙："芦汉干路南北轨道已接，汴洛支路尊处亦议及开办，汴洛兴工，洛潼继之。洛潼开议，则由潼关至长安三百里非异人任，实陕省吏民应尽之义务也……鄙意以为此段枝路既已由汴达洛，则必由洛直达潼关以成秦豫蝉联之势，兼为关陇接续之基。如洛不接撞（潼），则陕路适同断线。"③ 可见，陕西省竭力推动洛潼线的主要原因是不愿其推进的西潼线（西安—潼关）成为孤线。

与此同时，比利时听闻河南欲修筑洛潼线，欲将其权益通过汴洛线延伸至洛潼线，故上下活动，"比人沙多竭力运动，当事者遂主借款修筑"④。面对如此情形，豫陕两省商绅群情反对，"闻渑池、陕州两处商民因传言比人有仍拟借款修造之说，均愿集股自办，刻已函商京官，声明不借外款"⑤。

在豫陕两省官方及民间的共同努力下，清廷最终同意洛潼铁路商办。河南省随即成立洛潼铁路公司，预设资本金 1600 万元，但"实际收集之资金不过三百三十四万元"⑥。不得已之下，铁路公司不得不对外借款。1910 年，洛潼铁路公司与公益银行达成协议，借款 200 万两，"借款契约签押后，先交五十万两，其余百五十万，则以宣统二年八月

---

① 《汴洛铁路开车之消息》，《山东官报》第 65 期，1906 年。
② 宓汝成编：《中国近代铁路史资料（1863—1911）》（第三册），中华书局 1963 年版，第 1129 页。
③ 《陕抚函商开界西潼铁路》，《申报》1905 年 11 月 8 日第 2 版。
④ 《洛撞（潼）枝路有借款修筑之说》，《申报》1905 年 12 月 9 日第 3 版。
⑤ 《拟办洛潼铁路》，《北洋官报》第 846 期，1905 年。
⑥ 蔚文：《陇秦豫海铁路过去之历史及现状》，《金城》第 1 卷第 11 期，1926 年。

交付"①。然则，成立于1909年的公益银行根本没有实力支付这笔借款。因此，借款合同签订之后，公益银行遂向德、美、日等国银行再行拆借，最终由日本〇〇银行谋得该项权益。如果之前洛潼铁路公司自行筹款尚符合"自办原则"，"那从公益银行与日本〇〇银行签订合约的那一刻起，洛潼铁路'自办'的性质已然发生改变，成为空壳，洛潼铁路修筑再次面临回到'借外债筑路'的局面"②。

洛潼铁路公司成立后，管理层贪腐严重，"公司办事人员历年挪移路款，侵吞渔利，亏空已多"③，导致铁路修建进度十分缓慢，"自宣统二年兴工，至民国元年，仅完成洛阳义马间轨道六十公里"④。辛亥革命后，政局动荡不安，商办洛潼铁路基本搁浅。

1912年，北洋政府考虑到"国中铁路有南北行线，无东西行线"，且"汴洛短促，洛潼未成，开海停办"，故需"造一模（横）亘东西大干线，联络西北东出海口，以固边陲兼开海港"⑤。经议定，路线"西自甘肃兰州府，东至江苏扬子江北滨海之区，中经西安府、潼关、河南府、开封府、归德府、徐州府等处以达海口，横贯四省，长至四千余里。分段兴筑，以期速成"⑥。此即陇海铁路的前身——陇秦豫海铁路。

如此庞大的工程，北洋政府自是无力修建，遂向西方列强借款。因其中一段——汴洛铁路来自比利时借款，故此次借款亦向比利时借贷。1912年9月，双方在北京正式签订《陇秦豫海铁路借款合同》，约定原汴洛铁路借款合同"一律作废，改归新合同办理"⑦。此次借款共计两万五千万法郎，期限四十年。

---

① 茶圃：《洛潼铁道调查记（附图）》，《国风报》第1卷第27期，1910年。
② 郭少丹：《清末陇海铁路研究（1899—1911）》，博士学位论文，苏州大学，2015年。
③ 宓汝成编：《中华民国铁路史资料（1912~1949）》，社会科学文献出版社2002年版，第44页。
④ 蔚文：《陇秦豫海铁路过去之历史及现状》，《金城》第1卷第11期，1926年。
⑤ 《陇秦豫海铁路之经过》，《中国实业杂志》第5卷第11期，1914年。
⑥ 《陇秦豫海铁路之经过》，《中国实业杂志》第5卷第11期，1914年。
⑦ 《陇秦豫海铁路借款合同》，《中华实业丛报》第2期，1913年。

1913年，晚清时期建成的汴洛铁路并入筹建中的陇海铁路，归交通部陇海铁路督办总公所管辖。其后，虽遭遇重重阻力，但北洋政府还是将停办的商办洛潼铁路收归国有，[①] 并入陇海铁路修建工程并重新启动建设。同时，由开封往东至江苏徐州的陇海铁路东段亦开始修建。经过两年的建设，1915年5月，开封至徐州段建成；9月，洛阳至观音堂（今河南省三门峡市陕州区观音堂镇）段竣工。

1920年5月，为解决陇海铁路修建资金缺口问题，北洋政府与比利时及荷兰签订合同，借款续建陇海铁路。其后，由于受到经济、政治、军事、技术等各方面的限制，陇海铁路各段修修停停，断断续续。1923年，徐州至运河（今江苏邳州）段竣工；1925年，运河至海州大浦段竣工；1927年，观音堂至灵宝段竣工；1931年，灵宝至潼关段竣工；1935年，潼关至西安段竣工，同年6月，新浦旗（今江苏省连云港市新浦东站）至老窑（连云港）段竣工；1936年12月，西安至宝鸡段竣工。至此，陇海铁路基本完成了连云港至宝鸡段的修建工作。1937年全面抗战爆发后，陇海铁路后续的修建工作基本停止。1945年抗战结束后，宝鸡至天水段完工，而天水至兰州段直至中华人民共和国成立后的1953年方才竣工。自1902年始至1953年终，在历经五十余年的建设后，陇海铁路方才全线通车。

二 商业圈层的缩小：陇海铁路对武汉（汉口）经济的冲击

陇海铁路是中国第一条横贯东西的铁路大动脉，虽然其修建过程屡经磨难，但这条铁路的修建使中国西北与东部沿海连为一体，有力促进了沿线经济的发展，并催生了不少新型城市的出现。但对与这条线路并无直接关系的武汉而言，陇海铁路的修筑却引发了意想不到的负面影响。

陇海铁路通车后，对武汉（汉口）最直接的影响就是进一步缩小了武汉尤其是汉口的商业圈层。陇海铁路的通车，国内交通格局发生了

---

① 《接收洛潼铁路之详情》，《铁路协会会报》第19期，1914年。

巨大变化，西北、中原地区可直接通过这条铁路进入东部沿海地区。由此，原来依附于汉口的二级市场就此脱离"汉口经济圈"，河南首当其冲。在京汉铁路通车、陇海铁路未修建前，"河南各地之物资，因集中于汉口，当一九〇四年汉口输出不过七百十四万两，至一九一〇年即增至千七百九十万两"①。陇海铁路修建后，"豫省出产各土货，向之由平汉路运汉而改装出口者，今已改由陇海路东运入沪矣。至其进口之货，亦由沪载浦，再装陇海各路，直运豫晋陕陇等省矣"②。尽管这一时期内，平汉路的存在一定程度上连接了汉口与河北、天津等地的贸易通道，但平汉路受战争影响很大，时常停运，且"平汉运费复较陇海路为高，故河南进出口货物，大部分由该区转运，以致本埠商业，日益减退，毫无起色"③，武汉货物的北输和北方货物的南运皆受阻碍。正因为上述原因使得武汉的转口贸易，尤其是出口贸易在进入20世纪20年代后大受削弱。以河南市场主要输入的汉口杂粮为例，出口额一路走低（见表1-1）。

表1-1　　　　　1924—1930年汉口杂粮出口数量统计　　　　（单位：担）

年份 货物	1924年	1925年	1926年	1927年	1928年	1929年	1930年
豆类	2138658	449524	1123875	1900736	1997843	827580	955027
芝麻	395497	159673	512182	377775	720663	603093	994387
豆饼	1600302	594798	706771	138520	131483	48201	37228
合计	4134457	1203995	2342828	2417031	2849989	1478874	1986642

资料来源：武汉地方志编纂委员会主编：《武汉市志·商业志》，武汉大学出版社1989年版，第491页。原数据计算有误，已进行修正。

由表1-1可知，自1924—1930年，汉口的杂粮出口整体上呈现逐

---

① 峙冰：《铁道与贸易》，《上海总商会月报》第1卷第6期，1921年。
② 《对于平汉运价及营业税整卖等问题呈省府文》，《汉口商业月刊》第1卷第1期，1934年。
③ 《中国经济年鉴（1936年）》，曾兆祥主编《湖北近代经济贸易史料选辑（1840—1949）》（第五辑），湖北省贸易志编辑室内部发行1987年版，第27页。

渐下滑之趋势，1930 年的出口总量相较 1924 年下降幅度高达 51.9%。具体而言，除芝麻出口量在振荡中有所上扬之外，豆类、豆饼基本上是一路下滑之势。个中原因，除政局动荡、气候异常等因素外，另一重要原因就是陇海铁路的修筑致使河南基本脱离"汉口经济圈"。与汉口相反，郑州因坐拥平汉、陇海两条铁路交会之地利，贸易飞速发展，地位越发重要，遂"成为交通中心，各地商人、传教士接踵而至，各地的货物大都以此为集散地"①。

不仅是河南，陇海铁路修建所带来全国铁路交通格局的变化，还逐渐波及离汉口更远的市场。"陇海通达西安，陕甘之宝藏流入徐海；郑州握四方交通之枢纽，中州之贸迁遂不一其途"②，尤其是"陕甘晋豫各省货物，均由陇海东行，不经汉口"③。

武汉（汉口）商业圈层的缩小，直接使城市贸易总量震荡不定，基本呈现下滑之趋势（见表 1-2）。

表 1-2　　　　1925—1931 年汉口全部贸易纯额　　　　（单位：海关两）

年份	输移入纯额	输移出总额	进出口合计	出超或入超
1925	133674294	155086783	288761077	出超 21412489
1926	117423820	167686376	285110196	出超 50262556
1927	73769682	127190262	200959944	出超 53420580
1928	133372930	178289324	311662254	出超 44916394
1929	117053841	148465688	265519529	出超 31411847
1930	87493772	112990312	200484084	出超 25496540
1931	114457442	93930247	208387689	入超 20527195

资料来源：张克明：《汉口历年来进出口贸易之分析》，《汉口商业月刊》第 2 卷第 2 期，1935 年。原数据计算有误，已进行修正。

---

① 张学厚：《郑州棉花业的兴衰》，《河南文史资料》编辑部编辑《河南文史资料》（第 37 辑），中国人民政治协商会议河南省委员会文史资料委员会 1991 年版，第 43 页。
② 李敩之：《从铁展会平汉粤汉两路沿线物产报告中观察汉口地位》，《汉口商业月刊》第 1 卷第 7 期，1934 年。
③ 张延祥：《提倡国货与建设汉口为国内自由市》，《汉口商业月刊》第 1 卷第 5 期，1934 年。

由表 1 – 2 可见，除 1928 年的短暂上扬之外，1926—1931 年汉口的贸易总额相较 1925 年呈现出逐渐下滑之趋势。宏观上看汉口贸易量呈现逐年下滑之趋势，微观层面更是如此。以棉花出口为例，1924 年汉口棉花出口额为 48969000 海关两；1925 年下滑至 42633000 海关两；1926 年有所增加，达到了 52438000 海关两；1927 年陡降至 27668000 海关两；1928 年却又将近上浮两倍，达到了 54509000 海关两。此后，汉口棉花出口额一路下滑，1929 年为 38306000 海关两；1930 年为 26742000 海关两；1931 年跌入低谷，只有 10657000 海关两，相较 1924 年，跌幅高达 78.2%。① 对于棉花贸易的下滑，时人也多有描述："棉花一项，在汉口出口贸易之中，输出数量最巨，最多时曾占全国输出总额的百分之四十以上；即在五六年以前，每年出口尚有四五千万两左右；一九三一年间，竟减为一千万两，最近更有一落千丈之势。"②

汉口棉花贸易的下滑是多种因素叠加的结果，其中一个重要原因就是陇海铁路通车后，"陕州、灵宝以及关中泾阳、渭南、朝邑等棉花悉运郑州，集中成交后打成机包再行输出"③，然后经郑州"分别转运到上海、天津、青岛等沿海大城市"④。正是在陇海铁路的加持下，郑州成长为中原地区重要的棉花中级市场。郑州的棉花交易量，1919 年为 35 万担，⑤ 1923 年为 30 万余包，1924 年为 50 万余包。此后，郑州的棉花交易量有所下滑，1927 年为 20 万余包，1929 年为 10 万余包，1930 年因战争和灾害减为 5 万余包。⑥ 但 1931 年后，郑州的棉花交易量重新走上上升轨道。"1931 年至 1935 年期间，随着陇海铁路由潼关

---

① 张克明：《汉口历年来进出口贸易之分析》，《汉口商业月刊》第 2 卷第 2 期，1935 年。
② 幼申：《汉口最近之金融恐慌及其对策》，《经济评论》第 2 卷第 7 期，1935 年。
③ 陇海铁路车务处商务课编辑：《陇海全线调查》（民国二十一年份），郑州：陇海铁路车务处商务课 1933 年版，第 160 页。
④ 张学厚：《郑州棉花业的兴衰》，《河南文史资料》编辑部编辑《河南文史资料》（第 37 辑），中国人民政治协商会议河南省委员会文史资料委员会 1991 年版，第 44 页。
⑤ 冯次行编：《中国棉业论》，上海：北新书局 1929 年版，第 127 页。1 担 = 100 斤，按人力打包每包约 180 斤计算，大约为 20 万包。
⑥ 陈隽人：《郑州棉花市场概况》，《中行月刊》第 2 卷第 10 期，1931 年。

向西延展到西安，郑州商业交易额不断扩大。据当时统计，全年交易总额仅棉花一项，大约在 4000 万元上下。"①

棉花贸易的下滑，更使武汉三镇的纺织业益显衰落。是时，"武汉境内的工厂，烟囱林立，多不冒烟，以一般纺织工业为尤甚"。如武昌最为著名的第一纱厂，"因为棉花价贵，出货未能畅销，每月赔累不堪，业经停工，五千工人全部失业，最近虽由官商两方数度协商复工……前途尚多阻碍"②。此外，"陇海铁路通车后，山西、陕西、甘肃等省客商径直购纱布于上海，武汉输出纺织品比 1926 年下降 37.11%"③。

总之，陇海铁路的通车对武汉（汉口）的经济造成了巨大的冲击，尤其是在商业贸易领域产生了诸多不利之影响。时人对此不禁悲叹："汉口之国际商埠地位，行将江河日下，而东方诗家谷（即芝加哥）之荣誉，恐直永远悬为楚人梦想耳！"④

---

① 张炎卿：《郑州花行旧闻》，《河南文史资料》编辑部编辑《河南文史资料》（第44辑），中国人民政治协商会议河南省委员会文史资料委员会 1992 年版，第 16 页。
② 幼申：《汉口最近之金融恐慌及其对策》，《经济评论》第 2 卷第 7 期，1935 年。
③ 湖北省地方志编纂委员会编：《湖北省志·工业》（下），湖北人民出版社 1995 年版，第 1420 页。
④ 李教之：《从铁展会平汉粤汉两路沿线物产报告中观察汉口地位》，《汉口商业月刊》第 1 卷第 7 期，1934 年。

第二章 现代航运中心的形成与演变

明清时期,因江汉交汇的独特地理优势,武汉三镇尤其是汉口成为中国中西部漕粮、食盐等物资运输的最大港口,汉口甚至一度被称为"船码头"。汉口开埠后,现代轮船航运进入城市,延续并强化了武汉(汉口)在水运交通领域的优势地位,内陆最大、最重要的现代航运中心逐渐形成。

第一节 轮船航运的闯入与木船运输的没落

汉口开埠后,西方势力纷纷涌入武汉地区,现代轮船运输业亦随之传入,对传统帆船运输产生了极大冲击。轮船运输的兴起,现代港口码头的修筑,无不昭示着长江航运新时代的到来,进而对城市发展产生深远影响。

一 现代轮船运输的传入

汉口开埠通商以后,驻上海的一些外国洋行纷纷置备轮船,争相从事长江航运,现代轮船运输开始传入武汉地区。

(一)外商轮船的大举进入

最早进入汉口地区的现代商船是美国的琼记洋行。1859年,在《天津条约》签订后不久,为了尽早开辟上海至汉口的航线,占据商业贸易的先发点，琼记洋行在美国订购相关船只。1861 年 1 月，被命名为"火鸽号"的轮船抵达上海，① 次月，琼记洋行委派洋行助理罗伯特·I.费伦参加巴夏礼、贺布一行对汉口的"考察"活动。4 月，"火鸽号"被派往汉口，船上"载有琼记洋行价值二万元的货物，打算用它对沿江一带的市场进行试探。可是卖掉的并不多。大部分都留给了九江和汉口两处的代理商处理"。一个月后，"火鸽号"返回上海，琼记洋行老板艾伯特·赫尔德不无得意地说："好啊，伙计，我们把长江开发了！"② 此后，"火鸽号"每两个月自上海开 3 次船，承运货物多半是华商采办的茶叶，同时也搭载华人乘客。

紧随美国琼记洋行之后，英、美、日、德、法等国的商船接踵而至，纷纷开设航线涌入武汉地区。

1861 年，英国宝顺洋行先后委派"总督号""富士号""广岛号"和"哥素么布礼号"4 艘船只经营汉口—上海航线。到 19 世纪 70 年代，英国航运势力开始大举进入汉口。1873 年，太古洋行组建的太古轮船公司开始经营长江航运，在汉口设立分支机构。1862 年英国怡和洋行即派出轮船航行汉口—上海间，后因受美国旗昌公司的排挤于 1867 年退出长江航线改营沿海航线。1879 年，怡和洋行成立扬子轮船公司，重返长江，开辟上海—汉口航线。此后，怡和洋行先后开辟汉口至上海、汉口至宜昌、汉口至湘潭等航线。除太古、怡和外，在汉英国航运势力还有分别成立于 1876 年和 1893 年的麦边洋行和鸿安商轮公司，各有 3、4 艘轮船行驶汉口上海航线。③

1861 年 7 月，美国旗昌洋行的"惊异号"抵达上海。④ 1862 年，旗昌洋行派出 5 艘轮船投入汉口上海间的营运。凭借雄厚的资金，旗昌公司自 19 世纪 60 年代末起，垄断了长江航运。1872 年，汉沪线营

---

① 郑少斌主编：《武汉港史》，人民交通出版社 1994 年版，第 137 页。
② 聂宝璋编：《中国近代航运史资料 第一辑（1840—1895）》（上册），上海人民出版社 1983 年版，第 260 页。
③ 郑少斌主编：《武汉港史》，人民交通出版社 1994 年版，第 138、141—142 页。
④ ［美］刘广京：《英美航运势力在华的竞争（1862—1874 年）》，邱锡镁、曹铁珊译，上海社会科学院出版社 1988 年版，第 14 页。

运船舶增加到9艘，17240总吨，在长江汉沪线行船中占据优势地位。1877年旗昌公司在航业竞争中失败，全部航运资产转售给中国的轮船招商局。

　　日本航运公司进入汉口则是在1894年中日甲午战后。1898年1月，大阪商船会社——日本第二大轮船企业进入汉口，派出两艘轮船定期来往汉口上海之间。"用六百吨以上、一点钟能行十浬轮船两艘，每年自三月至十月，每月六次，自十一月至下年二月，每月四次，在两埠之间，一往一来，俱可在镇江、芜湖及九江等停泊；即在通州、江阴、天星桥、仪征、南京、大通、安庆、武穴、黄石港及黄州等处，亦可酌量停泊。"① 次年，又开通汉口至宜昌航线，"用六百吨以上、一点钟能行十浬轮船一艘，每年自四月至九月，每月三次；自十月至下年三月，每月二次，在两埠之间，一来一往，俱可在沙市停泊"②。到1906年，大阪商船会社投入汉沪线、汉宜线、汉湘线的船舶有6艘，13329总吨，仅次于太古，成为武汉港第二大轮船企业。1903年，日本最大的航运企业——日本邮船会社收购英国麦边洋行在汉船运业务，开辟汉沪线。同年，湖南汽船会社在汉口成立，主要经营汉口至湖南湘潭航线。至此，日本在华四家航运企业有三家在武汉开设航线。1907年3月，为集中力量对抗其他国家的航运企业，在日本政府的授意策划下，在华的4家轮运企业即日本邮船会社、大阪商船会社、湖南汽船会社和大东汽船会社合并，组成日清汽船会社。日清汽船会社成立后，为谋图更大发展，1907年6月，新开辟汉口—常德、鄱阳湖航路。至此，日清在武汉的势力已超过太古、怡和，成为武汉港最大的外国航运企业。

　　德国航运企业与日本几乎同时进入武汉地区。1898年，德国亨宝轮船公司与在汉的德国瑞记洋行合作设立航运机构，并于1900年开设汉口上海航线，有轮船两艘。其后，北德意志轮船公司与在汉的美最时洋行合作开设汉口上海、汉口宜昌航线，计有轮船4艘。在日本、德国

---

① 章勃：《日本对华之交通侵略》，上海：商务印书馆1931年版，第181页。
② 章勃：《日本对华之交通侵略》，上海：商务印书馆1931年版，第181页。

之后，1906年，法国东方轮船公司在汉口以两艘2867吨轮船行驶汉沪线，但该公司后因经营不善于1911年停业。

纵观晚清时期，外国轮运企业在武汉地区势力不断扩张（见表2-1），"先后进入汉口港的有16个国家的船只，计41家洋行或外轮公司，其中英国15家，美国10家，日本7家，德国3家，法国3家，俄国2家，意大利1家"[①]。国外航运势力的迅速发展，使武汉港成为长江内河最大的航运基地，推动了港口基础设施的建设，加速了港口近代化的进程。

（二）中国轮船航运业的初创

第二次鸦片战争后，外国在华航运实力急速膨胀，航运利权逐步落入外人之手。为挽回利权，国人亦开始创办自己的现代轮船航运企业，其中最早者为李鸿章于1873年创办的轮船招商局。

表2-1　晚清时期在湖北汉口经营长江航运的主要外资轮船公司概况

国别	公司（洋行）名称	营运时间（年）	拥有船舶 艘数	拥有船舶 总吨位	航线	备注
美国	琼记洋行	1861—1867	3	1623	沪汉	1艘山东号总吨不明
美国	旗昌轮船公司	1861—1876	9	16830	沪汉	1877年为招商局收购
美国	霍华德洋行	1861—1862	2	350	沪汉	1862年退出长江
美国	同孚洋行	1864—1866	5	4170	沪汉	1868年退出长江
美国	佛格洋行	1866—1867	1	590	沪汉	1867年售与旗昌
美国	美记洋行	1872	1	241	沪汉	合并于英国美师洋行
英国	宝顺洋行	1861—1867	4	1623	沪汉	2艘总吨不明
英国	吠查礼洋行	1863—1864	2	1223	沪汉	1艘总吨不明
英国	怡和洋行	1864—1866	3	3636	沪汉	1867年将船售出
英国	广隆洋行	1864—1865	2	4841		
英国	贺尔特轮船公司	1865—1900			汉口—上海—伦敦	不定期茶叶船直航伦敦

---

① 武汉地方志编纂委员会主编：《武汉市志·交通邮电志》，武汉大学出版社1998年版，第185页。

续表

国别	公司（洋行）名称	营运时间（年）	拥有船舶 艘数	拥有船舶 总吨位	航线	备注
英国	悖信洋行	1866	1	733	沪汉	
英国	公正轮船公司	1867—1873	3	3920	沪汉	
英国	马立师洋行	1871—1876	3	1547	沪汉	
英国	太古轮船公司	1873—1938	22	41960	长江干线	
英国	怡和轮船公司	1882—1938	16	39281	长江干线	
英国	鸿安轮船公司	1893—1938	4	2579	沪汉	
英国	麦边公司	1902—1903	2	1324	沪汉	1903年售予日本邮船会社
日本	大阪株式会社	1898—1907	7	12288	沪汉 汉宜	
日本	湖南汽船株式会社	1904—1907	3	3328	汉湘（潭）、汉常、汉长	
日本	日本邮船会社	1904—1907	2	1324	沪汉	
日本	日清汽船株式会社	1907—1938	17	35082	长江全线及支流	
德国	亨宝轮船公司	1900—1907	2	3632	沪汉	
德国	北德意志轮船公司	1900—1903	4	6728	沪汉	
法国	东方轮船公司	1906—1911	2	5734	沪汉	
俄国	俄国航运公司	1871—1900	1	200	汉口—敖德萨	
俄国	俄国志愿者船队	1880	2	—	汉口—塞瓦斯托波尔	

资料来源：武汉地方志编纂委员会主编：《武汉市志·交通邮电志》，武汉大学出版社1998年版，第189—192页。

1873年，轮船招商局在上海创办，其创始宗旨即为"略分洋商之利"，随后在沿海及长江主要港埠设立了分支机构。7月，轮船招商局汉口分局正式成立，是为武汉地区最早的由华人创办的现代轮船航运企业。汉口分局成立后，花费30500两白银在汉口周家巷购置码头栈房。1877年在兼并旗昌公司后，码头栈房渐具规模，后又陆续添造或改建码头栈房。截至1911年武昌首义前，轮船招商局汉口分局已拥有汉口周家巷、洪益巷、张美之巷3处码头，趸船两艘，仓库栈房7处。

图 2-1 招商局之航行长江轮船

资料来源：伍联德等编辑：《中国大观图画年鉴》（一九三〇），上海：良友图书印刷有限公司1930年版，第106页。

轮船招商局汉口分局在武汉地区的主要经营航线有汉沪线、汉宜线和汉湘线。1873年6月，招商局轮船"永宁号"从上海开往汉口，这是中国商轮首次航行中国内河。[①] 其后，"洞庭号"也投入汉沪线。1878年4月，汉宜线被开辟。1904年7月，开辟汉湘线。上述两条线路各有1至2艘轮船行驶汉口至宜昌、湘潭、长沙之间。至1911年，汉口分局在上述航线营运的船舶有7艘，8864总吨。[②] 由于轮船招商局的官方背景，故而汉口分局的业务主要是承担漕粮运输，同时亦承担部分清廷宫中物品的运输，如云南的铜、四川的木材等。

轮船招商局的创办，一定程度上挽回了部分航运利权，但清廷此时严厉禁止民间开办轮运公司，这一局面直至甲午战后方才有所改变。

[①] 《船往镇江、九江、汉口》，《申报》1873年7月9日第4版。
[②] 郑少斌主编：《武汉港史》，人民交通出版社1994年版，第144页。

《马关条约》签订后，日本掠夺了在中国内河航行的权力，打破了外国轮船不得驶入长江以外的内河的限制。随后，西方列强纷纷迫使清廷承认其内河行船之特权。1898年，英国迫使清政府颁布了《内港行船章程》，开放了全部内河内港的航行权，外国船舶开始驶入长江支流。西方船运公司的进入，使要求清廷解除民间自办轮运企业禁令的呼声日益高涨。在此情形下，清政府不得不逐步解除禁令，华商轮船航运业自此先后在各地兴办。

1897年，商人吴心九创办泰安公司，主营汉口至仙桃航线，有"安泰""安洛"两艘小轮，枯水期则航行至蔡甸，是为汉江轮船运输之始。1898年，汉口商人姚冠卿创办春和公司，同样经营汉口至仙桃航线，有"紫云""飞云"两艘小轮行驶汉口仙桃航线。同年，锦源洋行购置两艘小轮，亦航行汉口至仙桃航线。1898年4月，由两湖绅士组织成立的鄂湘善后轮船局购置深水大轮两艘开始航行湘潭—汉口之间；[①] 1899年又购置20吨小轮两艘，开辟汉口至黄州、团风等处航线。其后，武汉港的民营小轮公司发展迅速，1901年后在汉口创办或扩充资本略具规模的民营小轮公司主要有春和、利济、全鄂、康济、元寿、德安轮局、厚记、利记、荣记等，各有轮船小轮1—2艘到4—5艘不等。到1908年，汉口已有民营小轮公司约20家。1910年，在江汉关注册的内港轮船有82艘，为1900年的5—6倍。1911年尚有72艘，数目在长江各通商口岸中居第一位。[②] 这些民营小轮公司经营航线以汉江航线为主，兼营少许长江航线，航行地域以湖北省内为主，兼行湖南地区。在长江上，这些小轮入湖南至长沙、湘潭、益阳和常德，下至黄州、武穴；在汉江航线，溯汉江至仙桃，最远可达老河口（见表2-2）。

除民营航运企业之外，这一时期部分官办企业中因开展业务需要亦设有轮船航运业务，规模最大者当属汉冶萍公司下设的用于运输铁矿石和煤炭的轮船运输。1911年前，汉冶萍公司已建造21艘拖轮和193

---

① 皮明庥主编：《武汉通史·晚清卷》（上），武汉出版社2006年版，第289页。
② 郑少斌主编：《武汉港史》，人民交通出版社1994年版，第146页。

驳船，专门用于运输铁矿石和煤炭。其中，有 7 艘往来汉口大冶间运输铁矿石，14 艘往来汉口株洲间运输煤炭。此外，尚有 1 艘 1000 吨"汉平号"轮船，主要往来沪、汉及南北洋各埠，运销煤焦及钢铁货品。

轮船招商局汉口分公司及诸多华资民营船运公司的创办，使得晚清时期武汉地区的现代轮船运输业呈现出"华洋对峙"的局面，一定程度上挽回了中国的航运利权，改善和发展了武汉港口的基础设施条件，为武汉发展成为长江航运中心奠定了一定基础。

表 2-2　　1897—1904 年开辟汉口轮船运输的各小轮公司简况

公司名称	成立时间（年）	艘数	航线	船名	创办人
两湖轮船局（北局）	1897 年 7 月	2	汉口—长沙	楚宝 楚威	黄嗣平
春和轮船公司	1898	2	汉口—仙桃	紫云 飞云	汉商姚冠卿
华昌轮船公司	1904	1	汉口—咸宁		
利记轮船公司	1900	2	武汉港内外		
泰安轮船公司	1899	2	汉口—仙桃	安泰 安济	汉川吴心九

资料来源：武汉地方志编纂委员会主编：《武汉市志·交通邮电志》，武汉大学出版社 1998 年版，第 198 页。

二　传统木船运输：从干线转向支流

现代轮船运输的传入，使传统木船运输形式受到极大挑战。开埠之初，武汉地区的民船贸易呈现出衰落之势，但由于民船自身运费低、灵活性强的特征，民船运输并未彻底消亡，反倒在内河支流及未通商口岸的贸易中发挥重要作用。

（一）传统木船运输的衰落

现代航运业进入武汉之后，其载重大、速度快、抗风险能力强的优点展现无遗，使武汉三镇的旧式木帆船航运业日渐衰落。

明清时期，武汉三镇民船航运业极其发达，"舟楫所萃，上自三巴、两粤、南楚，下迄江淮，西则密迩荆襄，商舶连樯，几于遏云碍日"[1]。

---

[1] 武汉市汉阳区档案馆（史志研究中心）编：《同治汉阳县志：校注本》，武汉出版社 2019 年版，第 7 页。

汉口开埠后，外国商船驶入武汉地区，由于其"资本既大，又不患风波盗贼，货客无不乐从"①，传统木船运输因样式老旧、载货量小、技术落后等诸多先天性短板，"行程迟缓，不但有欠安稳，而且航无定期，上行时尤感困难"，"以视轻便之洋式帆船，如横帆船纵帆船之类，逊色已多，而轮船则尤非其敌也"②。在外国轮运业的冲击下，"商贾士民，莫不舍民船而就轮船"③，传统木船运输业的经营范围逐步缩小。

除技术上的因素之外，开埠后被英人控制的江汉关实行袒护外国轮运业的政策，进一步压缩了木船运输业的生存空间。"良以旧时土货运输，或用本国帆船，或循迂远陆路，沿途关卡林立，捐税又系繁多，至是洋式船只较为稳速，新关行政亦渐画一，商旅称便，趋之若鹜，故土货多改由洋船，以期运输敏捷苛税免除也。"④

双重因素之下，传统木船运输业的结局可想而知，"于是曩藉帆船经由旧日途径运输之货物，今多改由轮船装运而往来于通商口岸矣"。"所有国内陆路贸易以及内河沿海之中国帆船运输事业，则逐渐转入洋船之手。外商与洋船之地位，则得条约与领事之保障而愈趋优越。"⑤

西方轮运业对传统木船业的冲击，以长江水域最为激烈。到19世纪60年代，"出入货物概由洋船运输以期稳速，而以轮船为最多"⑥，经营长江航线的"民船生意日稀，凋零日甚"⑦，"自汉口以下，各船废

---

① 《何桂清奏各使团钦差未到即欲回国请敕桂良等兼程来苏折》，（清）贾桢等编辑《筹办夷务始末》（咸丰朝）卷30，中华书局1979年版，第1118页。
② 聂宝璋编：《中国近代航运史资料 第一辑（1840—1895）》（下册），上海人民出版社1983年版，第1269页。
③ 姚贤镐编：《中国近代对外贸易史资料（1840—1895）》（第三册），科学出版社2016年版，第1417页。
④ 聂宝璋编：《中国近代航运史资料 第一辑（1840—1895）》（下册），上海人民出版社1983年版，第1266页。
⑤ 聂宝璋编：《中国近代航运史资料 第一辑（1840—1895）》（下册），上海人民出版社1983年版，第1268页。
⑥ 姚贤镐编：《中国近代对外贸易史资料（1840—1895）》（第三册），科学出版社2016年版，第1414—1415页。
⑦ 李鸿章：《复彭雪琴宫保》（同治十二年十一月十六日），《李鸿章全集》（信函二），安徽教育出版社2008年版，第619页。

止者逾半"①。木船运输的衰败，"以致船户生计愈绌"。无奈之下，木船运输业只能避开与现代轮船的竞争，大量从长江航线退出，转而投向支流、内河运输，"数千艘帆船遂被逐入支流"②。

（二）传统木船业的抗争

汉口开埠之初，在长江航线，面对西方轮运业咄咄逼人之势，木船运输业处境异常艰难。在经过一段痛苦的衰落期之后，木船运输业因其运输成本低、灵活性强、可以深入腹地口岸、海关通关手续相对容易等优势，逐步在竞争中显示出顽强的生存力，并在航运业中重新占据一席之地。

1894年，出入汉口的帆船数为2208艘，吨位达到了150多万吨，此后这一数字逐年上升，到1898年出入汉口帆船数就达到了2566艘，总吨位数为183万吨（见表2－3）。此后，由于内河航运权的全面开放，西方轮运企业逐步深入内地，传统木船运输业的规模有所下滑，"1910年和1911年，进出武汉港的民船数量分别为11890艘和10672艘，载重吨位分别达到了84.2万吨和82.3万吨"③。

表2－3 1894—1898年出入汉口帆船只数及吨位数

年份	出入帆船数	吨位数
1894	2208	1508348
1895	2346	1513147
1896	2399	1686387
1897	2566	1783042
1898	2566	1832060

资料来源：[日]松浦章：《清代内河水运史研究》，董科译，江苏人民出版社2010年版，第215页。

传统木船业由于其自身的诸多优点，尤其是能适应支流内港航运的

---

① 中国史学会主编：《中国近代史资料丛刊·洋务运动》（一），上海人民出版社、上海书店出版社2000年版，第138页。

② 聂宝璋编：《中国近代航运史资料 第一辑（1840—1895）》（下册），上海人民出版社1983年版，第1307页。

③ 郑少斌主编：《武汉港史》，人民交通出版社1994年版，第175页。

需要，因此在面对现代轮船运输的冲击下，在广大水域继续延存下来，并在各地之间的商品流通中发挥重要作用，日本驻汉口领事馆所撰报告称："当口（汉口）水运之发达，实以汽船、帆船时常充当媒介，振兴贸易之故也。于此过程中，民船[该国制造，被称为'戎克'之船]之功劳，不可不为人知晓也。"① 但必须要看到，晚清汉口的民船运输主要运行于汉江流域及长江流域未开放的口岸城市之间，且是作为现代轮船运输的补充存在，对其"功能"似不能过分拔高（见表2-4）。

表2-4　　　　来航汉口民船之种类、航行地、装载货物

编号	民船名	航行地名	载货 入港货物	载货 出港货物
1	鸦船	汉口往来武昌、青山、黄陂县、孝感县、天门县、赵市	石膏、布、胡麻、高粱（梁）、大豆、油、牛皮、毛骨	杂货、洋货、铁、炭、药材、茶
2	舱子	汉口往来襄阳附近、马梁、武昌、青山、黄陂县、孝感县、天门县、赵市	布、烟草、麻	
3	天门赵市	汉口往来德安府、武昌、青山、黄陂县、孝感县、天门县、赵市	石膏、布、胡麻、高粱（梁）、大豆、油、牛皮、毛骨	杂货、洋货、铁、炭、药材、茶
4	抚刀子罗唐	汉口往来江西省	陶器、米、药材、纸、水果	各种杂货、杂谷、洋货、牛骨
5	排子	汉口往来河南省	羊皮、牛皮、药材、豆、藁绳、獭皮	不定
6	火溜子	汉口往来陕西省、汉中	藁绳、獭皮、纸	不定
7	柏木麻雀尾	汉口往来四川省	木耳、胡椒、黄花菜、鸦片、药材	棉花、布料、杂货、海产物
8	钓钩	汉口往来湖南省	杂货、纸、铁、木炭、米、桐油、夏布、雨伞、茶	洋货、药材

① [日]松浦章：《清代内河水运史研究》，董科译，江苏人民出版社2010年版，第225页。

续表

编号	民船名	航行地名	载货	
			入港货物	出港货物
9	小驳	汉口往来湖南浏阳、椰州、衡州	米、木炭、茶、纸、石炭、莲子	
10	巴杆	汉口往来湖南椰州、衡山	石黄（混合金属）、棕榈、肥皂	
11	麻阳	汉口往来湖南常德	油、纸、石炭、米、夏布	

资料来源：[日] 松浦章：《清代内河水运史研究》，董科译，江苏人民出版社2010年版，第218—219页。

第二节 长江最大水陆运输综合枢纽的形成

民国建立后，尤其是南京国民政府时期，武汉地区航运条件进一步改善，呈现出江海航运、水铁联运、内河航运等多种运输方式齐头并进的局面，港口运输功能不断强化，到20世纪30年代中期，武汉不仅成为内河最大的江海运输枢纽，而且成为沟通南北、承东启西的长江最大的水陆综合运输枢纽。

一 江海航运、水铁联运与内河航运的扩张

民国时期，以武汉为基地的各类航运企业得到了较大的发展，加之粤汉铁路的通车，江海航运、水铁联运、内河航运等多种水运方式蔚为大观，武汉地区航运规模和能力都得到了进一步的提升。

（一）江海航运的持续发展

辛亥革命后，西方航运企业为攫取更多利润，不断扩大在武汉的航运投资。投资总额的持续增长，使武汉地区的外资航运企业规模达到了近代以来发展的最高峰。"1936年，以武汉港为起止点的长江航线上的外籍商船数量达到89艘，148691总吨（含驳船吨位13345吨），比

1913 年的 36 艘，76964 总吨分别增长了 147% 和 93%。"①

这一时期，中国自营航运企业的规模亦不断扩大。轮船招商局汉口分局极力扩充汉湘线和汉宜线的轮运业务。"1933 年，招商局在汉湘线营运的船舶增加到 16 艘，其中有轮船 3 艘，铁驳 3 艘，木驳 10 艘。在汉宜线上，招商汉口分局除维持原有的 2～3 艘班轮外，又投入钢质拖轮 1 艘，拖带 3 艘铁驳，使汉宜线运力有所增加。"② 除轮船招商局之外，民营航业也有较大发展，外埠民营航运公司相继在汉口设立分支机构，经营长江中下游航线的客货运输（见表 2-5）。

表 2-5　　外埠主要民营航运企业在汉一览（1936 年）

公司名称	进入武汉时间	经营航线情况
宁绍商轮公司	1913 年	汉口—上海，有船 3 艘
三北公司	1921 年	汉口—长沙、汉口—宜昌、汉口—上海，有船 10 艘，14582 总吨
民生公司	1932 年	汉口—重庆、重庆—汉口—上海，有船 7—8 艘，3000 余总吨

资料来源：郑少斌主编：《武汉港史》，人民交通出版社 1994 年版，第 198 页。

除宁绍商轮公司、三北集团和民生公司这三大民营航运企业之外，当时在武汉地区经营长江干线和江海航线的还有大达、大通等轮船民营航业公司。此外，尚有部分外埠航运公司纷纷开通涉及武汉的客货航线，如烟台的政记轮船公司，上海的泰昌轮船公司、陈复昌号、张珊记号、庆记轮船局、顺兴轮船公司，镇江的天泰轮船局，南京的泰丰轮船局，九江的利涛轮船局等。

中外航运企业在武汉地区的发展，直接使经营长江干线和江海直达航线的商轮吨位数不断增加。到 1935 年 6 月，以武汉港为基地，往来长江中下游和上游的中外商船增加到 146 艘，213462 总吨。其中，外

---

① 郑少斌主编：《武汉港史》，人民交通出版社 1994 年版，第 198 页。
② 郑少斌主编：《武汉港史》，人民交通出版社 1994 年版，第 199 页。

籍船舶78艘，133512总吨；中国船舶68艘，79950总吨。①

各类江海直达航线纷纷开辟。近海航线方面，1921年至1924年间，轮船招商局、三北集团、烟台政记轮船公司、安东（今丹东）人和航业公司、太古、怡和等航运企业，先后开辟汉口至沿海主要口岸的近海航线，涉及有天津、营口、安东（今丹东）、烟台、福州、温州、宁波、厦门、汕头、广州、秦皇岛、青岛、大连等沿海港口。② 远洋运输方面，汉口至日本大阪、横滨，埃及塞得，意大利热诺瓦，法国马塞、勒哈佛，比利时安特卫普，荷兰鹿特丹，德国汉堡、不来梅等港口的远洋航线先后开辟，远洋运输轮船数量及吨位均达到一定规模。从1928年至1936年，往来外洋的海轮每年在300艘至400艘，总吨位年均在50万吨至100万吨，最高达到811艘，179万吨（见表2-6）。

表2-6　　　　　武汉港往来外洋的海轮艘数吨数统计

年份	海轮进出口艘数合计（艘）	总吨位（吨）
1928	811	1797739
1929	714	1692260
1930	584	1272959
1931	461	1016375
1932	220	559252
1933	198	503285
1934	245	707988
1935	330	890520
1936	276	842217

资料来源：郑少斌主编：《武汉港史》，人民交通出版社1994年版，第199—200页。

江海航运的持续发展，使武汉与长江沿线港口、国内沿海港口以及

---

① 郑少斌主编：《武汉港史》，人民交通出版社1994年版，第199页。
② 交通铁道部交通史编纂委员会编辑：《交通史·航政编》（第2册），南京：交通铁道部交通史编纂委员会1931年版，第741—750页。

国外沿海港口的经贸联系更为频繁,武汉地区中远程货物集散能力和贸易往来水平相比晚清时期有了显著的提升,传统的码头水运优势得到了较为充分的发挥。

(二) 水铁联运的独特优势

京汉铁路、粤汉铁路的相继通车,极大地改善了武汉地区的交通条件,对武汉地区的航运事业亦产生了多重影响。一方面,两条铁路与江、河、海航运线路相互连接,进而产生了水铁联运这一全新而独特的运输方式,极大地提高了武汉地区货物的集散能力;另一方面,在武汉长江大桥修建之前,京汉铁路与粤汉铁路之间的衔接运输只能通过水运的方式进行,直接催生了水铁货物转运行业的兴起与发展。

武汉港最早的水铁联合运输开办于1910年。辛亥革命后,该种运输方式一度停办。20世纪30年代,京汉、粤汉两条铁路客货运量均有较大增长。为加快货物周转,增加营业收入,轮船招商局与京汉铁路议订联运合同于1935年1月正式开通联运。"联运合同内,联运货件装船运往之口岸,经双方核定者为九江、芜湖、南京、上海以及汕头、厦门、广东为止。"① 在联运开办之前,"平汉沿线货物以棉花、烟叶、杂粮为大宗,向由六公司长江船分装到沪"②。此次联运增加了东南沿海的几个主要港口为航运口岸,这些地区"每年采办北货甚多,向须由平汉路转运至汉口,再经长江轮装沪,然后载至汕、厦、粤。各货经几度转驳,需费较大"③。联运实施后,一举解决了原有运输方式效率低下、重复装载的问题,"其运赴南华货物,可将汉口下船,直达目的地,即使浅水时转轮,亦不需纳两次水脚,节费省时,殊属合算"④。除轮船招商局之外,民营航运企业也积极投身水铁联运之中。民生公司于1934年与粤汉铁路开办联运,三北、宁绍于1935年开办京汉铁路联运。

---

① 《招商局与平汉路联运成功》,《交通职工月报》第2卷第1期,1934年。
② 《招商局与平汉路联运》,《工商半月刊》第6卷第7期,1934年。
③ 《招商局与平汉路联运成功》,《交通职工月报》第2卷第1期,1934年。
④ 《招商局与平汉路联运》,《工商半月刊》第6卷第7期,1934年。

在武汉长江大桥修建之前,京汉铁路与粤汉铁路之间的货物中转主要依靠水运方式,直接推动了武汉地区水铁货物中转行业的兴起。水铁货物中转行业的主要职责就是将该铁路的货物通过水运的方式运送至彼铁路。在当时,其主要运输路线为京汉铁路车站—汉口码头—武昌码头—粤汉铁路车站(反向亦是),其间最为重要者当为车站—码头和码头—码头两段,两段运输主要通过转运公司和驳划业来实现。

转运公司主要负责车站—码头之间。到1930年,汉口地区有转运公司70多家,规模较大者主要有东方、公兴存、元顺、盛丰、宏大、玉成、新顺、仁大、永昌、大同、鼎丰等10余家。转运公司大都有自己的专用堆栈,有的甚至有专用码头。除运输业务之外,转运公司还负责代办报关业务。

驳划业主要负责码头与码头之间。驳船划船主要停泊在汉口熊家巷(今民生路附近)一带江边,从汉口循礼门车站转来的铁路货物,在此装船后运往武昌的徐家棚车站和鲇鱼套车站,再次装载火车运输。到1937年,经营转运的驳划船达60艘,每艘载重量约为50吨。

1937年3月,铁路车辆过江轮渡开办,组织两艘过轨船和两艘拖轮,分别由江岸刘家庙和徐家棚两码头对开。铁路轮渡的开办,衔接了京汉铁路与粤汉铁路的运输,一定程度上影响了水铁货物中转行业。但铁路轮渡运量十分有限,"每天渡车不到50辆,运货200余吨,一年累计发送货物不过10余万吨,载运旅客6~7万人。加上开办过程中不时中断,其中转作用受到很大限制"[①]。

水铁联运的兴起发展,充分发挥了武汉作为铁路运输和水路运输中心的作用,将两者的优势有机结合,极大地提升了武汉这座城市的货物集散能力和对外贸易水平。

(三) 内河航运能力的增强

民国成立后,在政府鼓励发展实业的政策推动之下,以武汉本埠为主要基地的内河航运业不断发展。1921年,汉口地区的小轮企业已有

---

① 郑少斌主编:《武汉港史》,人民交通出版社1994年版,第202页。

103家之多，其中使用小轮5艘以上，吨位总数在100吨至500吨以上的小轮企业共有26家，其规模仅次于广州、上海而居全国第三位（见表2-7）。① 1932年，内河航运业发展至近代的最高峰，计有内港船舶428艘，吨位数达到25004.51总吨，② 到1936年，数字虽有所下降，但仍有华商小轮公司122户，有客货轮107艘，拖轮51艘及一批木铁驳，总吨位为15652.51吨。③

表2-7　　　　　　　　　　1921年武汉本埠小轮企业一览

公司名	成立时间	经营航线
泰安	1897年	有船5—6艘，约200吨，航行汉口、常德等处
泰和	1898年	5艘，在汉江航行
森记三益	1907年	11艘，约300吨，航行黄州、武穴、仙桃、长沙等处
德安		4艘，往来于汉口和长沙、九江之间
义和	1913年	7艘，航行汉江、涢水二线
安合	1914年	12艘，279吨，航线遍布汉口邻近地区
刘云记		3—4艘，100余吨，在长江上至新堤、下至黄石港和武穴间航行
汉安		3—4艘，100余吨，在长江上至新堤、下至黄石港和武穴间航行
尊记		3—4艘，100余吨，在长江上至新堤、下至黄石港和武穴间航行
合记	1915年	9艘，181吨，在汉口邻近地区行驶及长沙、常德等处
普济		9艘，200吨，在汉口邻近地区行驶及长沙、常德等处
协记		7艘，409吨，航行至长沙、宜昌、九江等地
箴记	1916年	6艘，143吨，在汉口附近地区航行
汉记		5—6艘，约420吨，航行汉口、长沙、九江之间
扬子机器公司	1918年	4艘，数十吨至100余吨，上溯则至宜昌、长沙、株洲，下行则至上海，并出海而至海州、青岛等处

---

① 樊百川：《中国轮船航运业的兴起》，中国社会科学出版社2007年第2版，第381页及附录二《一九二一年华资轮船企业统计表》。

② 交通部总务司统计科编辑：《交通部统计年报》（中华民国二十一年），南京大陆印书馆1934年版，第330页。

③ 《武汉港私营轮船业概况》（1952年7月27日），武汉市档案馆藏，档案号：119-32-94。

续表

公司名	成立时间	经营航线
粤汉铁路湘鄂工程局	1914 年	11 艘，516 吨，往来武昌、汉口和长沙、衡阳之间
京汉铁路局	1920 年	2 艘，420 吨，分别航行于长江和汉江航线

资料来源：郑少斌主编：《武汉港史》，人民交通出版社 1994 年版，第 204—205 页。

随着内河轮运公司的迅速发展，以武汉为中心的各类短途航线不断开辟和拓展。截至 1937 年之前，武汉与湖北省境内长江和汉水及其支流沿线主要城镇之间均已实现通航。在长江下江航线，有汉口至鄂城、黄州、黄石港、武穴、金牛（大冶）、黄陂、孝感、阳逻、葛店、团风、仓子埠、六指店、过牛埠、三汊埠、阳新等线；在长江上江航线，有汉口至咸宁、汀泗桥、神山寺（蒲圻）、黄陵矶、彭家场、丰口、西流河、金口、嘉鱼、新堤、朱河、藕池、毛家口、沙市、岳州、宜昌、秭归、巴东、监利等线；在汉江，有汉口至仙桃、长江埠、天门、岳口、蔡甸、新沟、沙洋、樊城、老河口、郧阳等线。①

这一时期，随着轮船运输的发展壮大，传统的木船（民船）运输却并未彻底退出航运舞台，其主要集中于大中型现代轮船无法航行的支河汊港，主要从事短途转运，即将各种农产品原料或半成品从各处初级市场或中级市场运往武汉这一集散中心。木船（民船）往来于长江和汉江的众多支流，成为轮船运输的重要补充，将武汉与周边邻近地区更为紧密地联系在一起，极大地强化了武汉地区短途货物运输的集散能力（见表 2-8）。

综上，在 20 世纪 20 年代至 30 年代初，武汉地区的江海航运、内河航运得到进一步的发展。同时，得益于京汉铁路和粤汉铁路的有机衔接，水铁联运在全国亦名列前茅。轮船吨位数、船舶数、航线、运输方式等衡量轮船航运业的重要指标均大幅进步，这些基本奠定了武汉作为

---

① 交通铁道部交通史编纂委员会编辑：《交通史·航政编》（第 2 册），南京：交通铁道部交通史编纂委员会 1931 年版，第 729—732 页。

长江最大水陆综合运输枢纽的地位。

表2-8　以武汉为中心的周边地区木船（民船）运输情况一览

线路	所经港口	主要运输货物
汉江及其支流线	老河口、樊城、钟祥、仙桃	棉花、米谷、杂粮、小麦、植物油料（包括芝麻、花生、大豆、棉籽、菜籽等）、桐油、生漆
府河线	云梦	米谷、小麦、植物油料、杂粮
鄂东举河线	馆驿、宋埠、新洲、仓子埠、李家集、团风	棉花
荆河线	公安、石首、后港、九斤河、沙市	大米
上江线	当阳、监利、新堤、朱家河、嘉鱼	棉花、杂粮、米谷、小麦
下江线	华容、葛店、石灰窑、鄂城、圻州、圻水、龙坪、巴河、樊口	棉花、米谷、小麦、植物油料
湘江—洞庭湖线	长沙、岳州、常德、津市、湘潭、衡阳、益阳	米谷、杂粮、小麦、植物油料、桐油、生漆

资料来源：郑少斌主编：《武汉港史》，人民交通出版社1994年版，第206—207页。

二　码头设施的新建改造和近代航运管理体制的建立

民国时期，江海航运、内河航运、水铁联运等多种运输方式集聚于武汉一地。各类航运公司为争夺客货来源、提升利润水平，纷纷对各自的码头仓栈设施进行新建改造，城市航运基础设施得到极大提升。与此同时，当局在一定程度上收回西方列强把控的航运管理权限，建立了颇具近代色彩的航运管理体制。航运基础设施的提升，近代航运管理体制的建立完善，都极大促进了武汉地区航运事业的发展。

（一）码头仓栈设施的新建改造

航运企业的充分发展，利润的持续上涨，使他们纷纷兴建、扩建、改造码头和仓储货栈，武汉地区的航运基础设施建设取得巨大进展。1928年，汉口沿江可供大中型轮船停靠装卸货物、上下旅客的浮码头

（包括趸船码头和浮船码头）达到 16 座，码头总长度 930.24 公尺。①到 1935 年 6 月，汉口沿江可供大中型轮船停靠上下客货的浮码头飞速增长至 55 座（见表 2－9）。②

表 2－9　　　　　　　武汉港主要码头一览（1936 年）

公司名称	码头数	趸船数	仓栈数
太古	6	7	16 座仓库，面积 138224 平方米，容货 43399 吨
兰烟囱轮船公司	1	1	1 座，面积 3195 平方米，容货 4264 吨
怡和	2	3	3 座，面积 13532 平方米，容货 10800 吨
祥泰木行	1	1	
日清公司	3	4	3 座，容货 16000 吨
三井会社	1	1	大型煤堆场 2 处
北德国轮船公司	2	2	2 座
亨宝轮船公司	2	2	6 座
安利英洋行	1		建有杂货堆栈
宝隆洋行	1		建有杂货堆栈
亚细亚火油公司	5		仓库 7 座，面积 79435 平方英尺；油库 6 座，可容油 10974 吨
美孚公司	5		仓库 1 座，面积 11200 平方英尺；油库 3 座，容油 135345 吨
德士古公司	3		仓库 2 座，面积 29309 平方英尺，储油池 8 个，容油 2615860 公升，灌油池 6 个，容油 45879 公升
招商局汉口分局	4	4	11 座，面积 104280 平方英尺，容货 39000 吨
三北航运集团	3	3	4 座

资料来源：郑少斌主编：《武汉港史》，人民交通出版社 1994 年版，第 208—210 页。

除上述外资和外埠航运企业之外，武汉本地的民营轮运企业亦修建了自有码头，主要集中在汉口的汉江沿岸。汉江民船码头大多为货运码

---

① 交通部总务司第六科编辑：《交通部统计年报》（中华民国十七年），无锡锡成印刷公司 1931 年版，第 259 页。
② 交通部统计室编辑：《交通部统计年报》（二十三年七月至二十四年六月），出版地点不详，首都大陆印书馆 1936 年版，第 376 页。

头，基本形成专业分工，所泊民船与沿河两岸专业贸易市场相应，有油、棉花、米、杂粮、柴炭、石膏等专用码头。

20世纪30年代前期，由于政局的相对稳定，武汉地区的民族工业得到充分发展。为了方便运输原材料和产品，诸多工厂企业在沿岸地区修建了自用码头，如福新第五面粉厂、胜新面粉厂、申新第四纱厂、德原砖厂、太平洋肥皂厂、既济水电公司及日商泰安纱厂等。

图2-2 建筑怡码头

资料来源：《建筑沿江马路工程施工状况：建筑怡码头》，《新汉口：汉市市政公报》第1卷第8期，1930年。

"至抗日战争前夕，武汉港有各类码头144处，其中汉江岸45，长江岸99。有趸船设备的浮式码头计55座。其中本国19座，内有轮船公司11，工商厂号5，机关2，铁路1；外国36座，内有轮船公司20，工商厂号15，机关1。长江汉口岸龙王庙至江汉关地段，主要为长江干线客运码头，兼及货运。江汉关以下至谌家矶，大部为货运码头，亦有少数客运码头。汉江主要为民船货运码头，少数为湖北省境短途客运码头。"① 在各类码头中，以外资航运企业的码头结构及附属设施较为完善，大部分码头为浮趸栈桥式，多置有照明设备。有的码头甚至设有自来水管，可直接给轮船供水，有的建有铁路专用线，水陆货物转运十分便利。

（二）近代港航管理体制的形成

晚清时期，武汉地区的港口、航运管理权限一直被以外国人为主的江汉关把持。民国初年，迫于压力，国民政府及武汉地方当局在汉口设立了专门机构，旨在参与港政航政管理，初步形成了武汉港的近代港航管理体制，但主要权限仍操于海关之手。

1930年12月，南京国民政府公布《交通部航政局组织法》，该法规计有十四条，对航政局的主要职责进行了明确的规定，主要包括：船舶检验、丈量、登记、发照；船员及引水人员的考核监督；核发船舶出入查验证，港务码头和趸船堆栈的监督管理；港内险难救助；航路测量及疏浚，航路标识的监督等。② 至此，原由海关管理的航政职权才大部交给航政局，海关仅"管理航路标识，及指泊船只等项"③。

1931年7月1日，汉口航政局正式成立，其"管辖鄂、湘、川、赣四省幅圆横亘数千重，轮帆荟萃商旅繁盛之区林立，主管船舶事项极为繁复"④。为解决这一问题，在四省先后设置各级办事处，其中："长沙、九江、宜昌、重庆等四处均为通商重埠，有分设办事处之必要，经呈请核准先行设定，嗣以南昌地扼赣江，为江西省会，亦极重要，应与长沙等四处一并设为一等办事处。其余沙市、常德、益阳、万县、泸县、武穴等六处应设为二等办事处，吉安、瑞洪、涪陵、合川、钟祥等处应设为三等办事处，而以皇经堂、虾蟆矶、下新河设立船舶登记所，以来……拟一并改为三等办事处。"⑤ 同时，为了更好地行使其船舶登

---

① 武汉港史志编纂委员会主编：《武汉港口志》，武汉出版社1990年版，第22页。
② 《交通部航政局组织法》，《江西建设月刊》第5卷第1、2期合刊，1931年。
③ 交通部年鉴编纂委员会编辑：《交通年鉴·航政编》，南京：国立中央图书馆印刷所1935年版，第6页。
④ 《关于设立各办事处事项》，《交通部汉口航政局局务汇刊》1932年1月卷。
⑤ 《关于设立各办事处事项》，《交通部汉口航政局局务汇刊》1932年1月卷。

记的基本职能，先行在湖北的团风、钟祥、下新河、虾蟆矶、皇经堂等地设有船舶登记所。①交通部汉口航政局的成立，标志着在港航管理领域，武汉在中西部地区中心地位的确立。

是时，除隶属交通部的汉口航政局之外，湖北省当局从维护地方利益、处理航运纠纷的角度出发，亦在武汉成立了地方性航政机构。1926年11月，湖北政务委员会设立湖北航政局，主要办理湖北内港民船和小轮登记给照事宜。1928年，航政局被裁撤，又设立航政处，隶属于湖北省建设厅，专管内河小轮登记检查丈量事宜。1931年汉口航政局成立后，吨位在200吨以上的轮船检查丈量由其办理，航政处则管理200吨以下小轮检查丈量事宜。

交通部汉口航政局和湖北省地方航政机构的先后成立，基本上接管了原由海关负责的航政港政管理职权，对于武汉地区航运主权的收回和近代港政航政管理的近代化，都有着十分重要的意义。与此同时，中央机构与地方机构的并存，存在职责权限不清等问题，加之海关并未完全交出航政职权，三重管理之下，武汉地区的港政航政管理千头万绪、矛盾不少。如，"由汉口赴湘江小轮，均须先在江汉关领取江照，至岳州后再换港照"，实际上也不归航政部门管辖。当时江汉关税务司还呈文总税务司，要求"将所有小轮统归海关专管"②，试图削夺航政局职权。

三 客货业务的起伏不定

民国时期，尤其是南京国民政府在形式上统一中国之后，全国政局相对稳定，加之武汉本地工商业的发展，虽使航运业的客货业务量达到近代以来的最高峰，但起伏不定，时高时低。

（一）货物吞吐量的大幅增长

如前文所述，以武汉为中心的江、河、海航运的发展，码头停泊能力和仓储能力的扩大，京汉铁路和粤汉铁路的修建，加之城市工商业的

---

① 《关于设立船舶登记所事项》，《交通部汉口航政局局务汇刊》1932年1月卷。
② 《江汉关税务司黎靄萌致总税务司文》（1930年12月30日），湖北省档案馆藏，档案号：全宗号25，卷号226。

进步，这都使武汉地区的货物集散速度逐渐加快，货物中转日益频繁，港口运输日益繁忙，货物吞吐量呈上涨趋势（见表2-10）。

表2-10　　　汉口港进出口货值净数统计（1927—1936年）　　　（单位：万元）

年份	洋货净进口	土货净进口	土货出口	进出口总值
1927	5333	6160	19816	31309
1928	10791	9988	27778	48557
1929	10002	8235	23130	41367
1930	8713	4919	17604	31236
1931	11108	6724	14634	32466
1932	3856	8372	11684	23912
1933	3426	7685	11847	22958
1934	3221	7257	13743	24221
1935	3322	6902	13808	24032
1936	3287	8853	18983	31123

注：1932年起，洋货进口净数仅系直接由外洋进口之数，由国内各口岸进口的洋货数值不详。

资料来源：湖北省政府秘书处统计室编印：《湖北省年鉴（第一回）》，湖北省政府秘书处统计室1937年版，第355页。

由于统计数据不足，货物吞吐量的实际吨位无法明确，但可按照进出武汉港口的船舶吨位大致进行折算。"1924年至1936年，进出港口的船舶总数每年约为1万至1.4万艘上下，吨位达到800万吨上下。换算货物吞吐量，则每年增加到270万吨左右。1928年船舶进出口为14260艘，8869990总吨，为历年船舶吨位最高数，港口货物吞吐量折算为296万吨，接近300万吨。总之，在20世纪20年代至30年代，武汉港货物吞吐量一般在200至270万吨左右，最高时约为300万吨。"[1]

货物吞吐的与年俱增，得益于港口运输能力的提升，更得益于城

---

[1] 郑少斌主编：《武汉港史》，人民交通出版社1994年版，第229—230页。其中：船舶吨位数主要包括江轮、海轮和民船，不含内港小轮。货物吞吐量按照船舶吨位数的1/3折算。

市工商业的进步，对原材料、燃物料、机械设备、建筑材料和日用消费品等物资需求量的不断增加；港口运输能力的提升亦促进了城市工商业的进一步繁荣，为工商业产品的出口提供了运输保障。航运业和城市工商业形成了良好的互动关系，城市经济的发展促进了武汉地区航运业的发展，武汉成为长江最大的水陆综合运输枢纽港；航运业的持续进步更好地服务城市工商业，为城市经济的繁荣提供基本运输保障。

(二) 国内外贸易的持续增加

武汉城市经济的发展以及水陆交通条件的逐步改善，极大地促进了武汉地区对外贸易业务的增长，无论是直接对外贸易，还是国内贸易业务，均呈现逐年上涨之趋势。

1. 直接对外贸易业务的发展

在直接对外贸易业务中，外国洋行占据最重要位置。截至1936年，汉口外国洋行数高达249户。其中：日本74户，英国57户，德国54户，美国22户，法国20户，苏联8户，丹麦5户，比利时和印度各3户，葡萄牙、菲律宾、瑞典各1户。[1] 除这些直接在武汉地区建立贸易洋行的国家之外，还有澳大利亚、荷兰、印尼、加拿大、越南、卢森堡、新加坡、瑞士、挪威、意大利、芬兰、土耳其、埃及、北非洲、奥地利、新西兰、墨西哥、西班牙、泰国、朝鲜、匈牙利、希腊、婆罗洲、波兰（但泽）、南美洲以及中国香港和中国澳门等国家和地区与汉口建有贸易关系。[2] 外国洋行在武汉的扩张和武汉对外贸易地区的拓展，进一步推动了武汉直接对外贸易的发展（见表2-11）。

在武汉地区的直接对外贸易中，进口量远远要大于出口量。在进口商品中，消费资料远远大于生产资料，主要有洋线、洋酒、电器材料、胡椒、檀香、香料、药材、颜料、化学制品、派克钢笔等各类文具、计量器、酒精、海产物、漂白粉、酱油、陶瓷器、橡胶制品、电线、镜子及其他玻璃制品、纽扣、玩具、洋伞、帽子、火柴、肥皂、卷烟、缝

---

[1] 郑少斌主编：《武汉港史》，人民交通出版社1994年版，第232页。
[2] 蔡谦、郑友揆编：《中国各通商口岸对各国进出口贸易统计（民国八年，十六年至二十年）》，上海：商务印书馆1936年版，第2—23页。

针、扇子、钟表等。生产资料主要包括染料、紫铜块、马口铁、木材及各类机械设备等。在出口货物中,以桐油、蛋品、豆类、芝麻、麻、铁矿砂等土特产品和原材料为大宗。

表2-11　　汉口港直接对外贸易货值统计(1927—1936年)

(单位:1927—1933年为海关两,1934—1936年为法币元)

年份	洋货由外洋进口	土货径运出口	进出口总值
1927	18930827	11986597	30917424
1928	50408289	2775677	53183966
1929	34605474	28008114	62613588
1930	26642296	18651138	45293434
1931	30715354	27119374	57834728
1932	24748231	20366172	45114403
1933	21989317	4909723	26899040
1934	32213848	9847981	42061829
1935	33216360	12599337	45815697
1936	32874736	13558978	46433714

资料来源:郑少斌主编:《武汉港史》,人民交通出版社1994年版,第233页。原表数据统计有误,已更正。

贸易对象国(地区)中,以美国、日本、德国、英国、荷兰、印度、法国和中国香港等地为主。日本曾长期占据汉口港直接对外贸易额首位,20世纪20年代中期开始,对美直接贸易额开始增长。1924年至1934年的十年间,汉口港直接对外贸易额中,美国占据第一位,占27%;第二位为日本,占25%;第三位为英国,占22%;此外,荷兰占9%,德国占6%,法国占3%。[①]

2. 对内贸易业务的扩大

相比直接对外贸易,武汉地区国内贸易业务所占比重更大,内贸货

---

① 郑少斌主编:《武汉港史》,人民交通出版社1994年版,第236页。

物进出及中转更为频繁。1912年至1932年，对内贸易货物总值常年占内外贸易总值的73%左右；到1933年至1936年，这一数字上升到85%左右。

在对内贸易航线上，长江沿线城市基本包含在内，有重庆、万县、宜昌、沙市、长沙、常德、湘潭、益阳、株洲、岳州、武穴、黄石、九江、大通、芜湖、南京、浦口、镇江、上海以及苏州、杭州、嘉兴等地；汉江沿线主要有襄阳、老河口、钟祥、仙桃镇等地；沿海线主要包括大连、天津、牛庄、烟台、秦皇岛、宁波、温州、福州、厦门、汕头、广州等地。至于省内的支流港汊，联系就更为紧密。

在对内贸易货物中，以棉花、桐油、米谷、小麦、烟叶、茶叶、木材、食盐、棉布、棉纱为主要商品，其他如砂糖、豆类、石膏、煤炭、芝麻、煤油等货物的运量亦为数不小，而棉花是其中最大宗、最重要之货物（见表2-12）。

表2-12　　　武汉港棉花运销上海等国内港埠的数量

（1925—1935年）　　　　　　　　　　（单位：担）

年份	运销国内合计	其中：运销上海数量	其他港埠
1925	1174601	1131980	42621
1926	1828596	1772139	56457
1927	1311820	1302304	9516
1928	2255494	2212605	42889
1929	1581563	1541345	40218
1930	921230	874145	47085
1931	368696	332627	36069
1932	276849	255323	21526
1933	459148	447687	11461
1934	777430	未详	未详
1935	618460	未详	未详

资料来源：郑少斌主编：《武汉港史》，人民交通出版社1994年版，第238页。

除国内土货产品的贸易之外，武汉地区每年进口的洋货亦有一部分运往国内其他口岸城市。如 1930 年，由汉口港再次出口国内城市的洋货就有各类棉布 29.7 万匹，金属及矿物 5.3 万担，糖 11.1 万担，卷烟 15.3 万（千支），染料颜色 34.2 万海关两，木材 95 千平方英尺，杂货 6.96 万海关两等。①

总体而言，与晚清和民国初期相比，1927—1936 年汉口港的进出口贸易总值呈现出增长的趋势，但细究之下，实则存有不少问题：一是贸易总值起伏不定，最顶峰时高达 62613588 关平两，最低谷时陡降至 26899040 关平两，尚不及顶峰时的一半；二是在全国进出口贸易中所占比例持续下滑。晚清时期，汉口港的进出口贸易总值最高峰占到全国的 5.55%；民国初期，最高峰占到全国的 5.8%，且常年保持在 3%—5% 之间。1927—1937 年，汉口港的进出口贸易总值在全国占比最高峰时为 1928 年的 3.55%，其他年份基本在 3% 以下。② 由此观之，与晚清和民国初期相比，武汉尤其是汉口在全国经济版图中的地位实则有所下滑。

（三）客运业务的飞速发展

随着城乡经济的发展和水运交通条件尤其是码头和轮船设施的改善，使商旅往来武汉地区日益频繁，客轮增多，班次固定，旅客发送量增加，轮船客运业务飞速发展。各类航线不断开辟拓展，以长江干线为主、长江与内河连接紧密的客运航线网络基本形成。

抗战前夕，武汉港已有客班轮航线 40 余条。长江干流主要有汉沪线、汉宜线、汉渝线、汉宁线和汉口九江线；汉江干流主要有汉口至仙桃、长江埠、天门、岳口、蔡甸、沙洋、樊城、老河口、郧阳等线；长江上游短途及支流主要有汉口至咸宁、汀泗桥、神山寺（蒲圻）、黄陵矶、彭家场、丰口、金口、嘉鱼、新堤、朱河、藕池、毛家口、监利等

---

① 《武汉最近三年复出口洋货量数比较表（民国十八年至二十年度）》，胡哲民编辑《湖北省概况》，出版地点不详，中国文化学会总会 1934 年版，第 133 页。
② 武汉地方志编纂委员会主编：《武汉市志·对外经济贸易志》，武汉大学出版社 1996 年版，第 84—85 页。

航线；长江下游短途及支流主要有汉口至鄂城、黄州、黄石港、武穴、大冶（金牛）、黄陂、孝感、阳逻、葛店、团风、仓子埠、六指店、过牛埠、三汊埠等航线；湖南方向主要有汉口至湘潭、常德线。在各条航线上，外资、民营、国营等各类航运公司均有涉及，竞争激烈。各条航线均有轮船公司办理客货运业务（见表2-13）。

表2-13　　武汉港各条航线班轮航次统计（1936年）

客班航线	开航公司	班轮船名	班轮航次	备注
汉口上海线	招商局9艘	江安、江顺、江华、江新、建国、江䄹、江尺、江大、江靖	除星期六外，每日有船开行。周一、四班，3艘；周二、五班，3艘；周三、日班3艘	
	日清会社9艘	洛阳、凤阳、南阳、襄阳、岳阳、瑞阳、大贞、大吉、大福	每周开航5—6次	
	太古公司9艘	温州、黄埔、武昌、吴淞、武穴、鄱阳、安庆、大通、芜湖	每周5—6次	芜湖、大通两轮于浅水期走汉宜线
	怡和公司7艘	公和、隆和、德和、瑞和、平和、吉和、联合	每周4—5次	
	三北集团9艘	长兴、长安、德兴、明兴、新宁兴、松浦、清浦、新浦、醒狮	每周4—5次	
汉口宜昌线	三北集团	三北	每10天1次	
	民生公司	民族、光耀	每10天2次	
	太古公司	长沙、沙市、武林	每10天2—3次	长沙轮枯水期走汉沪线，沙市、武林两轮4—10月走湘潭
	怡和公司	宝和、湘合、江合	每10天2—3次	
	日清会社	信阳、当阳	每10天2次	

续表

客班航线	开航公司	班轮船名	班轮航次	备注
汉口重庆线	民生公司	民权、民贵、民风、民俗、民众、民康、民主、民族、民宪、民本、民元、民彝	每日发船1—2艘	
汉口湘潭线	三北集团	寿昌、鸿元、鸿亨、鸿利、鸿贞	每周3—4次	
	太古公司	湘潭	每周1次	
	怡和公司	同和	每周1次	
	日清会社	武陵、沅江	每周开船2次	沅江丸延至常德线
汉口常德线	日清会社	沅江	每周1次	浅水期停航

资料来源：郑少斌主编：《武汉港史》，人民交通出版社1994年版，第242页。

除航线之外，客运业务的飞速发展、激烈竞争还体现在客运周边服务业上，尤以轮船售票业最为突出。

武汉近代轮船客运业兴起后，并未形成独立经营的轮船客票发售机构，旅客船票皆为各轮船公司自行发售，并由各船买办承包经营。1914年，为改变这一局面，招商局董事、上海商人谢衡窗及招商局股东高子白、赵菊椒、赵林士等人发起成立普益江轮公票局，统一发售旅客船票。但好景不长，在外资航运企业的降价竞争手段之下，同年12月底，普益江轮公票局资本全数亏尽，只能停业解散。[1] 武汉地区的船票发售重回混乱局面。

20世纪20年代至30年代前期，武汉地区的航运条件、码头设施、贸易业务、客运业务在全国仍占据重要地位，江海航运、水铁联运、内河航运等综合运输功能日益凸显，武汉成为长江最大的水陆运输枢纽城市。

---

[1] 国营招商局七十五周年纪念刊编辑委员会编：《国营招商局七十五周年纪念刊》，上海：国营招商局七十五周年纪念刊编辑委员会1947年版，第66页。

四 渝申直航的不利影响

晚清以来，新式轮运渐次发达。汉口由于濒临长江，且位居长江航线之中，得天独厚的地理位置，使其在船运贸易中占据了重要作用，汉口港的贸易额更是一度成为仅次于上海港的存在。20世纪30年代始，中外各大轮运公司纷纷开设川沪直航航线，对武汉（汉口）的发展造成了诸多不利影响。

早在20世纪20年代，川沪之间就已有直航航班出现，但当时航班较少，且以客运为主，故对汉口影响较小。直至民生公司进军长江航线后，川沪直航航线方迎来大规模发展时期。20世纪30年代，民生公司在一统川江航运之后，营业状况良好，年年盈利，便着手进军长江航线。1932年6月2日，在经过长期准备后，民生公司派出"民主"号客货轮由重庆出发，直航上海，正式开辟渝（重庆）申（上海）直达航线。"民主"号是当时民生公司船只中最大、性能最好的船只，长45.1米，宽8.5米，吃水2.4米，功率较大，为1750马力，时速较高，每小时27.4公里，吨位为643.5吨。1932年6月11日，为维系渝申航线，民生公司成立了上海办事处，并开辟了两个码头。1933年又将上海办事处扩大成上海分公司，每周有两班定期直达轮船。另有不定期轮班。到1936年，民生公司经常航行该线的船只已有15艘。当时公司的最大船只"民本""民元"（均为1464吨）、"民权"（1197吨）、"民风"（1002吨）、"民贵"（986吨）、"民俗"（756吨）、"民彝"（1078吨）、"民族"（939吨）、"民联"（975吨）、"民泰"（584吨）等客货大轮（共约11000总吨），均主要航行该线。[①]

渝申航线长达2489公里，是长江最长的一条直达航线。长江上游及西南广大地区的出口物资，如桐油、生丝、猪鬃、药材、烟草、茶叶、山货等可直达上海出口；棉纱、布匹、石油、五金器材等物资亦可

---

① 凌耀伦主编，李天元等编写：《民生公司史》，人民交通出版社1990年版，第55—56页。

直运西南、四川，因此，在长江航线中具有重要意义。正因如此，太古、三北、招商局等各大航运公司纷纷投入巨资进入渝申航线。在民生公司开辟渝申直航线路之前，1931年，"招商局重庆分局……特拟具直航计划，请由总局核准，决派峨嵋轮于本月十三日开始直航重庆"①；1934年，"上海协大实业公司，鉴于川沪商业航行上之需要，特自设厂督造'协庆'号新轮，业已竣工"②。时人对渝申航线有载："由渝来沪，乘太古公司之万通轮，近川河轮船，已多直航渝沪。昔上水须半月，下水须一星（期），今则五日可达，盖各轮互竞，复以上货过多，遂皆加足马力。"③

各大航运公司的涌入，使竞争颇为惨烈，直接使得货运价格一路走低，"货少船多，棉纱水脚跌至五元之直渝，四元五之直万，各家竞揽，甚至有放价四元、三元五角之宣传"。上海本土的航运公司为与民生公司竞争，"设法揽得永安公司棉纱五百包，价四元，对民生为四元二角，明贴二角，以与相抗，惟加上报关益及回扣等，尚有利润"④。

渝申航线的开辟，有力促进了西南山区与东部沿海之间的经济往来，但对武汉（汉口）而言，却带来了诸多不利之影响。

首先，渝申直航后，大量客货轮船不再停靠汉口港，直接使汉口港的客源与货源大量流失。沪渝之间实现直达后，"由重庆宜沙以及长沙岳口，直达京沪，不由汉口转驳"⑤，乘客基本亦不会停留汉口，"黄鹄大别之间已无行人憩足矣"⑥。更致命的是，货物也基本不再经由汉口转口，"沪渝直航后，川、滇货物已多经而不驻，加以汉口及宜昌、沙市各海关徇本省当局之请，代征进出口洋土货堤工捐，川、滇货假直航

---

① 《峨嵋轮定期直航渝沪》，《航业月刊》第1卷第6期，1931年。
② 《川沪间航线添一新轮》，《新世界》第10卷第8期，1937年。
③ 琅琅：《渝沪途中漫记（上）》，《晶报》1935年9月15日第2版。
④ 《各行大事记·申行》，《聚星》新编第2卷第7期，1934年。
⑤ 张延祥：《提倡国货与建设汉口为国内自由市》，《汉口商业月刊》第1卷第5期，1934年。
⑥ 李敦之：《从铁展会平汉粤汉两路沿线物产报告中观察汉口地位》，《汉口商业月刊》第1卷第7期，1934年。

而避趋者当必更多"①。

其次，客源与货源的流失，进一步缩小了武汉（汉口）的商业圈层，使武汉（汉口）市面萧条。渝申航线开辟后，宜昌、万县、重庆等港口可直接与上海进行交易往来，这使四川、陕西、云南、贵州、甘肃等地的货物亦可不经武汉而由万县、宜昌、重庆直接出口。时人对此有言："宜昌或重庆与上海间之直航汽船，次第发达；于是，长江上流及河南，原以汉口为实行对内外贸易中心者，因以上运费、金融等之各种原因，则回避汉口，而与上海行直接贸易矣。"② 商业圈层的缩小，直接导致武汉（汉口）商业繁华不再，一片萧条之象。"长江运输，由申直达川、湘，铁路连途，刻已见诸实行，以致四川、河南、湖南等处之土产，直运上海销售出口。其进口之巨数货品，亦复由申直运内地。故汉口商埠，几成虚设。现各侨商大都力图减轻开支，或从事合并或经行收歇，如良济洋行已实行合并老沙逊洋行，宣布歇业。"③ 不仅是汉口，即使是上游之宜昌，亦颇受影响。"渝申直航开办以后，由沪运川之货物，不再经由宜昌转口，宜昌仅当过道，在商业上遂无特殊地位"，故而"宜昌街市，颇形冷落，仅有之数条大马路上，商店尚称堂皇，惟大都门可罗雀，交易极少，今昔相比，诚不堪回首话当年矣"④。

最后，武汉（汉口）商业圈层范围的缩小，凸显在对外贸易量的急剧下滑。据当时的统计，汉口直接对外贸易额自 20 世纪 20 年代中叶开始逐步下滑，虽中间震荡上行，但进入 30 年代后，基本呈现一路下滑趋势（见表 2-14）。

---

① 湖北省政府秘书处统计室：《湖北省年鉴（1937 年 6 月）》，曾兆祥主编《湖北近代经济贸易史料选辑（1840—1949）》（第五辑），湖北省贸易志编辑室内部发行 1987 年版，第 27 页。

② 《汉口贸易之研究》，《经济评论》第 2 卷第 1 期，1935 年。

③ 《中国经济年鉴（1936 年）》，曾兆祥主编《湖北近代经济贸易史料选辑（1840—1949）》（第五辑），湖北省贸易志编辑室内部发行 1987 年版，第 27 页。

④ 余受之：《川江归棹记》，《国闻周报》第 13 卷第 45 期，1936 年。

表2-14　最近十年（1924—1933）来汉口之直接对外贸易总额

（单位：百万元）

年份	输入	输出	合计
1924	95	31	126
1925	84	48	132
1926	84	37	121
1927	30	19	49
1928	78	44	122
1929	55	44	99
1930	42	30	72
1931	48	42	90
1932	39	33	72
1933	35	20	55

资料来源：化府：《由汉口贸易谈到长江贸易与全国贸易》，《经济评论》第1卷第1期，1934年。原表数据统计有误，已更正。

汉口港贸易额的逐年下滑，使其在全国对外贸易市场中所占份额不断减少，其商业中心地位更是呈现一落千丈之势。由表2-15可知，在民国中期上海、汉口、天津、广州、青岛五大商港中，上海、青岛的贸易额基本上一路上扬，天津、广州虽有所震荡，但上升趋势明显，唯独汉口港，表现出明显的持续下滑态势。故时人有言："各埠贸易地位之变迁颇巨，除上海、大连、天津、广州前四位尚称固定外，以汉口转变为最甚。……大有一落千丈之（势）。"[①]

表2-15　　　　　　中国五大商港贸易总额　　　　（单位：百万元）

港别	1923年	1927年	1932年
上海	1108	1357	1778
汉口	374	314	261

① 张克明：《汉口历年来进出口贸易之分析》，《汉口商业月刊》第2卷第2期，1935年。

续表

港别	1923 年	1927 年	1932 年
天津	371	514	441
广州	343	270	296
青岛	167	224	250

资料来源：化府：《由汉口贸易谈到长江贸易与全国贸易》，《经济评论》第1卷第1期，1934年。

汉口港贸易额的下滑不仅体现在总量上，在微观层面的具体货物方面，更能看出申渝直航对汉口贸易的负面影响。

以桐油为例，桐油是汉口出口贸易中的大宗产品之一，其来源是四川、湖南、贵州、陕西及湖北本地。由于有广阔腹地的关系，汉口桐油出口数值，向来居全国首位，且大多数通过长江航线输出。1924年，汉口出口桐油额有7759000海关两，此后基本维持增长趋势，到1928年达到9616000海关两的顶峰，但自此后急剧下滑，1929年为6725000海关两，1930年跌入谷底，仅为4868000海关两，与顶峰相比，跌幅高达49.4%，1931年虽有所回升，但也仅为5277000海关两。①

桐油出口量下滑如此之急遽，一大重要因素就是渝申航线的开辟，"四川万县、重庆的桐油，因为川沪航线日益发达，因此直接运到上海，不复运往汉口"②。"及轮船运输，日渐普遍，内地桐油，多报关由轮船运出。"③ 因此，在汉口报关出口的桐油数额很快下降，甚至比岳阳还少得多。长江上游的重庆、万县因桐油直发上海，出口量激增，"二十五年（1936）自万县出口之桐油为三十一万五千余担，值国币一千七百余万元；自重庆出口之桐油约二十六万担，值国币一千四百余万元。二十六年（1937）则较二十五年稍差，计自重庆输出者约二十二万余

---

① 张克明：《汉口历年来进出口贸易之分析》，《汉口商业月刊》第2卷第2期，1935年。
② 朱美予编著：《中国桐油业》，昆明：中华书局1939年版，第124页。
③ 李昌隆编著：《中国桐油贸易概论》，上海：商务印书馆1934年版，第85页。

担，值一千一百万元；自万县输出者计二十万担，值一千万元"①。万县也成为四川桐油出口的集中地，桐油市场"极端活跃，故此地亦有欣欣向荣之势"②。

渝申航线开辟后，不仅诸多出口商品不再经过汉口转运，不少进口商品也从上海直发四川等地。如重庆苏货帮旅沪同业协会，"向以在申采办华洋杂货，运川销售为职务。近年抵制仇货，提倡国货，敝帮爱国，素不后人。自来采运之洋货，已悉行改销国货，每年在申采办洋华杂货，统计千余万元，销售贵会各会员厂家之糖瓷器、棉织品、丝织品、毛织品、橡胶品、化妆品、热水瓶、阳伞、牙刷、玻璃器、铜精器、电木器、玩具、灯器等，不下七八百万之多，历以捷江太古各公司轮运"③。

综上可见，无论从宏观的贸易总额、贸易位次，还是微观的出口商品、进口商品，都能看见渝申直航这一新的交通格局对武汉（汉口）转口或出口的贸易的负面影响，并进而深刻影响了民国中期武汉城市发展的样貌。

第三节　现代航运与城市发展

现代航运的传入，使武汉城市发生了急剧变化，新的产业、新的贸易形式、新的空间格局不断呈现，使武汉逐渐开始由传统航运中心向现代航运中心发生转变。因晚清时期这一变化最为剧烈，故本节主要以晚清时期汉口为叙述中心。

一　城市空间的扩张

开埠通商之前，汉口的码头主要集中于汉江沿岸，从硚口至龙王庙

---

① 蒋君章编著：《西南经济地理纲要》，重庆：正中书局1943年版，第203页。
② 余受之：《川江归棹记》，《国闻周报》第13卷第45期，1936年。
③ 《机联会呈请调解　川帮反对申渝涨价》，《申报》1934年3月20日第3张第11版。

就有 35 处。长江沿岸码头较少,从龙王庙到江汉关仅有 16 处。① 这些码头囿于传统木船运输的形式,设备极为简陋。汉口开埠之后,外国航运公司大量涌入,新式轮船运输对码头的修建提出了新的要求,加之当时西方列强大多在长江沿岸构建租界,故而外国航运公司的码头大都修建在长江沿岸。

1863 年,宝顺洋行在汉口宝顺街(今天津路)修建宝顺码头,② 这是最早在汉口修建轮船码头的外国轮船公司。其后,其他轮船公司亦纷纷在汉口修筑码头。1864 年,美国旗昌公司在汉口张美之巷(今民生路)修建旗昌轮船码头。1873 年,太古轮船公司收购原有的苗家码头,在此基础上自建轮船码头。同年,轮船招商局汉口分局"在汉口购置码头、栈房,计支银三万另五百余两",并于 1877 年"归并旗昌洋行在汉口码头、栈房,地位颇为优越"③。1876 年,英国麦边洋行在今合作路的江边设置码头。1880 年、1893 年,英商怡和洋行和鸿安公司分别在上海路和黄陂路修建专用码头。甲午战后,西方势力深入中国内河航运,汉口修建的码头亦逐步增多。1898 年,日本大阪会社构筑马王庙码头;德国亨宝公司和美最时洋行在德租界江边修筑多个码头。④ 1901 年,太古轮船公司扩大规模,在熊家巷(今民生路口下首)修建码头,轮船招商局汉口分局亦于同年修建了洪益巷码头。1902 年,英国兰烟囟公司和法国东方公司分别修建了南京路码头和蔡锷路码头。⑤

除中外轮运企业修筑的现代码头之外,在汉的企业为方便生产资料和产品运输,也修建了不少专用轮船码头,其典型者为砖茶厂和蛋厂。1871 年,俄国顺丰砖茶厂在汉口兰陵路修筑码头专供茶叶出口运输。

---

① 龙元、王晖编著:《非正规性城市》,东南大学出版社 2010 年版,第 71 页。
② 《江岸码头一览表》,周荣亚编著《武汉指南》,汉口:新中华报馆 1933 年版,第二编,第 34 页。
③ 国营招商局编:《国营招商局产业总录》,出版地点不详,国营招商局 1947 年版,第 149 页。
④ 郑少斌主编:《武汉港史》,人民交通出版社 1994 年版,第 153 页。
⑤ 《汉口港调查表》(1936 年 9 月 21 日),湖北省档案馆藏,档案号:全宗号 25,卷号 240。

1889年，俄商阜昌茶厂也修建了供茶叶外运的阜昌正栈码头。1893年，瑞典瑞光蛋厂修建码头以供自身运输使用。① 除此之外，时任湖广总督张之洞推行"湖北新政"，在武汉地区创办的官办企业也都建有自己的专用码头。如1893年，湖北织布官局在武昌文昌门外修建了主要用于装卸产品与原料的石砌码头。汉阳铁厂亦建有专门码头以供铁矿石和煤炭的运输。

与传统的木船码头相比，现代轮船码头在其建立之初就是为了适应轮船运输这一形式而设计的，其主要采用浮趸栈桥式结构，性能具有无可比拟的稳定性、全天候性。码头前沿设置趸船或浮船（方船），以栈桥（跳板）连接趸船与坡岸，栈桥可随江水涨落或升或降，轮船在洪水和枯水季节均可靠泊码头作业。趸船可兼作仓库储存货物。②

除码头之外，各大轮船航运企业为了提高经济活动的效率，在码头后方修建了大量的仓库货栈。1861年3月，英国宝顺洋行首先在汉口租下栈房一所，年付租银400两。此后，美国琼记洋行、旗昌公司，英国太古洋行、怡和船运公司，日本大阪会社，清廷轮船招商局等航运企业先后租赁或建造了仓库货栈或货物堆场。截至武昌首义前夕，中外航运公司在汉口共建有货栈24间及煤堆场1处，占地205620平方尺。其中：太古公司6间，6780平方尺；怡和洋行6间，8640平方尺；轮船招商局6间，9600平方尺；大阪会社6间，加上煤炭货场共占地180600平方尺。③

码头、货栈、仓库、堆场的建设，使汉口的港口重心由汉江沿岸转向长江沿岸，城市的人、财、物大量流向长江沿岸地区，城市经济活动亦逐渐向长江沿岸转移，由此带来城市空间的扩大和新的工商业区域的形成。

---

① 《江岸码头一览表》，周荣亚编著《武汉指南》，汉口：新中华报馆1933年版，第二编，第33—34页。
② ［日］水野幸吉：《中国中部事情：汉口》，武德庆译，武汉出版社2014年版，第101页。
③ 杨志洵译述，李湛田校订：《水运》，邮传部图书通译局，出版时间不详，第49、52页。

汉口开埠之前，其港埠重心主要沿汉江沿岸分布，大多数民船均在汉江沿岸停泊，并形成了大约 60 处民船码头。码头作为陆域的一部分，与港池共同组成了港口的核心部分。① 码头所在地往往为商业最繁华所在，并由此构建了城区的基本区域，即今中山大道东南，花楼街口至硚口的一片狭小地区，面积约有 11.2 平方公里，有"贾户数千家，鹾商典库，咸数十处"②，是汉口商业的繁盛地带。而当时的长江沿岸地区，即今江汉路至黄浦路一带，大部分为荒芜野地，少有人居。

汉口开埠后，通商、轮运为城市发展带来了新的动力。随着新式码头、货栈的修建，加之租界的修建拓展，原为荒芜野地的长江沿岸一带迅速发展起来，尤其是上起江汉路、下至黄浦路的租界区内，由于江岸平直、水深流缓，利于修筑码头泊位，一时之间，码头林立、轮船密集，不仅大中型江轮、海轮停泊于此，大批民船也多聚泊于此，汉口沿江地区，从而成为三镇新的重心。

港埠重心的转移，也使城市工商业发生新的变化。为便于运输和装卸货物，外国洋行在兴办航运企业、修筑码头货栈的同时，就近创办了大量的现代工业企业，如砖茶制造、棉花打包、蛋品加工、皮革压制等。这些现代企业的创办，为城市发展注入新的内容和新的动力，使汉口从传统的商业贸易中心一跃成为现代工商业复合型经济中心。与此同时，贸易的繁荣、工业的发展，必然带动城市现代金融业的发展。在传统当铺、钱庄的基础上，诸多外国洋行、银行进入汉口地区，现代意义的金融业迅速发展。

轮船、码头、仓库、货栈、洋行、银行、工厂、马路、洋房以及众多公用设施，迅速改变了汉口沿江地区原有的居民稀少、湖汊纵横、荒芜偏僻的面貌，成为"危楼杰阁，车马殷阗，万里航船，衔尾碇泊"③

---

① 罗正齐：《港口经济学》，学苑出版社 1991 年版，第 103 页。
② （清）范锴著，江浦等校释：《汉口丛谈校释》，湖北人民出版社 1999 年第 2 版，第 138 页。
③ （清）张寿波编纂：《最近汉口工商业一斑》，上海：商务印书馆 1911 年版，第 1 章第 3 页。

的繁盛之区，进而成为晚清时期武汉三镇最重要的经济中心区域所在。

二 城市经济结构的变化

现代航运业的发展，直接引发了武汉城市经济结构的变化，突出表现在两个方面：

一是直接对外贸易的增长。汉口开埠前，武汉地区的对外贸易以间接对外贸易为主，货物的进口或出口主要通过广州、上海等口岸。开埠后，在保持国内埠际贸易和间接对外贸易的同时，直接对外贸易兴盛，并在全国通商口岸中占有重要地位。

直接对外贸易的兴盛，得益于外国洋行在汉口的经营。1861 年 3 月，英国宝顺洋行率先在汉口开业，"至 1891 年，汉口有洋行 27 家，外商 370 人"[①]。1901 年，洋行增至 76 家，外商人数为 990 人。[②] 外国洋行在武汉地区创办航运企业，直接从事对外贸易，形成了航贸兼并的基本局面，将武汉直接拉入了世界经济贸易体系。

开埠后，武汉地区的直接贸易额每年不断增长。1867 年，外贸进出口总值为 52.2 万银两，1876 年即升为 727.1 万关两，10 年内增长了近 15 倍。1903 年，增加到 1251.8 万关两，1911 年达到 3713.8 万关两。与 1867 年相比，1903 年和 1911 年分别增长了 26 倍和 78 倍。[③] 在全国对外贸易总值中，武汉港的外贸货值总数所占比重名列第三或第四位，与上海、广州、天津一起，成为四大外贸口岸之一（见表 2 - 16）。

在武汉的直接对外贸易中，出口货物以农副产品为主，工矿产品所占比重甚小。1895 年，出口总值中农副产品高达 99.9%，到 1905 年，农副产品占 93%，工矿产品占 6.8%，其他占 0.2%。

[①] 武汉地方志编纂委员会主编：《武汉市志·对外经济贸易志》，武汉大学出版社 1996 年版，第 22 页。

[②] 《1901、1905 年各国在汉口的人数和洋行数》，皮明庥等编《武汉近代（辛亥革命前）经济史料》，武汉地方志编纂办公室 1981 年印行，第 32 页。

[③] 武汉地方志编纂委员会主编：《武汉市志·对外经济贸易志》，武汉大学出版社 1996 年版，第 83—84 页。

表2-16　　四大港在中国对外贸易总值中所占比重（1871—1911年）

全国各关总计=100

年份	广州	上海	汉口	天津	其他
1871—1873	12.7	64.1	2.7	1.8	18.7
1881—1883	11.8	57.1	4.2	3.1	23.8
1891—1893	11.6	49.9	2.3	3.1	33.1
1901—1903	10.4	53.1	1.8	3.6	31.1
1909—1911	9.7	44.2	4.4	4.5	37.2

资料来源：严中平等编：《中国近代经济史统计资料选辑》，中国社会科学出版社2012年版，第49页。

在出口的农产品中，茶叶占据最重要的地位，开埠初期占外贸出口货物总量的90%以上，使汉口一度被欧洲称为"东方茶叶港"。"1880年汉口茶叶出口达861849担，占全国茶叶出口总量的40%"①，其后茶叶出口量有所下降，但每年亦有40万至50万担，1895年为574768担，1900年为468546担，1908年为423532担。②

除茶叶之外，出口的农产品中还有牛皮、棉花、桐油、苎麻、猪鬃、烟叶、生丝等。开埠之初，牛皮出口量较少，1876年前每年不超过0.6万担。随着1876年后诸多皮革厂在汉口的创办，"这使得皮革运到欧洲的运费，得到很大的节省。因之，从汉口输出的牛皮，上升得非常迅速"③，1882年达到2.8万担，1894年增加到7万担，1901年猛增至16.2万担。1905年前后，棉花、桐油的外贸出口量分别为7.9万担和15万担。猪鬃贸易在1895年达到了22.5074万海关两，1897年后逐渐发展起来，汉鬃一度与津鬃、渝鬃、申鬃并称四大名牌猪鬃，1905

---

① 武汉地方志编纂委员会主编：《武汉市志·对外经济贸易志》，武汉大学出版社1996年版，第116页。

② 武汉地方志编纂委员会主编：《武汉市志·对外经济贸易志》，武汉大学出版社1996年版，第117页。

③ 《远东经济发展中的外国企业》，皮明庥等编《武汉近代（辛亥革命前）经济史料》，武汉地方志编纂办公室1981年印行，第16页。

年汉口猪鬃出口达到了66.8743万海关两。① "1863年汉口麻类出口已有28784关担"②，之后逐年攀升，长期维持在15万—20万担，"1901年154523担，价值100余万关两；1905年174278担，价值190余万关两"③。

在进口货物中，消费资料占较大比重，主要有棉纱、棉布、棉毛织品、食糖、煤油、染料及各种杂料。其中棉纱、棉织品为最大宗，占进口货物的50%以上。1889年，印度棉纱进口量为151.9万磅，1891年达到1747.5万磅，短短两年内，增长10倍以上。④ 甲午战争后，日本棉纱大量涌入中国，1911年日本棉纱进口量猛增至24万余担，占外国纱进口总数的93.7%，据有绝对统治地位。⑤ 食糖进口量在1901年为19.7万担，1905年达到33.4万担。⑥ 煤油进口量在1895年为7050加仑，1903年增加到15206加仑，1911年达到40009加仑。⑦

19世纪80年代后，除上述消费资料之外，进口货物中工业制成品的数量也开始迅猛增加，主要包括"玩具、工具、铅笔图画、装饰品、伞、利器、肥皂等"，"这些货物已成为一般商店的商品"。1881年，"在汉口街上和武昌、汉阳城内，开设了十家这样的商店，以供应本地人的需要"⑧。到1910年，"汉口的50户百货店经营商品，洋货占

---

① 武汉地方志编纂委员会主编：《武汉市志·对外经济贸易志》，武汉大学出版社1996年版，第121—122页。
② 武汉地方志编纂委员会主编：《武汉市志·对外经济贸易志》，武汉大学出版社1996年版，第119页。
③ 武汉地方志编纂委员会主编：《武汉市志·对外经济贸易志》，武汉大学出版社1996年版，第119页。
④ 《Commercial Reports》（1891年汉口），皮明庥等编《武汉近代（辛亥革命前）经济史料》，武汉地方志编纂办公室1981年印行，第55页。
⑤ 《1895—1911年汉口进口洋纱国别比较表》，皮明庥等编《武汉近代（辛亥革命前）经济史料》，武汉地方志编纂办公室1981年印行，第53页。
⑥ ［日］长崎税关官房贸易调查课：《汉口贸易事情一斑》，出版地点不详，1907年，第129、131页。
⑦ 《1895—1911年汉口进口煤油情况表》，皮明庥等编《武汉近代（辛亥革命前）经济史料》，武汉地方志编纂办公室1981年印行，第73页。
⑧ 《Commercial Reports》，曾兆祥主编《湖北近代经济贸易史料选辑（1840—1949）》（第四辑），湖北省志贸易志编辑室内部发行1986年版，第1页。

80%，原武昌的100余户有90余户转营洋货"①。

　　直接对外贸易的兴起，使武汉由传统的内陆贸易口岸一跃而成为内陆最大的国际贸易港口，将广阔的中西部市场纳入了国际经济贸易版图，对于武汉城市功能的现代转型具有重要的促进作用。

　　二是新行业的出现。在现代轮船航运业的推动下，武汉地区逐渐产生了诸多新兴行业，最典型者当为报关行业和驳划运输业。

　　汉口在开埠通商后，设置江汉关对进出口商品征收关税，中外商行须按照规定将进出口货物报送江汉关，待各项手续完备征税后，货物方可通关放行。江汉关自建立后长期为英人把控，所雇人员均为洋人，所有文书概用英文，且报关手续极为繁杂，加之检查严格，贸易商行尤其是中国商人颇感不便。在此情形下，便产生了专门为通关服务的新行业——报关行。

　　报关行的主要业务为代理商行、商人的报关手续，并收取一定的手续费。除办理报关手续外，报关行还会为客商代理运输事宜，并垫付运金。

　　开埠初期汉口有报关行3—4家，全部是上海报关行开设的分号，且报关货物仅限于洋布、棉花等，其他货物由商人各自积载，税关手续由轮船公司代办。甲午战后，汉口报关行逐渐增多，其中"最有信用而商务繁者，计20余家"，计有锦元亨、元利、恒泰、老公泰（美商）、太和兴（澳商）、元享、悦泰、昌记、利记、有利、协记、公泰、万利、太左利、协太祥、公和、立泰、立兴、群记、长清公司、长源公、美泰（美商）、谦泰、丰泰、万泰、普源长等。②

　　报关行业在现代轮船运输中占据重要地位，它极大地解决了报关难的问题，提升了货物通关效率，促进了航运业的社会分工。正因如此，在汉的很多航运企业都有长期服务的特约报关行，如太古公司就有"太古汉""太古昌""太古鸿"等。

----

　　① 《武汉百货行业志》（百货行业社会主义改造），曾兆祥主编《湖北近代经济贸易史料选辑（1840—1949）》（第四辑），湖北省志贸易志编辑室内部发行1986年版，第1页。
　　② 郑少斌主编：《武汉港史》，人民交通出版社1994年版，第158页。

驳划运输业伴随现代轮船运输而生。汉口开埠初期，由于码头设施的不完善，无法同时停泊多艘轮船，有的只能抛锚在江心区域，加之部分远洋海轮由于吨位原因只能停泊江心，这些停泊江心的轮船客货的上下，就需要进行过驳作业。因此，汉口港区域内便逐渐产生了一批以驳运货物为主要业务的驳划运输业。[①]

其后，随着武汉地区进出口贸易的发展，驳划运输业的业务与范围逐渐扩大，不再局限于长江沿岸码头，开始承担汉江民船码头和长江轮船码头之间的货物驳运业务。民船由于吨位小、风浪抵抗力差，大多数停靠汉江码头，众多民船运输出口的农副产品就需要依靠驳船运输到长江沿岸码头的轮船上。在辛亥革命前，武汉港的驳划运输业已有一定规模。在襄河沿岸和汉口沿江地区，已有民船行号10余家，专为客商或轮船公司代雇民船、驳船和拖轮，提供各种驳运服务。

三 现代航运中心功能初显

轮船运输的发达，对外贸易的繁盛，使武汉摆脱传统"九省通衢"的交通功能定位，现代航运中心功能初步显现。

（一）各类航线纷纷开辟

汉口开埠后，中外各类航运企业纷纷进驻武汉，开辟各类航线，初步形成了长江航线、内河航线、沿海航线和远洋航线于一体的航运网络。

长江航线：主要包括汉口—上海、汉口—宜昌两条线路。汉口至上海航线最早于1862年由美国商人开辟，到1910年，开设汉口至上海航线的轮运企业已达8家，即轮船招商局、太古洋行、怡和洋行、大阪商船会社、鸿安公司、瑞记洋行、美最时洋行及麦边洋行，营运船舶24艘，吨位达30720吨（注册吨）。[②] 汉沪线沿途主要停靠黄州、黄石港、

[①] ［日］水野幸吉：《中国中部事情：汉口》，武德庆译，武汉出版社2014年版，第101页。

[②] 杨志洵译述，李湛田校订：《水运》，邮传部图书通译局，出版时间不详，第35—36页。

武穴、九江、安庆、大通、芜湖、南京、仪征、镇江、泰兴、江阴、张黄港和通州。汉口至宜昌线路于 1878 年由轮船招商局开辟而成，怡和洋行、太古洋行、大阪商船会社和美最时洋行等各国航运公司纷纷涉足其间，到 1910 年，营运船只有 8 艘，吨位数达 8030 吨（注册吨），① 沿途停靠新堤、岳州、沙市等地。汉宜线的开辟，进一步密切了汉口与西南地区的经济联系与往来，对于开发和促进西南地区的工商贸易有着重要影响。

湖南内河航线：晚清时期，两湖在行政区划上实为一体，故而武汉地区开辟有湖南内河航线。该线路主要为汉口至湖南长沙、湘潭、常德。1896 年，日本大东轮船公司首先派船开始航行汉口至湘潭之间。② 其后，华资的西湖轮船公司，外资的太古洋行、怡和洋行纷纷开设湖南内河航线，日本还于 1902 年专门成立湖南汽船会社专营该航线。到 1904 年，汉口长沙航线上往来行驶的轮船已有 8 艘，6521 吨。③ 该航线沿途停靠宝塔洲、新堤、岳州、芦林潭、湘阴、靖港、长沙、湘潭等地。湖南内河航线的开辟，湖南内地的茶叶、粮食、煤炭、竹木、金属矿石、桐油等产品大量输往汉口，并经汉口出口海外，进一步密切了湖南腹地与汉口市场、海外市场的联系。

湖北内河航线：该航线主要包括襄河、府河（涢水）及附近湖港。1895 年后，主要由汉口民营小轮公司兴办，至辛亥革命前，航线沿长江可至黄州、武穴，溯汉江可至蔡甸、汉川、仙桃、老河口，入内湖则北至黄陂，南至咸宁。内河航线的发展，为武汉在晚清时期的发展提供了更为广阔、更为便捷的腹地市场，进一步密切了邻近地区初级市场与汉口中心市场的贸易联系。

沿海航线：主要有汉口—汕头线、汉口—天津线、汉口—香港线。

---

① 杨志洵译述，李湛田校订：《水运》，邮传部图书通译局，出版时间不详，第 36—37 页。

② ［日］东亚同文会编：《中国省别全志》（第十九册），国家图书馆出版社 2015 年版，第 398 页。

③ 郑少斌主编：《武汉港史》，人民交通出版社 1994 年版，第 148—149 页。

汉口—汕头线最早由美最时洋行于1901年开设，有轮船两艘，主要承运美最时洋行的货物。①太古洋行为运销广东出产的蔗糖，在汛期也派出海轮行驶汉口—汕头线。汉口—天津线由俄国航运公司开辟，主要承运茶叶。汉口—香港线主要由怡和、太古、轮船招商局在洪水季节开行，承运货物以食糖为主。

近海航线：主要有汉口—日本的神户、大阪、横滨线，汉口—海参崴线。1905年5月，日本大阪商船会社开始航行汉口与日本的神户、大阪之间。1906年3月，日本邮船会社同样插足该条线路，并将航线延伸到横滨。"所输入到汉口的货物有：铜、砂糖、火柴、火柴杆、杂货等项，输出的货物有：小麦粉、油类。"②汉口—海参崴航线由俄国义勇舰队运营，主要承运货物为茶叶。

远洋航线：主要包括欧洲及美洲线路。自19世纪70年代开始，为方便运输茶叶，英国大英火轮船公司、兰烟囱公司、兰卡歇尔轮船公司、爱得轮船公司、威廉·汤姆逊公司、卡涩尔轮船公司，法国邮船公司，俄国航运公司，俄国义勇舰队以及美国花旗邮船公司等世界上著名的远洋轮船公司纷纷派出海轮上溯长江驶抵汉口，载运茶叶出洋，运往欧洲的伦敦、敖德萨或美洲大陆。③北德国轮船公司则主要经营汉口—欧洲航线，每年约有7—8艘海轮来汉，输入货物主要有钢铁、五金、纸张、肥田粉、靛青、颜料等；输出主要有牛皮、茶叶、猪鬃、肠衣、桐油、五倍子、苎麻、蛋制品、豆类、芝麻、矿砂及纯锑等。④

（二）船舶吨位的持续增长

大量现代轮船企业的入驻，诸多航线的开辟，使得进出武汉地区的

---

① [英]卢力飞：《汉口华洋贸易情形论略》（光绪二十七年十二月十五日），《通商各关华洋贸易总册》下卷，上海通商海关造册处译印，出版时间不详，第28页；郑少斌主编：《武汉港史》，人民交通出版社1994年版，第149页。

② [日]水野幸吉：《中国中部事情：汉口》，武德庆译，武汉出版社2014年版，第84页。

③ 郑少斌主编：《武汉港史》，人民交通出版社1994年版，第150—151页。

④ 金宝善：《汉口的美最时洋行》，中国人民政治协商会议全国委员会文史资料研究委员会编《文史资料选辑》第44辑，文史资料出版社1964年版，第185页。

船舶数量不断上涨,船舶吨位持续上升。汉口开埠初期,武汉地区主要是外籍船舶的天下。1861年4月至年底,进出武汉港的外籍船舶就有401艘,吨位数达到93433吨。1862年和1863年,外国轮船公司开始集中力量于长江航运,进出武汉港口的外国船舶分别猛增至1462艘和1033艘,总吨位分别为290536吨和395312吨。1864年进出轮船数量虽减少到793艘,但船舶吨位却增加到417855总吨。1865年至1867年,进出船舶数量有所下降,但每年亦维持在200余艘,总吨位接近20万吨。1868年开始呈增加趋势。1872年,进出港口的外国船舶达到504艘,249569总吨。①

之后,随着轮船招商局汉口分局的创办,以及甲午战后清廷放开民间创办轮船公司的限制,民营轮船业迅速发展,每年进出武汉港的船舶进一步增加。到1910年,进出汉口港的轮船达到3844艘,总吨位为4723712吨,加上内港轮船数据,1910年进出武汉港的各类船舶(含江轮、民船、内河轮船)达到20549艘,5692000吨。② 其规模已名列全国内河港口第一位,仅次于上海、天津等海港。

(三) 贸易总值的不断扩大

开埠通商后,武汉逐渐成为内河水运中转枢纽和内地市场中心,来自长江上游、中游乃至下游的货物在此进行集散,经武汉港转口运往国内各埠,转口贸易和直接对外贸易十分活跃,武汉很快发展成为与上海、广州、天津并驾齐驱的全国四大商埠之一。

鸦片战争后,中国国门洞开,上海、福州、宁波、广州、厦门五口开放通商。武汉作为内贸港口,其货物进出口总值远远低于上述五个通商口岸。1861年汉口开埠后,这种落后局面很快被打破。1863年,武汉港的进出口货物总值超过广州、福州、宁波、厦门、天津、汕头、烟台等沿海主要通商口岸,仅次于上海,居全国第二位(见表2-17)。

---

① 郑少斌主编:《武汉港史》,人民交通出版社1994年版,第139—140页。
② [日]东亚同文会编:《中国省别全志》(第十七册),国家图书馆出版社2015年版,第122—124页。

表2-17　　上海、汉口和福州等11个港口进出口总值比较（1863年）　　（单位：镑）

港口	进口货值	出口货值	进出口货值
上海	61704099两	38485465两	100189564两
汉口	3243032	4247302	7490334
福州	2545385	4521203	7066588
广州	2184326	3862039	6046365
宁波	3302836	1454569	4757405
厦门	1953097	994129	2947226
汕头	1526404	694807	2221211
天津	2091742	304405	2396147
烟台	732886	498932	1231818
九江	1019189	2436780	3455969
镇江	1522603	230276	1752879

注：(1) 进口货值不包括复出口及鸦片；(2) 1两等于0.35镑。
数据来源：郑少斌主编：《武汉港史》，人民交通出版社1994年版，第162页。

其后，随着武汉地区航运、贸易、商业、工业及金融业的发展，武汉港的进出口贸易总值逐年攀升，1880年为4229万关平两，到1894年，进出武汉港的货物总值达到3913万关平两，1904年更是创纪录地突破一亿大关，达到10745万关平两，1910年达到晚清时期的最高峰，为13530万关平两（见表2-18）。①

表2-18　　汉口港进出口货物总值统计（1894—1911年）　　（单位：关平两）

年份	进出口货物总值	指数
1894	39134793	100
1895	44507502	113.7
1896	44306493	113.22
1897	49720630	127.05

---

① 武汉地方志编纂委员会主编：《武汉市志·对外经济贸易志》，武汉大学出版社1996年版，第79页。

续表

年份	进出口货物总值	指数
1898	53771445	137.40
1899	67202091	171.72
1900	57050639	145.78
1901	62219698	158.99
1902	73811178	188.61
1903	99129500	253.30
1904	107449374	274.56
1905	111043046	283.75
1906	97142377	248.23
1907	115071383	294.04
1908	120038293	306.73
1909	125296690	320.17
1910	135299167	345.73
1911	117957484	301.41

资料来源：郑少斌主编：《武汉港史》，人民交通出版社1994年版，第161页。

与全国其他城市相比，武汉进出口贸易总值在1885年之前始终位列全国第二名。之后，在全国的排名有所起伏，但一直保持在全国前四名之列，成为晚清时期著名的通商大埠，时人谓之"驾乎津门，直追沪上"。而在全国内河通商城市中，武汉进出口贸易总值则长期居于首位，尤其是在1900年至1911年，武汉贸易总值在全国通商口岸中所占比重已接近或超过长江其他8个主要通商口岸（上海除外）的总和，成为内河最大的贸易港口（见表2-19）。

表2-19　汉口、重庆等9个港口进出口贸易额在全国贸易总额中所占比重（1900—1911年）全国贸易总额=100

港口\年份	汉口	重庆	九江	宜昌	沙市	岳州	芜湖	南京	镇江
1900	10.08	4.32	2.89	0.32	0.10	0.03	3.20	0.68	4.11

续表

港口 年份	汉口	重庆	九江	宜昌	沙市	岳州	芜湖	南京	镇江
1901	9.30	3.63	2.52	0.39	0.17	0.06	1.99	0.69	4.09
1902	9.34	3.12	2.52	0.32	0.19	0.16	2.42	0.88	3.81
1903	11.70	3.45	2.71	0.38	0.29	0.41	2.90	0.87	4.06
1904	12.17	3.33	2.76	0.33	0.22	0.24	2.63	0.99	3.66
1905	11.24	2.81	2.35	0.33	0.13	0.05	3.12	1.07	3.39
1906	10.31	3.08	2.41	0.50	0.16	0.08	2.33	1.03	3.80
1907	12.10	2.91	3.19	0.69	0.20	0.14	2.25	1.10	3.41
1908	12.04	3.13	3.02	0.76	0.17	0.30	2.75	0.99	3.25
1909	11.29	2.92	2.74	1.34	0.19	0.27	2.24	1.01	2.98
1910	11.64	2.79	2.93	1.15	0.25	0.17	2.13	0.96	2.23
1911	10.40	2.57	3.06	0.42	0.25	0.35	1.89	0.80	2.07

资料来源：实业部国际贸易局编纂：《最近三十四年来中国通商口岸对外贸易统计》（第三表乙），上海：商务印书馆1935年版，第168页。

在武汉港吞吐的货物中，出口量常年大于进口量，占进出口总量的60%—80%。出口货物中，茶叶占据主要地位，1895年茶叶出口货值占出口货物的41.0%，1905年占20.1%；其次为豆类（11.1%），棉花（6.1%），桐油（5.2%），芝麻（5.0%）。[①]"在1901年至1910年间，武汉港吞吐的10种主要农产品［包括米谷、小麦、高粱（梁）、小米、丝、茶、豆类、花生、棉花、烟叶］，平均每年在460万担以上。其中：豆类185万担，占40%；茶叶99.9万担，占21.6%；米谷107.3万担，占23.2%；小麦、花生分别为23万担左右；棉花、烟叶分别为18~20万担上下。"[②] 此外，桐油、芝麻、牛皮、生漆、丝和丝织品的出口货值（不分国内外）在1905年分别约为332.0、317.6、

[①] 《1895—1913年汉口主要土货出口情况比较表》，皮明庥等编《武汉近代（辛亥革命前）经济史料》，武汉地方志编纂办公室1981年印行，第44—45页。

[②] 郑少斌主编：《武汉港史》，人民交通出版社1994年版，第165页。

310.0、184.3 和 201.5 万海关两。①

综上所述，汉口开埠后，中外轮运企业竞相开办航运公司，开辟多条航线，初步形成了以汉口为中心的江、河、海航运网络，现代轮船码头、仓储设施等渐趋完善，对外贸易量逐年攀升，武汉逐步发展成全国内河最大的运输枢纽港。现代轮运、港口的发展，对武汉城市现代化和交通现代化进程产生了重要影响，在地理空间上扩大了城市发展的空间结构，促进了近代工商业、贸易、金融业的发展，加快了城市经济现代化转型进程，为武汉发展为工商业复合型城市奠定了良好基础。

---

① 《1895—1913 年汉口主要土货出口情况比较表》，皮明庥等编《武汉近代（辛亥革命前）经济史料》，武汉地方志编纂办公室 1981 年印行，第 44—45 页。

第三章　不甚发达的公路运输

武汉三镇的现代公路即公路运输起源于20世纪20年代，起先以商办为主，但随后在地方政府的干预下，官办成为主流形式。这一时期，公路修筑、车站建设、公路客货运输等核心指标虽有一定发展，但武汉三镇的公路整体上尚不能与铁路、水运等交通形式相抗衡，在城市整体交通格局中角色颇显弱势。

第一节　从传统驿道到现代公路

明清时期，武汉三镇尤其是武昌府一度是传统官路与驿道体系的中部中心。但至近代，现代公路即公路运输创设之后，武汉三镇并未如明清时期一样成为中心城市之所在。

一　传统驿道的变迁

清代建立后，沿袭明制，建立了以驿站（包括站、台、所、铺）为主的驿道体系，全国以北京为中心形成了9条干线驿道，即所谓的"官路"。

武汉三镇因"九省通衢"之交通要道地位，全国主要驿道中有6条经过。一为"桂林官路"，自北京南下，从平靖关进入湖北，再出江夏，通往湖南、广西桂林。二为"秦岭大路"，由汉阳、汉口经云梦、襄阳、河南淅川到西安。三为"汉中大路"，由汉阳、汉口沿汉水溯流而上，经宜城、陕西安康到汉中。四为"长江路"，由成都自长江而下经宜昌到武昌，再经安庆到南京。①五为"云南官路"，是由北京至云南府（今云南昆明市）的一条重要商路。路线由北京起经河北正定后，即南下河南开封府、湖北武昌府、湖南长沙府，再经贵阳府至云南府。六为"广东官路"，由北京起取道桂林官路的衡州至东南的郴州、宜章，越过南岭，进入广东省境内，沿北江而下，经韶州府（今广东韶关市）、英德而至广州府。当时的广州居于中国各个通商口岸的首位，故这条官路成为清代最繁荣的一条商路。②

在全国性官路之外，湖北省内的驿道以当时的省会武昌府为中心向各府、州、县辐射。"东面方向，经土桥站、华客站，经黄冈县通安徽；南面方向，一路为水驿，经夏口、金口，抵湖南，一路为陆驿，由鲁家巷转流芳岭，经纸坊、土地堂、山坡到贺胜桥，进入咸宁通往湖南；西面方向，渡江经汉阳县，经汉川县至湖南；北面方向，渡江经汉阳县驿、滠口驿、双庙驿，经孝感县通河南。"③

有清一代，江夏县和汉阳县共设有8个驿站。其中江夏县设有6个，分别为：夏口驿，设在平湖门外，最早在明洪武五年（1372）设，原为水驿，清顺治十六年（1659）与将台驿合并，移至文昌门。将台驿，在县东8里，有马80匹、马夫40名、兽医2名。金口水驿，在县南60里，建于清康熙以前。东湖驿，在县东南60里，有马50匹、马夫25名、兽医1名。山坡驿，在县东南120里，有马50匹、马夫25名、兽医1名。土桥驿，有马25匹、马夫8名、兽医1名。汉阳县设有2个，分别为：在城驿，在汉阳城朝宗门外，有马40匹、马夫20名。蔡店驿，在县西60里（今蔡甸区城关），有马40匹、马夫20名。④

---

① 武汉地方志编纂委员会主编：《武汉市志·交通邮电志》，武汉大学出版社1998年版，第334页。
② 中国公路交通史编审委员会编：《中国公路史》（第一册），人民交通出版社1990年版，第78页。
③ 苏醒：《清末武汉驿站漫谈》，《武汉文史资料》2020年第4期。
④ 武汉地方志编纂委员会主编：《武汉市志·交通邮电志》，武汉大学出版社1998年版，第521—522页。

在驿站之下，各州、县通往辖境内重要集镇的道路上还设有"铺"。其中江夏县共21铺，设铺司10名、铺兵133名。21铺为：总铺，东10里至将台铺，25里至冷水铺，15里至长山铺，15里至土桥铺，15里至山口铺，15里至新桥铺；南15里至长虹铺，20里至和尚桥铺，5里至新管铺，10里至石子铺，10里至纸坊铺，15里至狮子铺，10里至龙泉铺，10里至新市铺，10里至聚仙铺，15里至城信铺，15里至潘杲铺，15里达咸宁桃林铺；西10里达汉阳总铺。另有孟城、横山、青山、官屯等铺。

汉阳县共10铺，设铺司10名、铺兵41名。10铺为：总铺，附设在城驿内，东10里达江夏县总铺，西10里至十里铺，15里至孟家铺，10里至新店铺，10里至黄连铺，10里至陆神铺，10里至高观铺，10里至么铺，10里至蔡店铺（附蔡店驿内），15里至崔家铺，10里达汉川养鱼铺；北40里达黄陂滠口铺。①

辛亥革命后，传统驿道被废除，但在很长一段时间内，陆路客货运输仍沿用原有官路驿道。

二 现代公路的创建

武汉现代公路运输事业始于20世纪20年代，所筑公路大都为商绅集资修建，或沿旧驿道走向加宽，或利用长堤，或租用废弃铁路路基，修成简易公路。如后来归并汉宜路（汉口至宜昌）的"汉口至杨家峰之一段，原为川汉铁路路基，于民国四年间开始修筑，嗣以欧战突起，路基虽已勉强筑成，卒未能铺轨行车，旋由商民组织汉宜长途汽车公司，租用路基，行驶长途汽车"②。总体来说，受制于技术落后、资金不裕等问题，这一时期的商办公路"一切工程大半简陋，路线既劣，坡度复陡，桥梁涵洞多属就用木桩木板搭设而成，铺设路面，更无论矣。

---

① 武汉地方志编纂委员会主编：《武汉市志·交通邮电志》，武汉大学出版社1998年版，第522页。

② 《湖北之公路工程》，《道路月刊》第53卷第1期，1937年。

此项路面，车行极不适意，颇遗行旅以不快之印象"①。

南京国民政府成立后，武汉政局相对稳定。在时任湖北省建设厅厅长石瑛的主持下，武汉地区的公路建设有所发展。一方面，"除各省道已经拟定分期进行计划，次第实施外……制定修筑县道暂行条例，由各县斟酌情形，拟具分年进行计划，依照实施"；另一方面，"并准私人集资兴修，许以专利若干年，再收归公有"。在主政者看来，公私合力之下，"如此设施，实图众擎易举，使公家无经费困难之虑，而人民有集资兴利之机，道路无荒弃之虞，交通无梗塞之患，如斯数年后，民行一项之建设成绩，当斐然可观矣"②。

然则，在实际运行中，武汉地区的公路建设并未达到预期之目的。无论是官修抑或商办，公路建设情况不甚乐观。具体来说，主要包括下述线路：

一是汉宜路。在计划中，该路干线分为三段，另有支线一段。干线中，"东段自汉口之桥口，起经舵落口、走马岭、新沟、长江埠、应城、雷家湾、皂市、雁门口、杨家洚以达沙洋，计程三百四十一里（又蔡甸岔线约五里）"；"中段自沙洋经雷家场后港，至襄沙路之十里铺，再西过彭家场，以达河溶，计程一百六十五里"；"西段自河溶经当阳县、双莲寺、龙泉铺，以达宜昌，计程一百八十里"。干线总长达到六百九十一里。"支线由安陆经义堂镇、云梦、蒲潭以抵长江埠，计程一百里。"该路于1928年7月开工测绘修筑，但受资金困难之影响，进度缓慢。到1931年，"该路完全可以通车者为东段之二百七十里……惟实际行车，暂以汉口至皂市之二百零五里为止"③。

二是鄂东路。该路设计为干线一条，支线两条。其中干线分为三段，"自汉口起，经滠口、横店至黄陂，计程七十里，是为汉黄段，又自黄陂起经普安寨、李家集、柳子港、新洲、淋山河、方高坪、上巴河、圻水、广济、黄梅以至清江，计程六百里，是为黄清段"。支线分

---

① 《湖北之公路工程》，《道路月刊》第53卷第1期，1937年。
② 《湖北民办汽车路概况》，《中国建设》第3卷第5期，1931年。
③ 《湖北省道概况》，《中国建设》第3卷第5期，1931年。

为柳麻支线和方团支线，其中"自柳子港起，经歧亭、宋埠、中馆驿，至麻城，计程八十里，是为柳麻支线"；"自方高坪起至团风，计程二十里，是为方团支线"①。

该路于1928年10月开始勘测及实施修筑步骤，最开始修筑的为"黄陂至柳子港干线，及柳子港经宋埠至麻城支线"，主要是考虑线路所经的"宋埠为鄂东大镇，人烟稠密，商务繁盛"。线路中黄陂至滠口一段，"则收用原有轻便铁道及县道，以资改建"②。该路路面极为简陋，"除汉戴③间系属市区范围，加铺煤渣外，其余概系土路"④。

三是以武昌为中心的周边道路。在汉宜路、鄂东路之外，湖北省建设厅还鼓励民间资本修筑公路。至1931年，民间商办公路形成了以武昌为中心向周边郊区县镇扩散的线路网络，主要包括武豹路、仓水窑路、向浠路、武金路等路线。

武豹路。该路"自武昌大东门外起，经卓刀泉、鲁家巷、五角塘、茶棚、油坊岭、宗黄桥、八角岭，至武昌县属之豹解镇，约长六十余里"⑤。全路均为土路，路幅最宽一丈八尺，最窄一丈四尺，厚度一尺，路旁挖掘直形泄水明沟，约一尺五寸，最大纵坡度长三百尺，高四尺五寸。⑥

仓水窑路。该路分干支两线，干线起自仓子埠，中经水尾嘴、高坡嘴、宋家嘴、杨家嘴，过泥埠，直达窑头，计长五十华里。支线由窑头起，经过泥埠至水口止，长十五华里，全路干支线共长六十五华里。"该路沿线多系湖地，踩压平坦，工程颇易，两旁掘有二尺深泄水明沟，洼地则填补筑堤，堤面宽一丈五尺，一五坡度，路面铺渣。"⑦该路资金来源主要为黄冈、黄安（今湖北红安县）两县少数商民集资。

---

① 《湖北省道概况》，《中国建设》第3卷第5期，1931年。
② 《湖北省道概况》，《中国建设》第3卷第5期，1931年。
③ 汉戴为汉口至戴家山（今武汉市江岸区岱家山）。
④ 《湖北省道概况》，《中国建设》第3卷第5期，1931年。
⑤ 《湖北省建筑汽车路》，《盛京时报》1929年11月1日第2版。
⑥ 《湖北民办汽车路概况》，《中国建设》第3卷第5期，1931年。
⑦ 《湖北民办汽车路概况》，《中国建设》第3卷第5期，1931年。

向浒路（旧称武浒路）。该路路线原定自武昌起，经过沟口、徐家棚、青山镇、向家尾、渡口等处，直达白浒山止，计程长七十华里，"除自武昌至徐家棚一段，就原有马路外，其徐家棚至白浒山一段，不过五十七里。沿武丰、武惠两堤，人行或牛车行大道，先修宽十五尺之土路，工程不巨，修筑费甚少"①。该路亦由商民集资兴办。然则，湖北省当局后认定该路"武昌至向家尾一线，与武汉附近交通路武东线重复，将来武东路线修筑完成时，该路应即收归公有"，遂仅准"该路自向家尾至白浒山一段照常营业，以便商民"②。

武金路。该路计划分为北、中、南三段，原定从武昌经金口至咸宁嘉鱼县，但到1931年仅修筑成北段，"自武昌起，经过新会馆、下花园、北关、石嘴、杨泗矶、严家码头至金口止，长六十华里。就原有武金大堤为主，路面铺盖炭渣、三合土，建筑取多克藤式，计宽一丈二尺，路面加高一尺，两边三分之一流沙形"③。该路的通车过程可谓困难重重。该路线主要沿长江干堤之武金大堤行驶，"因行车影响武金大堤安全，又未执行湖北省政府关于'将堤增高倍厚'的指令，引起沿途农协会员的不满，直至1927年元月，经调解后才获准正式营业"④。到1931年，地方当局"因该路行车，与武金大堤堤路安危关系甚巨。由前湖北水利局拟具保护堤段负责办法九条，经本厅修正核定颁布，该公司未能切实履行，故久未予以立案给照，建厅为防患未然计，不得不弃小利，现已令饬该路停止通车矣"⑤。

整体而言，1928—1931年的四年间，武汉公路建设有所进展，呈现出以公建、商办共举的形式，一定程度上提升了武汉地区的公路密度。

1932年11月，南京国民政府因所谓"剿匪"军事需要，在汉口召

---

① 《湖北民办汽车路概况》，《中国建设》第3卷第5期，1931年。
② 《湖北民办汽车路概况》，《中国建设》第3卷第5期，1931年。
③ 《湖北民办汽车路概况》，《中国建设》第3卷第5期，1931年。
④ 武汉地方志编纂委员会主编：《武汉市志·交通邮电志》，武汉大学出版社1998年版，第372—373页。
⑤ 《湖北民办汽车路概况》，《中国建设》第3卷第5期，1931年。

开鄂豫皖赣苏浙湘七省公路会议,"计划统一来修筑各省联络公路"①,并筹设相关机构对"将来路成后谋路养路等项事宜"② 实施监管。按照会议最后形成之议案,南京国民政府统筹各省政府具体实施在七省境内建设"京陕""汴粤""京黔""京川""洛韶""归祁""京鲁""京闽""海郑""沪桂""京沪"十一条干线,同时建设与干线相关支线若干条。③ 根据这一要求,各省亦制订相应筑路计划,湖北省相关干线与支线公路计有18条,线路总长4123公里(见表3-1)。

表3-1　　　　湖北省公路路线（七省公路会议决定）

路别		经过地点	本省境内里程（公里）			
			已成	兴工	未成	合计
干线	汴粤路	小界岭、麻城、罗田、蔡家河、圻水、广济、武穴	104	66	150	320
	京川路	黄梅、广济、圻水、团风、阳逻、汉口、应城、皂市、沙洋、河溶、宜昌、长阳、建始、恩施、利川	207		738	945
	洛韶路	孟家楼、老河口、樊城、襄阳、宜城、荆门、江陵、沙市、公安、郑公渡	400		116	516
	干线合计		711	66	1004	1781
支线	麻汉线	麻城、宋埠、黄陂、汉口	134	—	—	134
	罗英线	罗田、石桥铺、英山	—		42	42
	田英线	田家镇、圻春、圻水、鸡鸣河、英山	84		100	184
	宋花线	宋埠、黄安、河口镇、蔡店、花园	43		95	138
	瑞赵线	省界、阳新、龙港、通山、崇阳、羊楼峒、赵李桥	5		270	275
	崇平线	崇阳、通城、省界	—		81	81
	通修线	通城、麦市、省界	—		26	26
	咸修线	咸宁、通山、省界	—		78	78

---

① 《七省公路会议开幕》,《申报》1932年11月4日第3张第9版。
② 《七省公路会议开幕》,《申报》1932年11月4日第3张第9版。
③ 《豫鄂皖赣苏浙湘七省公路会议纪录》,《实业杂志》第191期,1934年。

续表

路别		经过地点	本省境内里程（公里）			
			已成	兴工	未成	合计
支线	梅池线	黄梅、孔垅、小池口	—	—	52	52
	武阳线	武昌、豹子觯、鄂城、大冶、阳新	35	—	150	185
	长安线	长江埠、云梦、安陆	—	58	—	58
	京潜线	京山、皂市、天门、岳口、潜江	92	29	—	121
	襄花线	襄阳、枣阳、随县、安陆、花园	330	—	—	330
	老安线	老河口、谷城、均县、郧县、白河	108	—	200	308
	沙崇线	沙市、郝穴、监利、朱河、新堤、蒲圻、崇阳	—	—	330	330
		支线合计	831	87	1424	2342
		干支线总计	1542	153	2428	4123

资料来源：《湖北省公路路线表（七省公路会议决定）》，《工程周刊》第 2 卷第 8 期，1933 年。

由表 3-1 可知，干线中汴粤路、京川路与武汉相关，其走向基本与原有汉宜线、鄂东线一致。支线中仅麻汉线、宋花线、武阳线与武汉相关，亦基本上由已有道路扩展而来。

1932 年七省公路会议后，武汉地区的公路建设虽有所发展，但总体水平仍显弱势。这一时期公路建设一大重要突破就是汉宜、鄂东两路"一度修缮，耗洋五万余元，始完全修竣，重订规章，开始营业"[①]。下面就两路中与汉口有直接汽运往来的线路分述之。

汉宜路中与汉口直接汽运往来的主要是硚溶段。该段由汉口硚口经舵落口、走马岭、新沟、辛安渡、满家岗、长江埠、郎君桥、应城、雷家湾、皂市、龙泉镇、瓦庙集、杨家降、沙洋、雷家厂、后港、枧回桥、十里铺、彭家厂至河溶，计长 527 公里。该段干线另有支线三条：一为皂岳段，由皂市，经柳河、天门、新堰口至岳口，计长 100 公里。二为安长段，由安陆，经义堂镇、云梦、隔蒲潭、护子潭至长江埠，计

---

① 星寒：《湖北省道近况》，《时事新报》1935 年 8 月 31 日第 3 张第 3 版。

长96公里。三为十沙段,由十里铺经陵江至沙市,全程计长80公里。①

经过整治,"汉宜路面工程采用泥结碎石路面及泥结砂砾路面两种,厚度均为十五公分,在石料缺乏、路基坚硬之处,可酌减至十公分,宽度则均为三公尺"②。

鄂东路大致呈"Y"走向,干路系由汉口至麻城、麻城至河南境之小界岭,并可直达河南潢川。与汉口相关大致有五段:一为汉界段,由汉口起,经戴家山、洱口、横店、高庙、黄陂、普安寨、靠山店、李家集、柳子港、歧亭、宋埠、中馆驿、麻城、武家河、黄土岗、福田河,至河南之小界岭,计长224公里。二为黄广段,由黄陂起,经研子岗、长轩岭、姚家集、河口、夏店、礼山、二郎店,至平汉铁路之广水县,计长262华里。三为宋河段,由宋埠起,经尹家河、桃花店、黄安至河口,计长115公里。四为武浠段,由武穴起,经官桥、石佛寺、大金铺、塔水桥、胜家脑、广济、松洋桥、清水河、漕河、横车桥、石头嘴等处而至浠水,全段计长170公里。五为中中段,由中馆驿起,经林店、两张店,至中途店止,计长92公里。③

在汉宜路、鄂东路两大干线之外,这一时期武汉地区公路建设的主要成果就是以武昌为中心的近郊公路有所发展。在已有的武豹路、仓水窑路、向浒路、武金路之外,这一时期先后修筑并开通了武珞路、武青路、武葛路、武梁路等线路。

武珞路。该路之创办起因于武汉大学新建校区于东湖畔珞珈山麓,"盖山濒东湖,檀烟波之胜,经此点缀,益觉秀丽,是以游人接踵,冠盖云集"④。在此情形之下,经营武豹线的商办武豹长途汽车有限公司"与武汉大学订立合同,以长途汽车二辆,行驶该路",该线路后交由湖北省会公共汽车管理处运营。

武青路。该路原计划由武昌大东门出发,经修筑之武青路抵达青

---

① 星寒:《湖北省道近况》,《时事新报》1935年8月31日第3张第3版。
② 《湖北之公路工程》,《道路月刊》第53卷第1期,1937年。
③ 星寒:《湖北省道近况》,《时事新报》1935年8月31日第3张第3版。
④ 陈琮:《湖北省道交通概况(二)》,《汉口商业月刊》第1卷第11期,1934年。

山。此外当局有意开辟武昌至徐家棚路线，后因乘客有限，故将两路合并，即以沿江堤路为该路路线，计设立汉阳门、徐家棚、青山三车站。

武葛路。该路于 1934 年 4 月修筑完成，6 月 1 日通车。初始设计以武葛路经九峰山之线为正线，以沿江经白浒山、吴家桥之线为支线，然后会车于九峰之凉亭集。后因乘客有限、营业情况较差遂裁撤支线，全线最终设有鲁家巷、王家店、九峰（即凉亭）、新店、葛店五站，而以武珞路之东厂口站为起点。

图 3-1　武葛路桥

资料来源：《湖北之公路（二）：武葛路桥》，《汉口商业月刊》第 1 卷第 10 期，1934 年。

武梁路。即武昌至梁子湖的公路，该路原由商办武梁汽车公司所建，后因经营不善交由湖北省会公共汽车管理处管理。

梁子湖处武昌鄂城两县间，湖面宽广，港汊纷歧，沿湖富农产，饶鱼虾，只因运输不便，故货壅而不流。前曾有商办武梁公司通车该路，卒以公司立案未准，而办理又极腐败，早经政府禁止行车，停办年余，无力振刷。当省会公共汽车办事处成立之时，即奉令续办，以利交通，嗣以车辆缺乏，迟迟未能实现，迨七月下旬，续由建厅拨车五辆，于是积极筹备，始于八月一日通车。讵武梁公司异想天开，搜罗破旧货车二辆，居然于二日搭客运货，沿途生事，希图捣乱，迭经交涉，方始就范。该路自省会中和门外，直达梁子湖边，惟自凤凰山以往，歧为二途，一至北嘴，一抵莲苔洲，中经五里界、油坊岭、覃公庙等处，全路计长 79.66 公里。[1]

在上述公路之外，武汉地区还先后修建了金贺路、汉大路、武通路等公路（见表 3-2），其中金贺路"建于 1934 年，始称金（牛）贺（胜桥）公路，从鄂城县金牛至贺胜桥全长 30 公里，初为土路通车，武昌县境内 18.6 公里称铁贺公路"[2]。汉大路修建于 1933 年，由汉阳至大军山。武通路则由武昌经咸宁至通山。到抗战初期，"武汉一度成为抗战中心，公路建设加紧，1938 年已达 700 余公里，公私车辆已达 3000 台以上"[3]。

表 3-2　　　　与武汉相关主要通车公路统计（1937 年）

线别	路线名称	起讫经过地点	里程（公里）	路面种类
干线	汴粤汉界段	由汉口经黄陂麻城至小界岭	183.90	碎石
	汴粤武界段	由武昌经鄂城大冶辛潭铺至界牌	197.96	碎石
	京川柳汉段	由柳子港至汉口（与汴粤同线）		
	京川汉宜段	由汉口经应城沙洋当阳至宜昌	357.50	碎石及卵石
支线	武通段	由武昌经咸宁至通山	131.73	
	贺金段	由贺胜桥至金牛	30.00	
县道	黄逻段	由黄安经靠山铺至阳逻	91.99	
武汉近郊公路	武葛段	由武昌经青山至葛店	46.00	碎石
	武珞段	由武昌至珞珈山	8.50	碎石
	武金段	由武昌至金口	36.50	

---

[1] 陈琮：《湖北省道交通概况（二）》，《汉口商业月刊》第 1 卷第 11 期，1934 年。

[2] 武汉地方志编纂委员会主编：《武汉市志·交通邮电志》，武汉大学出版社 1998 年版，第 322 页。

[3] 武汉地方志编纂委员会主编：《武汉市志·交通邮电志》，武汉大学出版社 1998 年版，第 318 页。

续表

线别	路线名称	起讫经过地点	里程（公里）	路面种类
武汉近郊公路	金五段	由金口至五里界	33.78	
	武莲段	由武昌经凤凰山至莲台洲	56.10	
	凤北段	由凤凰山至北咀	28.40	
	武豹段	由武昌至豹子瓣	37.00	
	汉蔡段	由汉阳至蔡甸	30.00	
	蔡黄段	由蔡甸至黄陵矶	25.00	
	汉大段	由汉阳至大军山	30.00	

资料来源：《湖北之公路工程》，《道路月刊》第53卷第1期，1937年。

梳理民国时期武汉地区公路萌芽、发展史，我们可以看到，武汉三镇公路在这一时期虽有所发展，但其整体质量较差，主要体现在三个方面：一是线路极为有限，受限于资金及技术水平，武汉三镇公路中全国性的公路少见，多为近郊公路。二是路面质量较差，除少数线路为砂石路面外，大多数为土路，截至1935年6月，"湖北省已完成并通车之路线有二千八百二十四公里，县道六百另二公里，其中有路面者，计有一百三十余公里，余均为土路通车线"[1]，武汉公路的这一数据只会更低。路面大多为土路，直接使公路通行时间有限，"天雨或初晴，土路泥泞，即须停车"[2]。三是现代化的公路桥梁极为少见，直接影响通行质量。如仓水窑公路，"至过泥埠小河流，则用木虱船一艘接渡，惟此路至每年水涨时，湖地多半淹没，必待退落后始可行车"[3]。

第二节 客货运输的基本情况

受制于有限的公路线路及低劣的道路质量，民国时期武汉地区的公

---

[1] 星寒：《湖北省道近况》，《时事新报》1935年8月31日第3张第3版。
[2] 《湖北省道概况》，《中国建设》第3卷第5期，1931年。
[3] 《湖北民办汽车路概况》，《中国建设》第3卷第5期，1931年。

路客货运输水平明显较差，在对外交通形式中居于次要之地位。

一 商办到官办：公路运输企业的变迁

武汉地区的现代公路创设于20世纪20年代，最初主要由商绅集资修建。在修筑公路的同时，商绅亦组织兴办汽车运输企业，开展周边城乡的客货运输。这一时期，武汉三镇规模较大的商营汽车运输公司有6家（见表3-3），现将相关运营情况分述如下：

1. 武金长途汽车股份有限公司

该公司系由商人罗竺僧等人于1926年10月集资筹办，原定经营从武昌经金口至嘉鱼90公里线路。公司创始之初，就遭到了汉口人力车夫的反对，"谓武金汽车和商办公用汽车通行，便危及数万车夫工友的生命"，并"求各界援助"[1]，希望政府禁止其通车运行。其后，武金汽车公司虽开通了武昌至金口的运输路线，但运营却是风波不断。1927年初，湖北省建设厅认为该公司在资本金方面"并不履行协商条件遵出甘保各结及银行证明书"，且未能按照补修武金堤堤坝工程的约定，"增高培厚之尺度、堤面之做法"[2]，加之行车过程中与沿途农协会员多有冲突，遂勒令停车。后在多方调解之下，武金汽车公司获准营业，运营路线自武昌望山门，经新会馆、下花园、北关、石嘴、杨泗矶、严家码头至金口，全长34.56公里，有客车3辆。1929年，因业务清淡，开支增大，入不敷出而难于维持，武金汽车公司由商民汪履尘等接收，改名为致远武金汽车公司，仍旧运营原武昌至金口线路。

致远武金汽车公司成立后，主管汽车运输业务的湖北省建设厅认为其"承顶伊始，既未呈准本厅备案，复未遵照前颁保护办法，负责实行，私擅开车营业，殊属非是"[3]，要求公司执行保护武金堤办法并修

---

[1] 《车工总会反对武金汽车及汉口商办公用汽车》，《汉口民国日报》1927年2月11日第3张第2版。

[2] 孔庚：《湖北建设厅公函：第六三号》，《建设月刊》第1卷第1期，1928年。

[3] 《批致远汽车公司为承顶武金长途汽车公司继续营业因前公司移交案卷不全请将对于武金堤段负责办法抄发以便体察情形呈请核办由》，《湖北建设月刊》第1卷第11期，1929年。

缮堤坝。不得已之下，致远武金汽车公司对行车的武金堤进行了部分修缮，湖北政府当局派员查考，认为"该公司修理堤面计有三段，一新河，二阙家河，三阮家湖"，但是"三段工程仅将汽车驶行深辙用土添补，其他如杨四矶、阙河下、八铺街、花园等处所损堤面均未修复"，且认定"该公司对于巩固堤身、防止损坏之重要条件谓为无力遵办，实非由衷之言"①。在此情形之下，致远武金汽车公司的运营活动基本停止。1933年，该公司被收归省办。

2. 武豹长途汽车股份有限公司

该公司创设于1927年1月，由武昌人郑显卿、李华阶等人发起兴办，"规定股本银四万元，分四千股募收"②。1927年7月开始试营业，"以武昌大东门为起点，茶棚为终点，有车三乘，有客即开，不拘钟点"③。1927年9月，武豹全线通车，经营从武昌大东门至豹澥镇的客货业务。1929年，经南京国民政府工商、交通两部核准登记，湖北省建设厅立案发照，该公司成为湖北省最早由政府批准的商营运输公司。1930年，公司与武汉大学订立合同，经营武珞汽运专线，到1933年底，该路线因"武汉大学以不愿赓续，遂与建厅接洽承办"④。此后，武豹长途汽车股份有限公司专营武昌至豹澥线路，经营颇有声色，渐次翻修路面，兴建桥梁、涵洞，并从福佑寺起改变路线，将石牌岭一段废除，直达卓刀泉，同时将沿线路基扩宽，加铺碎石，全线晴雨通车。"至1935年，公司已拥有汽车14辆，其中小客车5辆，大客车4辆、货车5辆；有司机、修理、养路及管理人员计300余人。"⑤ 1938年日军进逼武汉，武豹公司被迫停业。

3. 武梁汽车公司

公司前身为"武昌县道筹备处"。1927年，杨经曲、张植安、舒百

---

① 《指令武泰武丰堤闸防守主任涂允钦据呈复查考致远金武汽车公司修理武泰堤路情形仰仍严饬依照原约履行》，《湖北水利月刊》第2卷第1期，1930年。
② 《湖北民办汽车路概况》，《中国建设》第3卷第5期，1931年。
③ 寒丙：《武豹长途汽车开驶》，《汉口民国日报》1927年7月19日第2张第3版。
④ 陈琮：《湖北省道交通概况（二）》，《汉口商业月刊》第1卷第11期，1934年。
⑤ 武汉地方志编纂委员会主编：《武汉市志·交通邮电志》，武汉大学出版社1998年版，第373页。

川等人发起招股、集资修筑武昌至梁子湖的公路,并经营汽车运输。1928年武梁路修筑完成,武梁汽车公司向安利、其来洋行赊购12辆汽车投入运营。营运路线有两条:武北线从武昌明伦街到梁子湖北嘴,沿途停靠5站,计长74公里;凤莲线由武昌凤凰山分路到莲台洲,停靠5个站长22.26公里。其后,湖北省当局强化对公路运输业务的控制,认定"该武梁汽车公司并未呈准立案,擅自购地筑路",且沿线占用田地"既不照证给价,又不按亩认赋"①。1933年,武梁公司被政府勒令停办。

4. 汉新长途汽车股份有限公司

1924年底,武汉汽车运输商李心尚、刘中杰、车凤清等发起筹建汉新长途汽车股份有限公司,计划沿川汉铁路之路基于汉口至新沟间进行客货运输。该公司于1928年正式营业,有小客车8辆,经营汉口至新沟37.44公里线路,每日往返两次,月收大约7500元,盈利2000余银元。然则好景不长,湖北省建设厅此时开始建设省办公路,其中之一就是汉口至宜昌的汉宜路,路线规划中就涉及汉新线。湖北省建设厅一方面强调"汉新汽车路,为省道汉宜路之一段,关系鄂西交通,至为重要"②;另一方面认定"该公司自创办以来,对于全路工程,既未分别举办,而一切设备,亦多因陋就简"③,不能保障行车安全,而且还借"本年八月二十四日发生翻车伤客情事"大加渲染,要求"亟应从速接收,以资整理"④。在此情形之下,汉新长途汽车股份有限公司于1928年10月被汉宜路管理局接管。

5. 武浠汽车股份有限公司

该公司于1929年11月由武昌县北乡人李善征等人集股创办,"规

---

① 《武梁路占民地》,《汉口中西报》1933年7月26日第2张第7版。
② 《函复汉口总商会展缓接收汉新汽车公司殊难照准由》,《湖北建设月刊》第1卷第5期,1928年。
③ 《批汉新汽车公司该汽车路已经省府议决改为省道并设局管理饬即遵照移交由》,《湖北建设月刊》第1卷第5期,1928年。
④ 《省政府令据建设厅呈报接收汉新长途汽车公司情形》,《湖北省政府公报》第17期,1928年。

定股本银四万元，分八百整股，每整股复分十零股"①。创设之初，有客车4辆，每辆可载18人；货车2辆，每辆可载1600斤；专用车1辆。原计划经营从武昌武胜门四马路经徐家棚、青山至白浒山线路，但"建厅未予以立案给照，但在武东路未开车以前，暂准该路自向家尾至白浒山一段照常营业"②。1934年，武浒公司由湖北省会公共汽车管理处接管。

6. 仓水窑汽车股份有限公司

1928年，在乡绅陶翌圣、林育梅的组织下，"由黄冈、黄安两县少数商民集资兴办，股本总额银四万元。分为一百整股，每整股分为十零股，分期募收，照章组织仓水窑长途汽车有限公司"③。公司主要经营两条线路：干线起自仓子埠，中经水尾嘴、高尾嘴、高坡嘴、杨家嘴、泥埠至窑头长25公里，支线从窑头到水口长7.5公里，两线共长32.5公里。"备有客车四辆，每辆可载客十四人，每客票取银六角；货车四辆，每辆约载重二吨，每吨可取价银六元五角。每月收支预算，可赢余千元之谱。"④ 1933年，该公司因亏损过多不得不停业。

1928年，石瑛接任湖北省建设厅厅长，开始逐步统一全省公路管理、建设运行权，大力筹办省道公路和省营公路运输企业。由此，湖北省建设厅先后收购商办汉新、武金、武浒、武梁四家长途汽车运输公司，并在汉先后设立湖北省汉宜路管理局、鄂东路管理局、湖北省会公共汽车管理处，以官办形式经营武汉三镇通向鄂中、鄂东、鄂南等处的长途汽车运输。

湖北省汉宜路管理局于1928年9月成立，因主要管理汉宜路，故局址设在汉宜路的起点硚口。成立之初，该局有汽车12辆，营运路线由硚口至蔡甸、新沟，全长39公里。1929年开设硚口至杨家泽线路，全长165公里。1930年冬，复开通汉口经蔡甸、新沟、莫家河、长江

---

① 《湖北民办汽车路概况》，《中国建设》第3卷第5期，1931年。
② 《湖北民办汽车路概况》，《中国建设》第3卷第5期，1931年。
③ 《湖北民办汽车路概况》，《中国建设》第3卷第5期，1931年。
④ 《湖北民办汽车路概况》，《中国建设》第3卷第5期，1931年。

埠、应城至皂市的线路，客货车增至 36 辆。1934 年汉宜路全线通车，全长 397 公里，营运线路 372 公里。每日开行汉口安陆间、汉口应城间、汉口天门间、汉口杨家降间、汉口沙洋间、汉口沙市间往返各两班，另开行汉口皂市间、沙洋沙市间往返各一班。①

表 3-3　　1927—1938 年武汉地区商办汽车公司营运情况

公司名称	营运时间	营运线路	营运车辆数	里程（公里）	停靠点	备注
武金长途汽车股份有限公司	1927.6—1931	武昌—金口	3	34.56	武昌望山门、新会馆、下花园、北关、石嘴、杨泗矶、严家码头、金口	1933 年收归省会汽车管理处
武豹长途汽车股份有限公司	1927.7—1953	武昌—豹子澥	14	32	武昌大东门、石牌岭、卓刀泉、鲁巷、五角塘、茶棚、广家岭、宗黄桥、八角村、豹子澥	1953 年与武昌县汽车公司合营
武梁汽车公司	1928.11—1935.2	武昌—梁湖北嘴	12	57.40	武昌明伦街、壕沟、葛店、油坊岭、凤凰山、罗家桥、北嘴	1935.2 月停办，7 月收归省办
		武昌凤凰山—莲台洲		22.26	凤凰山、凉马坊、兴隆庵、罩公庙、高峰寺、莲台洲	
汉新长途汽车股份有限公司	1928 年间	汉口—新沟	小客车 8	37.44	汉口玉带门、舵落口、额头湾、蔡家台、新沟	每日每车两班，同年 10 月收归省办
武浒汽车股份有限公司	1929.11—1934	武昌—白浒山	7	35	武昌武胜门、徐家棚、青山、白浒山	1934 年由省会汽车管理处接办

---

① 陈琮：《湖北省道交通概况（一）》，《汉口商业月刊》第 1 卷第 10 期，1934 年。

续表

公司名称	营运时间	营运线路	营运车辆数	里程（公里）	停靠点	备注
仓水窑汽车股份有限公司	1929.1—1938	仓埠—窑头	10	25	新洲仓埠、水尾嘴、高坡嘴、杨家嘴、泥嘴、窑头	1938年路毁车坏停业
		窑头—水口		7.5	窑头、水口	

资料来源：武汉地方志编纂委员会主编：《武汉市志·交通邮电志》，武汉大学出版社1998年版，第375页。

湖北省鄂东路管理局成立于1930年8月，最初设立筹备处，同年10月定为二等局，地址在汉口三元里永清街。成立之初，该局主要负责经营汉口至黄陂41.5公里的汽车客运，有代客车10辆。后增办汉口岱家山货运，有货车两辆，每车载货1吨。1932年初，汉口至麻城公路全线通车，营运路线扩展至麻城，线路增至126公里，汽车增至12辆。[①] 1932年七省公路会议召开后，鄂东路被认定为"军事要道"，线路继续扩张，延伸至黄安（今红安）、麻城、罗田、广济、圻水（今浠水）和英山一带。1933年，鄂东路局与汉宜路局合并为汉宜鄂东路局，但实质上仍是独立管理机制。

湖北省会公共汽车管理处于1933年7月在武昌成立，总站设在武昌平湖门，主要经营武昌近郊及鄂南各线客货运输。经过多次对商办运输企业的收购及少量自建线路之后，湖北省会公共汽车管理处主要运营线路有（见表3-4）：武青线（武昌至青山）、武葛线（武昌至葛店）、武珞线（武昌至珞珈山）、武金线（武昌至金口）、鄂南线（黄石港至阳新）。到1935年，已有客货车辆25辆，其中客车21辆，货车4辆。[②]

---

① 武汉地方志编纂委员会主编：《武汉市志·交通邮电志》，武汉大学出版社1998年版，第376页。

② 武汉地方志编纂委员会主编：《武汉市志·交通邮电志》，武汉大学出版社1998年版，第376—377页。

表3-4 湖北省会公共汽车管理处主要线路一览（1934年1—6月）

时间	通车路线 名称	数目	里程（公里）	站数	客车数	员工人数
1月	武珞	1	5.6	2	4	16
2月	武珞	1	5.6	2	4	16
3月	武珞	1	5.6	2	7	20
4月	武珞 武青	2	17.7	5	7	42
5月	武珞 武青	2	17.7	5	9	73
6月	武珞 武青 武葛	3	67.3	13	9	96

资料来源：陈琮：《湖北省道交通概况（二）》，《汉口商业月刊》第1卷第11期，1934年。

1935年7月，为进一步强化对全省公路的统一管理经营，湖北省政府成立湖北省公路管理局，隶属省建设厅。上述湖北省汉宜路管理局、湖北省鄂东路管理局、湖北省会公共汽车管理处全部并入湖北省公路管理局，局内设秘书室、总工程师室及车务、机务、会计等科室，工作人员147人。局下设鄂东、鄂中、鄂北、鄂西、鄂南5个车务段及羊楼洞、武穴两个独立分段，共计线路24条，设车站237个，停靠点31处，有营运汽车268辆，营运里程达4016公里。[①]

自20世纪20年代至武汉沦陷前，短短十余年间，武汉公路运输企业由以商办为主转为以官办为主，其变动不可谓不剧烈。在从商办到官营的过程中，为实现目的，以湖北省建设厅为代表的地方当局对商办公路运输企业的打压可谓不遗余力，或以公路路面设施较差，要求商办公司铺砂补修；或以商办企业移交注册案卷不及时；或以企业股份资本金不能保证；或以出现交通伤人事故等诸多借口，行侵害之事实。政府与民间的激烈交锋，往往会酿出事故。如湖北省会公共汽车管理处开设的武青路，与商办武浒汽车公司想运营的线路基本重合，双方自是矛盾冲突不断。在官方的话语体系中，武浒汽车公司"以不正当手段，唆伎

[①] 武汉地方志编纂委员会主编：《武汉市志·交通邮电志》，武汉大学出版社1998年版，第377页。

(使）司机与该处行驶中途之车辆为难，迭有扭殴司机撞伤车辆等事"①，但这些冲突实则反映的是政府当局对商办企业权益的侵害。究其根本，除地方政府力图控制汽车运输的运营管理之外，最关键的乃是利益之争。如湖北省建设厅在意图收回武金路运营权时，虽以妨害武金堤堤坝安全等原因要求武金汽车公司停运，但真正的原因是觊觎这一线路的巨大利益，当局曾派员调查，认定"该公司接办以来将近两载，每日汽车收入约百四五十元，即以二十个月计算，已在八万元以上，除开支二三万外，赢余尚不在少数"②。由此大致可推断湖北省建设厅力图将公路事业由商办收归公营根本上是为了扩充地方政府财政收入。

二　有限的客货运输

武汉地区的公路客货运输起源于 20 世纪 20 年代的商办汽车公司。到 30 年代，客货运输有一定的发展，但受制于稀疏的营运线路、破烂不堪的公路基础设施以及状况频出的汽车硬件，武汉三镇的公路客货运输在整个交通体系中呈弱势之地位。

客运方面，主要运营线路可分为三大方向，即汉宜路、鄂东路和武汉近郊公路。三大线路的客运人数起伏不定，但总体数量相较铁路、航运等形式明显较低。以汉宜路、鄂东路为例，1933 年 3 月至 1934 年 6 月的 16 个月间，两路的总客运人数仅仅 269952 人次（见表 3-5），平均每月为 16872 人次，两路所经车站近 70 个，每座车站每月人流量大约 240 人。

表 3-5　汉宜路鄂东路两路乘客人数统计（1933 年 3 月—1934 年 6 月）

时间		汉宜路乘客人数	鄂东路乘客人数	每月统计
1933 年	3 月	1938	7141	9079
	4 月	1448	5992	7440

---

① 陈琼：《湖北省道交通概况（二）》，《汉口商业月刊》第 1 卷第 11 期，1934 年。
② 《指令武泰武丰堤闸防守主任涂允钦据呈复查考致远金汽车公司修理武泰堤路情形仰仍严饬依照原约履行》，《湖北水利月刊》第 2 卷第 1 期，1930 年。

续表

时间		汉宜路乘客人数	鄂东路乘客人数	每月统计
1933 年	5 月	2317	5999	8316
	6 月	1761	4732	6493
	7 月	2108	7268	9376
	8 月	2285	9187	11472
	9 月	2773	12254	15027
	10 月	3970	12131	16101
	11 月	5944	15983	21927
	12 月	7644	15492	23136
1934 年	1 月	8897	17539	26436
	2 月	6708	16168	22876
	3 月	10099	23274	33373
	4 月	5799	11610	17409
	5 月	5194	12816	18010
	6 月	6658	16823	23481
总计		75543	194409	269952

资料来源：陈琮：《湖北省道交通概况（一）》，《汉口商业月刊》第 1 卷第 10 期，1934 年。

具体到武汉地区，其数字更是惨不忍睹。据统计，1935 年 7 月，鄂东路武汉地区的车站相互之间的出发到达人数仅为 4081 人（见表 3-6）。值得注意的是，在这些车站中，汉口站的到达出发人数并不是最多，反倒是横店与黄陂之间往来人流颇为频繁，自横店出发到黄陂的有 962 人，由黄陂出发到横店的有 878 人，实际显示了这一时期公路运输的短途化特征，即大多数乘客的出行距离以短途为主，长途出行较为罕见。

相较汉宜、鄂东二路，武汉近郊公路运输因其临近武昌得天独厚的优势，其客运人数较为发达，且基本呈增长之趋势（见表 3-7）。某种意义上来说，武汉近郊公路运输一定程度承担了三镇民众周边出行的主要职责，已经带有明显的公共汽车属性。

表3-6　湖北省公路管理局鄂东段武汉境内各站乘客往来人数统计（1935年7月）

出发站＼到达站	汉口	戴家山	滠口	横店	高庙	黄陂	普安寨	靠山店	李家集	柳子港	到达人数合计
汉口		31	21	102	24	320	4	1	3	6	512
戴家山	27		13	2		2					45
滠口	4	9		430	5	40					488
横店	12	2	85		37	878	53	2	6	1	1076
高庙	7		7	57		18					89
黄陂	534	8	105	962	20		56	3	2	1	1691
普安寨				18		63		15	4	27	127
靠山店	1			4		3			1	2	12
李家集	5			1		3	9			3	21
柳子港	2			2		1	10		5		20
出发人数合计	592	50	231	1578	86	1328	134	21	21	40	4081

资料来源：《湖北省公路管理局鄂东段各站乘客往来人数统计表（二十四年七月份）》，《公路半月刊》第1卷第2期，1936年。

表3-7　湖北省会公共汽车管理处乘客人数一览（1934年1—6月）

月份＼路别	武珞路	武青路	武葛路	包车	合计
1月	9850				9850
2月	9837				9837
3月	14843				14843
4月	17690	2756		225	20671
5月	17860	5433		1400	24693
6月	13203	4353	3686	308	21550
总计	83283	12542	3686	1933	101444

资料来源：陈琮：《湖北省道交通概况（二）》，《汉口商业月刊》第1卷第11期，1934年。原表数据统计有误，已更正。

为方便旅客出行，商办汽车公司主要在沿线设站，但设施极为简陋，基本上就是路边停车。湖北省建设厅介入公路运输事业后，开始设置固定车站售票并发送旅客，但大部分停车场地仍显局促狭小，大多数仍为路边停车。

图 3-2 武昌汉阳门车站

资料来源：湖北省公路管理局印行：《湖北省公路管理局成立周年纪念特刊》，湖北省公路管理局1936年版。

与客运相比，货物运输更显落寞。武汉三镇的商办汽车运输公司虽配有货车，但极为稀少，如武豹长途汽车公司仅有货车1辆，可载货1680斤；仓水窑汽车运输公司的货车较多，有"货车四辆，每辆约载重二吨，每吨可取价银六元五角"[①]；武金路汽车公司货车亦仅有1辆。1928年汽车运输业大部收归省办后，货运业务也不见明显增长。1933年3月至1934年6月，汉宜、鄂东两路的货运收入一直在低维度徘徊

① 《湖北民办汽车路概况》，《中国建设》第3卷第5期，1931年。

不前（见表3-8）。

表3-8 汉宜鄂东路货运收入一览（1933年3月—1934年6月）

时间	收入	货运收入		每月统计
^	^	汉宜路	鄂东路	^
1933年	3月		261.54	261.54
^	4月			
^	5月	143.62	88.53	232.15
^	6月	76.28	109.76	186.04
^	7月	60.09	935.53	995.62
^	8月	82.00	422.49	504.49
^	9月	105.76	1662.83	1768.59
^	10月	374.25	1301.71	1675.96
^	11月	394.86	1610.22	2005.08
^	12月	650.68	1328.92	1979.60
1934年	1月	1154.74	1178.75	2333.49
^	2月	708.81	984.13	1692.94
^	3月	2274.18	988.64	3262.82
^	4月	2341.74	374.29	2716.03
^	5月	1069.23	594.57	1663.80
^	6月	1021.53	496.66	1518.19
总计		10457.77	12338.57	22796.34

资料来源：陈琮：《湖北省道交通概况（一）》，《汉口商业月刊》第1卷第10期，1934年。原统计数据并未标注单位，推测应为元。

湖北省公路管理局成立后，全省客货运输虽有所增长，但幅度有限。"1935年7月—1936年7月，全局完成货运量1.2万吨，货运里程43.3万公里；客运量106.5万人次，客运里程289.5万公里。客货收入147.93万元，年盈利额为3.95万元。"[①]

[①] 武汉地方志编纂委员会主编：《武汉市志·交通邮电志》，武汉大学出版社1998年版，第377页。

纵观民国时期武汉三镇的公路运输事业，从无到有，从商办到官营，虽呈持续发展之趋势，但实际上整体质量较差，问题不断。如1934年的统计显示，汉宜鄂东"客货车辆，过去各仅八部，大都机件朽蚀，驶用超过五年以上，早达报废年龄，不但不敷支配，且常停坏中途，无法驶行。日常运务，半系租用商车，以为帮助"①。探究背后之原因，不外乎以下几点：

一是公路线路的规划以"剿匪"为目的，不符合经济发展规律。1932年七省公路会议之后，公路建设的规划以"剿匪"为主要指向，无视经济发展之需要，直接导致各线路"沿途各市镇乡村，在路线较远，票价较高之地，或系新复匪区，人烟稀少；或非商业重镇，市面寥落"②。

二是客运票价定价较高，直接限制了民众采用公路交通的热情与可能。"一二百里路之高贵汽车票价，已等下农一月或半月生活之资"，如此高价之下，"通常乘车旅客，仅少数士绅与中商阶级以上，而一般民众，均无高价购买力，可以乘车"③。

三是铁路、水运交通方式的竞争。仍以汉宜路、鄂东路为例，"汉宜路有汉水与之平行，其轮船航线，殆与路线相终始。每年由三月至十一月，约有商轮八九家长期竞运"；而"鄂东路自汉口起讫黄陂以西，均在平汉铁路之侧，每日火车开行横店花园间，往返共有六次"。加之"轮船火车，夹带行李货物，大都不受限制；汽车决无此项便利，致使省道营业，坐被夺取"④。

四是因为整体经济的落后尤其是以汉口为代表的城市经济发展的停滞不前。大部分公路沿线的城市、市镇经济发展较弱，进出口货物极为有限，"只有麻城宋埠、天门棉花成庄，其余如皂市、沙洋之米粮输出

---

① 陈琮：《湖北省道交通概况（一）》，《汉口商业月刊》第1卷第10期，1934年。
② 《据呈赍汉宜鄂东两路二十二年收入一览表请鉴核仍仰锐意整顿随图发展表存备查》，《湖北省政府公报》第44期，1934年。
③ 陈琮：《湖北省道交通概况（一）》，《汉口商业月刊》第1卷第10期，1934年。
④ 《据呈赍汉宜鄂东两路二十二年收入一览表请鉴核仍仰锐意整顿随图发展表存备查》，《湖北省政府公报》第44期，1934年。

额皆甚少",尤其是汉口自 1931 年大水后,"市面陷于不景气,土货到市,往往不能抢销,时间效力一失,商家遂舍急就缓,多用挑夫或船只转运,不愿出高价交汽车输送"①。故从本质来说,汉口城市经济发展的好坏一定程度上决定了公路运输事业发展的景气程度。

---

① 陈琮:《湖北省道交通概况(一)》,《汉口商业月刊》第 1 卷第 10 期,1934 年。

第四章　中部邮电中心的形成与航空事业的初创

传统社会时期，武汉三镇的邮驿体系较为发达，是中西部的邮驿中心所在。现代邮电方式传入中国后，武汉（汉口）因其重要的地理位置及在全国经济版图中不可或缺的重要地位，亦发展成为中部地区邮电中心所在。

第一节　从大清邮政到中华邮政

明清时期，武汉三镇的邮政以传统的邮驿系统为主。汉口开埠后，租界纷纷创设"客邮"。在争夺邮政主权、利权的刺激下，清廷创设了现代邮政体系，但基本被西方列强把持，直至20世纪20年代，三镇邮政主权方部分被收回。

一　外国在汉邮局的设立与裁撤

汉口租界辟设后，各国相继设立由本国政府管辖的邮局，即所谓之"客邮"。"客邮"是对中国邮政主权的侵犯，但客观上促进了武汉三镇邮政体系的现代化。

（一）汉口"客邮"的基本情况

外国人在华设置邮局最早可追溯至乾隆年间，"西人来华贸易者日众，聚集闽粤，每于趸船上及贸易监督驻所，悬一信箱，备侨民之通信，是为信箱（Postale）名称见于吾国之始"①。1840年鸦片战争后，邮政主权逐渐沦于西方列强。英国最早在香港设立邮局，归英政府管辖，并逐渐推广至各通商口岸。其后，其他诸国纷纷效仿，在通商口岸相继设立由本国管辖的邮局，谓之"客邮"。"这些所谓客邮局组织上属他们本国邮局领导，邮件上贴的便士、法朗（郎）、美金、日元和卢布邮票。盖的是他本国文字的邮戳，按照他们的'国内邮资'收寄邮件，在我国领土上，行使他们本国的邮政章程。他们不但收寄本国侨民的邮件，也收寄中国人交寄的邮件；不但收寄与他们本国来往的邮件，而且收寄中国之内各地方寄的邮件。"②

据统计，自1840年设立邮局至1922年取消"客邮"的八十余年间，西方列强在中国设置各类邮局156所，其中英国15所，分布在"厦门、广东、芝罘、福州、汉口、海口、宁波、上海、汕头、天津、威海卫、喝（喀）什葛尔及西藏内地三所"；法国14所，分布在"厦门、广东、芝罘、汉口、梧州、濛日、宁波、北海、北京、上海、天津、重庆、云南、广海"；日本最多，达46所，分布在"汉口、福州、芝罘、长沙、镇江、杭州、九江、南京、牛庄、北京、山海关、沙市、上海、苏州、汕头、天津、塘沽、芜湖、青岛、济南及东三省各地"；美国亦有36所，分布在"苏、浙、鲁、皖、直、鄂、湘、粤、闽，每省四所"；德国有17所，"于民国六年三月十五日对德宣战时，被吾国全部封锁"；俄国28所，"自驻华俄使与领事撤废后，即全部被中国封锁"③。

1861年汉口开埠后，英、德、法、俄、日等国在汉口纷纷设立租界。为方便通信往来，他们无视中国主权，在租界内设置邮局。各国依据具体情况，开设邮局等级、业务类别亦有所不同。

英国驻汉口领事馆于1872年首先在汉口英租界天津路2号设邮政

---

① 楼祖诒：《中国邮驿发达史》，昆明：中华书局发行所1940年版，第338页。
② 武汉邮政志编纂办公室编：《武汉邮政史料》，武汉地方志办公室内部印行1983年版，第39页。
③ 《在华客邮之调查》，《时事新报》1922年8月2日第3张第1版。

代办所1处，属香港邮局领导。除收寄信函、包裹外，还办理汇兑业务，"所有函件均由来往航行于沪汉间的英籍商船运到上海，再由设在上海和香港的英国邮局中转中国国内、国外其他各地"[①]。据江汉关的报告，"每月能收1500美元"[②]。邮局起初只收寄在汉各国侨民的邮件，后来才兼为中国人办理业务。

法国驻汉口领事馆于1899年在汉口法租界设一等邮局1处，属法国巴黎邮局直接领导，收寄邮件按国际邮资标准收费。1901年该局收寄信达两万件，投递信件5000件，同年9月开办邮政汇兑与包裹邮寄业务。[③] 法国邮局的"主要顾客为法国、比利时、卢森堡等西欧国家应聘在汉的工程技术人员、部分商务侨民及外籍旅游者等"[④]。

德国驻汉口领事馆于1900年在汉口德租界一元路2号设邮政分局1处（又称"大德书信馆"），邮资以马克计算。1900年邮局"收到信件80000封，包裹350件；寄送信件66000封，包裹500件"[⑤]。此外，德国邮局还开设了一个电话局，并有74户电话用户。汉口德国邮局不仅办理寄往德国和欧洲各国的平信、明信片、挂号信、包裹等邮件，而且还可办理通过其他各地的德国邮局寄往西亚土耳其、大洋洲澳大利亚等国的各种邮件的业务。第一次世界大战爆发后，1917年中国与德国断交。经交通部决定，于同年4月25日将所有在华德国邮局、代办所、信箱等一律裁撤，汉口的德国邮局一并被撤销。

俄国驻汉口领事馆于1900年在汉口俄租界"巴公房子"设邮局1处，"只经营寄往俄国的邮政业务，信函由茶叶货船带回国内"[⑥]。1919

---

① 陈波：《汉口五国租界"客邮"始末》，《集邮博览》2004年第6期。
② [英]穆和德等：《江汉关十年报告（1882—1931）》，李策译，武汉出版社2022年版，第59页。
③ 武汉地方志编纂委员会主编：《武汉市志·交通邮电志》，武汉大学出版社1998年版，第525页。
④ 陈玥：《从多元到整合的晚清汉口邮政——以江汉关博物馆馆藏为视角》，《集邮博览》2018年"大龙邮票与清代海关邮政——大龙邮票诞生140周年特刊"。
⑤ [英]穆和德等：《江汉关十年报告（1882—1931）》，李策译，武汉出版社2022年版，第59页。
⑥ [英]穆和德等：《江汉关十年报告（1882—1931）》，李策译，武汉出版社2022年版，第60页。

年7月，苏俄政府宣布放弃沙俄因缔结不平等条约而享有的在华一切特权。次年9月，中国政府通知苏俄在华邮局停办"客邮"，遭到汉口、北京、张家口等地苏俄邮局局长的抗议，后在地方政府的斡旋下，俄国在华邮局于1921年2月被全部撤销。

日本早在1897年即聘请美国代理领事（旗昌公司代理人）克宁汉（Cunninghan）为日本在汉口代办邮政。1899年9月，日本领事馆在法国租界领事馆附近正式开办邮局，当年底业务收入已达4700余元，平均每日收汇1000元，送达信件2.48万余封，代金兑换信封8500余元。① 汉口日本邮局运送北京、上海等地的邮件隔日1班，并从上海、南京等地利用邮包装货到汉口以逃避海关税收；运送长沙、宜昌等地的邮件每周3次；汉口至宜昌、沙市、岳州、新堤等地的邮件由日本轮船包运。自1899年开办到1901年底，汉口日本邮局"共收到信函28781件、包裹266件，投递信函70102封、包裹689件；汇出款额31253美元，支付汇款金额3757美元。这几年的收入总额2880美元"②。邮局下设1个储蓄所，开展汇兑业务，1901年存款有5168美元。

到1906年，日本在汉口设立了相对完善的邮政体系，设有一等邮局1处，在日租界日中街（今沿江大道沈阳路口）；"邮便分局二：一在俄租界玛林街第四十七号，一在法租界德领事街第二十四号；信箱四：一在德租界胶州街、一在英租界太平街、一在中国地界河街、一在中国地界歆生路"③。

此外，日本人在武昌还设立有邮政所1座。该所"设立在东大街日本人俱乐部大楼的一间小房内"，"所内只有一个日本邮务人员，名叫今村直夫"④。武昌邮政所每天上午9时至下午5时营业，接收各类平

---

① 武汉地方志编纂委员会主编：《武汉市志·交通邮电志》，武汉大学出版社1998年版，第526页。
② [英]穆和德等：《江汉关十年报告（1882—1931）》，李策译，武汉出版社2022年版，第59—60页。
③ 交通铁道部交通史编辑纂委员会编辑：《交通史·邮政编》，南京：交通铁道部交通史编纂委员会1930年版，第1322页。
④ 《邮务帮办J. H. 尤理查关于武昌"日本邮政所"的报告》，武汉邮政志编纂办公室编《武汉邮政史料》，武汉地方志办公室内部印行1983年版，第48页。

常邮件，主要为日本侨民服务，其中寄件发往五个地域，"居住在武昌的日本侨民，居住在汉口租界内的日本侨民，居住在当地设有日本邮政局所的中国各地日侨，日本帝国，联邮各国"；收信则"只投递给居住在武昌的日本侨民"①。

（二）"客邮"的裁撤

"客邮"的创设，一定程度上推动了中国邮政的近代化进程，但这是建立在侵犯中国邮政主权的基础上，故自晚清直至民国，政府为裁撤"客邮"与列强争论不已。光绪年间，"清廷屡与各国驻使交涉，要其撤消，然多推诿因循，亘数十年而未决"②。

民国建立后，裁撤"客邮"一事继续推进。1914年，中国加入万国邮政联盟。1920年，在西班牙马德里举办的万国邮政博议大会上，中国代表发表宣言，再次表达撤销"客邮"之意愿。同年6月，外交部照会英法美日驻京公使，要求撤销"客邮"。1921年，太平洋会议在华盛顿召开。中国提出《撤销客邮案》，指出"客邮依然存在，以事实言之，固同赘疣；以法理言之，实有伤国家之主权及邮政之尊严"③，故要求撤销所有"客邮"。会议最终议决同意中国政府之提案，撤销在华"客邮"。

1922年始，各国相继裁撤在华"客邮"，"广州、烟台、福州、汉口、海口、宁波、上海、汕头、天津之英邮局，将遵守华会决议，于十一月三十日左右撤销"④。到当年底，除日本在东北的"客邮"和英国在西藏的"客邮"以外，大部分"客邮"局才宣告撤销。

汉口"客邮"的裁撤与全国基本同步，但日本在汉邮局在撤销时，要求中国在汉口日租界设一邮政支局，支局人员必须懂日语、日文，而湖北邮务管理局竟然接受了这个要求，派高级邮务员前去任支局长。即

---

① 《邮务帮办 J. H. 尤理查关于武昌"日本邮政所"的报告》，武汉邮政志编纂办公室编《武汉邮政史料》，武汉地方志办公室内部印行1983年版，第49页。
② 楼祖诒：《中国邮驿发达史》，昆明：中华书局发行所1940年版，第340页。
③ 楼祖诒：《中国邮驿发达史》，昆明：中华书局发行所1940年版，第343—344页。
④ 《英国决撤在华客邮》，《时事新报》1922年9月9日第1张第2版。

使如此，但日本领事馆仍将邮件全部交给日本轮船办理。可见，虽然列强在名义上相继撤销了在华"客邮"，但在积贫积弱的旧中国，邮政主权并未被完全收回。

二 民信局的起起伏伏

民信局，顾名思义乃"民间信局"之意，主要从事民间邮件寄递服务业务，其主要相对于明清时期的官方邮驿及近代国家邮政而言。汉口因其重要的商业中心及交通枢纽地位，民信局发展颇盛，一度成为长江中游的中心所在。

（一）汉口民信局的兴衰

据考，民信局兴起于"明代永乐年以后，而以宁波为其中枢"[①]。民信局的出现与历史上的"绍兴师爷"息息相关，"是时之前，所有驿递，除供王事之用外，其组织及办法实未完备，是时积习，凡属缙绅之辈。宦游必携幕友，职备顾问，又兼案牍，伊等与各省往来函件甚多，民局之事业由是肇基焉。幕宾大都籍隶浙江绍兴，而宁波为绍兴之口岸，民局即滥觞于此。嗣后全国私立之信局，咸以此处为中枢"[②]。其后，由于商业往来的逐渐频繁，信息、商品等传递的需求持续增长，民信局"于清道（光）咸（丰）同（治）光（绪）之交为最盛，初仅沿海各省有之，后渐推广于内地，远届东三省及陕甘新疆。当其最盛时，全国大小信局，无虑数千家"[③]，"东西南北，无不设立。……大而都会，小而镇市，皆有其足迹焉。书函之外，银物亦可寄递，遗失者偿之"[④]。

在全国的民信局版图中，江浙地区大都将总局设在宁波、杭州和上海，东南沿海则设在福州，华北大多设在天津，长江上游地区多设在重庆，汉口则为长江中游的中心所在。汉口可考最早的民信局为创办于道

[①] 张梁任：《中国历代邮制概要》，《东方杂志》第32卷第1期，1935年。
[②] 楼祖诒：《中国邮驿发达史》，昆明：中华书局发行所1940年版，第345页。
[③] 张梁任：《中国历代邮制概要》，《东方杂志》第32卷第1期，1935年。
[④] 徐珂编撰：《清稗类钞》第5册《农商类·信局》，中华书局1984年版，第2290页。

光二年（1822）的胡万昌信局，创始人乃湖南人。该信局一直营业到民国年间，据《交通史·邮政编》所载，该信局当时设有 8 个分局，主要沿长江上游一线布置（见表 4-1）。

表 4-1　　　　　　　　　胡万昌信局基本情况一览

分局名称	汉口	沙市	宜昌	夔州	万县	重庆	成都
信资	60 文	60 文	60 文	40 文	30 文	—	40 文
日程	8—10 日	7—9 日	5—6 日	3—4 日	2—3 日	—	7—9 日
寄送回数	每月六回（重庆除外）						
寄送方法	水路（重庆除外）						陆路

交通铁道部交通史编纂委员会编辑：《交通史·邮政编》，南京：交通铁道部交通史编纂委员会1930年版，第40页。

晚清时期，汉口民信局迎来一波发展高峰。同治年间（1862—1874）汉口有民信局 11 家，光绪十七年（1891）发展至 27 家。[①] 到光绪三十四年（1908），"汉口一界有四十七家挂号民局。营业用于五十至八十名之信夫。经过一千七百里之寄路，总封信件增至七十七万之多"[②]。宣统二年（1910），受时局影响，数量有所下降，"在汉口之挂号民局二十三家，现仍存留其紧要之脚夫，信路乃系由汉口经樊城以抵老河口，又由汉口至羊楼洞及由汉口至沙市等路。然其紧要之营业，平常信件尤在其次，其重要之财源乃系由带寄货物、现银、钞票及信件内装有值价之物类所得"[③]。

进入民国后，汉口民信局数量基本维持在二十家左右。1924 年，在汉口邮政局登记的民信局有 22 家。[④] 1930 年，"汉口信局共计二十七

[①] 湖北省地方志编纂委员会编：《湖北省志·交通邮电》，湖北人民出版社1995年版，第718页。
[②] 《光绪三十四年邮政事情形总论》，《交通官报》第 3 期，1909 年。
[③] 海关邮政总署编印：《大清邮政宣统二年事务情形总论》，上海：海关邮政总署1911年版，第32页。
[④] 武汉邮政志编纂办公室编：《武汉邮政史料》，武汉地方志办公室内部印行1983年版，第60页。

家，专行汉口以上者（俗呼上河的信局）十一家，专行汉口以下者（俗呼下河的信局）十六家。已在邮局挂号者凡十七家。以走下河者居多数"。在 27 家民信局中，规模较大、比较重要的有"老福兴、乾昌、太古晋、协兴昌、政太全、福兴、正和协、全昌仁、全泰强、汪洪兴、李永隆、吴裕、陈永昌、胡万昌、森昌、全永盛、公利、张瑞丰、万昌诸家"①。到 1934 年，据南京国民政府交通部的统计，汉口有民信局总局 14 家，其他各地开设的分局 28 家。② 其后，伴随南京国民政府对邮政事业国有化进程的推进，民信局逐渐被取缔并最终消失在历史的烟云之中。

（二）汉口民信局的组织运营

民信局因起源于民间，故其规模简陋，"多不甚求形式之宏伟，每就隘巷小街，僦屋一廛设之。铺面高悬招牌，大书某某轮船信局，或仅某某信局。投送地点即详列于下方"③。民信局店员人数多少不一，多则数十人，少则二三人，但主要职务大致可分为八大类："1. 账司一人，2. 管柜一人（账司、管柜多由一人兼任），3. 收信物一人乃至四五人，4. 送信一人乃至四五人，5. 挑货一人（小局多无此人），6. 杂役一人（小局多无此人），7 厨役一人，8. 脚夫二三人乃至十余人（轮船信局多无此人）。"④

汉口民信局的内部组织架构与其他城市的民信局大同小异。通过对晚清时期汉口协兴昌信局的解剖大致能一窥汉口民信局的组织运行模式：

协兴昌信局东家姓朱，宁波人，其雇佣工人亦多为宁波人，该局之组织如下：

---

① 交通铁道部交通史编纂委员会编辑：《交通史·邮政编》，南京：交通铁道部交通史编纂委员会 1930 年版，第 37—38 页。
② 交通部年鉴编纂委员会编辑：《交通年鉴·邮政编》，南京：国立中央图书馆印刷所 1935 年版，第 61—80 页。
③ 谢彬：《中国邮电航空史》，上海：中华书局 1933 年版，第 21 页。
④ 张梁任：《中国历代邮制概要》，《东方杂志》第 32 卷第 1 期，1935 年。

账房一人，一个月五串；杂役一人，一个月二串；上街的四人，一个月五串；厨子一人，一个月二串；下河的一人，一个月二串。账房先生在账房受理邮件、收支金钱、记录账簿；上街的往来于各商店主顾间收集邮件或配送邮件；下河的搬运应发送之邮件于邮政局，或汽船邮件到达时，为受取之事；杂役为随时从事杂役者；厨子通常为一人，忙时亦有添至数人者。

该信局每日收入支出各约百余串。[1]

汉口民信局主要经营业务有五大类：一是普通信业，"与邮局业务相等，有时范围尤广于邮局，一般信局皆经营之"[2]。普通信业又分为特别信业、代寄包裹、挂号信物、汇兑款项四种。二是代派报纸，"多与各地报馆连络，批发大宗日报杂志，带往各埠，令送信人随时发卖"[3]。三是运送业，为旅客提供货物搬运服务。四是银行业，提供各种兑换钞票业务。五是商业及其他杂业。

汉口民信局业务地域范围大致可以分为两类，即"上河的，由汉口上扬子江者（凡行陆地者包含之）；下河的，由汉口下扬子江者"，其中下河的"属于轮船信局，已登录于邮政局者总计十七所，亦占下河的信局之大部"[4]。根据《中国经济全书》的记载，汉口上河、下河民信局的大致业务情况可见表4-2。

汉口民信局的邮资主要是依据路程远近而设置。在上水方向，去云南省及四川成都、丰都等地收200文；去河南省、湖南省、陕西省、贵州省及四川重庆收100文；去耒阳收60文；去安徽省及湖南郴州等地收50文；去益阳收40文；去常德收30文；去沙市、宜昌、长沙等地收24文。在下水方向，去山东省、广东省、福建省及天津、香港、北京、汕头、厦门、徽州等地收100文；去景德镇、淮安、清口、苏州、

---

[1] 日本东亚同文书院编：《中国经济全书》（第11册），线装书局2015年版，第197页。
[2] 谢彬：《中国邮电航空史》，上海：中华书局1933年版，第23页。
[3] 谢彬：《中国邮电航空史》，上海：中华书局1933年版，第24页。
[4] 日本东亚同文书院编：《中国经济全书》（第11册），线装书局2015年版，第192页。

嘉兴、杭州、绍扬等地收 70 文；去大通、蕲州、温州、江西、武穴、安庆、芜湖、泰州、运曹、九江、宁口、吴城、无锡、常州、扬州等地收 50 文；去兴国收 40 文；去上海和宁波收 80 文；去南京和镇江收 70 文。① 此外，为节约成本、提高效率，汉口民信局之间还交换邮件，互为转送，联合经营，形成通信网络，定时定线发运邮件。

表 4-2　　　　　　　　晚清汉口民信局业务情况一览

邮路方向	局名	发信定日	专行地名
上河方向	汪洪兴	三、八之日	湖北省、老河口、襄阳、樊城地方
	李永隆	三、八之日	湖北省及江岸地方
	吴永裕	三、八之日	江西省
	陈永昌	三、八之日	湖北、湖南、陕西、四川
	胡万昌	二、七、三、八、五、十之日	四川省、湖南省
	森昌	三、八、五、十之日	湖北省及江岸地方
	全泰盛	三、八、五、十之日	湖北省及江岸地方
	公利	一、六之日	四川省
	张瑞丰	三、八之日	江西省
	万昌	二、七、三、八、五、十之日	四川省、湖南省
下河方向	老福兴	依汽船之便者	此等皆往长江沿岸及长江下游以至北清及南清
	乾昌		
	太古普		
	协兴昌		
	政太源		
	正和协		
	全昌仁		
	全泰强		
	铨昌祥		
	福兴		

资料来源：日本东亚同文书院编：《中国经济全书》（第 11 册），线装书局 2015 年版，第 192—194 页。

① 武汉地方志编纂委员会主编：《武汉市志·交通邮电志》，武汉大学出版社 1998 年版，第 524 页。

汉口民信局发展的鼎盛期在晚清,由于现代邮政体系的不完善,故民信局的业务呈逐年增长之势(见表4-3)。

表4-3　　　　　民信局包封信件历年比较(汉口部份)

项目＼年别	1905年	1906年	1907年
邮件数	24121	26203	42817
比较上年增	4707	2082	16614
减	0	0	0
邮件重量	12832	11577	7697
比较上年增	2173	0	0
减	0	1255	3880

资料来源:武汉邮政志编纂办公室编:《武汉邮政史料》,武汉地方志办公室内部印行1983年版,第65页。原数据计算有误,已进行修正。

由表4-3可见,虽然汉口民信局所揽邮件重量有所降低,但邮件数有明显的上涨趋势。辛亥革命后,民国政府强化了对邮政事业的管理,对民信局实行种种限制,如提高邮运资费、不准自运邮件等。民信局业务每况愈下,揽件数、邮件重量虽偶有年份增长,但整体上的下滑之势不可阻挡(见表4-4)。

表4-4　　　　　湖北民局1930—1933年交寄之邮件数目

年度	包封数目	重量(公斤)	内装信件之数目
1930年	16,370	1,550	166,400
1931年	12,700	860	93,900
1932年	12,300	1,200	121,900
1933年	8,800	600	56,500

资料来源:交通部邮政总局编:《中华民国二十二年度邮政事务年报(第三十一版)》,上海:交通部邮政总局驻沪办事处印行,出版时间不详,第39页。

(三) 民信局的结束

民信局创设于现代邮政体系未建立之时,"在昔实为带递信物最可靠之机关"①。1840 年鸦片战争后，在西方列强的主导下，清王朝逐渐建立了现代邮政体系，但对民信局的打压控制亦随之开始。光绪二十二年（1896），总理衙门在奏设创办现代邮政折中称："凡有民局，仍旧开设，不夺小民之利益，并准赴官局报明，领单照草，帮同递送。"②光绪二十三年（1897），大清邮政的主要操盘手——海关总税务司赫德专门就如何处理民信局致电总理衙门，赫德一方面承认民信局"已多历年所，弥漫全国"，且"已造成一种良善生活，并以妥当与便利之方法为多数人递送函件包裹等物，故其地位极为重要"；另一方面强调对民信局"须加以整理，又令凡经注册者，得送发各埠间之邮件等物于大清邮政局。又关于传递信函等物于内地各处，皆收揽彼等为大清邮政局之代办机关"③。光绪二十五年（1899），清廷正式颁布《大清邮政民局章程》，其中对民信局的登记注册、业务往来、邮递资费、挂号领据等进行了详细约束："凡未挂号民局及他项商民，擅自私行收寄投送邮政应寄之信函为业者，一经察悉，每一封可酌量罚银五十两。"④

除在业务经营和发展上进行管控外，清廷还在邮政运输工具上对民信局设置诸多障碍。光绪二十九年（1903），外务部在核准运邮章程时就规定："铁路只允中国邮政官局运送包件，其民局及别国官局邮件概不准行运送。……嗣后铁路推广各处，均须照此章程办理。"⑤ 同年，汉口邮政总局邮政司多诺分对汉口民信局借用铁路运送信件一事特地报告，要求制定章程予以禁止：

> 本处有未挂号之民局袁万昌、已挂号之轮船信局胡万昌，均系早有借汉口铁路运送内地信件之事，现经查出，核与邮政铁路互议

---

① 谢彬：《中国邮电航空史》，上海：中华书局 1933 年版，第 17 页。
② 楼祖诒：《中国邮驿发达史》，昆明：中华书局发行所 1940 年版，第 346 页。
③ 楼祖诒：《中国邮驿发达史》，昆明：中华书局发行所 1940 年版，第 347 页。
④ 交通铁道部交通史编纂委员会编辑：《交通史·邮政编》，南京：交通铁道部交通史编纂委员会 1930 年版，第 51 页。
⑤ 仇润喜主编：《天津邮政史料》第二辑上册，北京航空航天大学出版社 1989 年版，第 167 页。

章程一、二两条不符，亟应设法禁止。惟必另订章程，俾挂号民局可将信包送交官局。由铁路寄送内地，方足以安众志，声请核示办法等因，到本总办。准此，查官局代民局由邮船运送信包，向已立有定章，必先到局挂号，其包均系按磅纳资，旋经数国在华纷设邮局，时势变更，逐将民局包费豁免，业经申办有案。惟是邮船运送，不过由此口带往彼口，地属通商口岸，与内地情形迥殊。今代挂号民局由铁路运送包件，均在中国腹地，自不得豁免包费，应按口岸民局初定带包章程办理，每磅改照新章纳减费以归复当日树立基础之意，方为合宜。①

民国建立后，原为西方列强掌控的邮政主权被收回，但出于强化管理以及增加财政收入的原因，民国政府采取了更为严厉的措施管控直至取缔民信局。1912年，"上海各民局联名禀请政府，要求寄递自由"，但被"交通部严行驳斥"，后虽成立"上海信业联合会，希图抵制官局，卒无效果"②。1921年，交通部颁布《邮政条例》，规定："除认可之民局视为代理机关外，无论何人概不得营邮局相同之业。"③南京国民政府成立后，民信局的取缔进程逐渐加快。1928年，"全国交通会议议决，所有各处之民信局，应一律取销"，后因考虑行业"员工众多，失业堪虞"，特别制定"民信局暂行挂号领照办法五条，俾遵章挂号领照之民信局得暂行继续营业"，但要求"其所收信件应作为总包计重纳费，悉交邮局寄递"④。

此后，交通部加快了取缔民信局的进度。1933年，交通部饬令邮政总局，要求所有民信局在1934年底前全部停业。一时之间，各地民信业同业组织纷纷上书交通部，请求延期执行。⑤ 交通部则认为"查取

---

① 中国近代经济史资料丛刊编辑委员会主编：《帝国主义与中国海关》第十二编《中国海关与邮政》，科学出版社1961年版，第142页。
② 楼祖诒：《中国邮驿发达史》，昆明：中华书局发行所1940年版，第348页。
③ 张心澂：《中国现代交通史》，上海：良友图书印刷公司1931年版，第596页。
④ 楼祖诒：《中国邮驿发达史》，昆明：中华书局发行所1940年版，第348页。
⑤ 《民信业年底停业恐慌》，《申报》1934年9月6日第4张第14版。

缔民信局，系为统一邮政起见"，且已"呈请行政院通令各在案，所请暂缓取缔一节，未便照准"①。不仅如此，交通部还"呈准行政院通令各省市政军警机关，协助邮局取缔"，一时之间，"汉口、杭州、长沙、南昌、济南、徐州、宁波、苏州、常州、松江、温州、镇江等地同业，已由当地警局，循该地邮局之请，劝令必须于年内结束"②。

在此情形之下，虽然社会各界对民信业的取缔多表同情，"民信局因有十万信客，将因此失业……民信局停业后，各小乡镇村里的邮信，如何递送收受"③，但在面对集裁判与运动员二者于一身的官方邮局面前，民信局毫无抵抗之力，在法律上被完全取缔。

颇为玩味的是，民信局在被取缔之后，社会上却对其颇为怀念。1935 年《晶报》就曾刊发题为《民信局之回忆》的文章。从内容中我们不难发现，与其说人们怀念的是民信局，倒不如说是优质的邮递服务：

> 交通部为了统一邮政起见，不许国内再有民信局发现，所以从民国二十四年一月一日起，取消以前优容民信局的办法。倘然再有不经邮局而私递信件的，就要拘捕。虽然还有几家民信局尚在挣扎抵抗，终究已到了没落时期。不过我们所希望的，民信局终归淘汰，而邮政局有整理改良的地方很多。政府不要攫取了民营事业，使人民有不便之感。我们回想到中国没有举办邮政的时候，人民的通信机关，靠着什么呢？那不是靠着民信局喔。譬如现在我们寄信、快僭挂号信，须自己送到邮局，平信等也自己投进邮筒，但民信局从前却是每日派人到各家各商店收取。无论银信货物，交于收信人，从无遗失。这是何等便利啊！虽然不贴邮票，但有一定的寄费，如商店中每日有信的，可以寄账，不必现付，到了三节算账，

---

① 《民信局限年底停业 交部不再通融》，《大美晚报》1934 年 9 月 29 日第 3 版。
② 《社会局等会同邮局剀切劝令民信局遵令停业》，《时事新报》1934 年 11 月 27 日第 3 张第 1 版。
③ 白露：《取缔民信局的话》，《北平益世报》1934 年 12 月 11 日第 2 张第 6 版。

还可以打折扣，这也是便利之一。收信往往有一定时刻，总在夜间九十点钟，商家惯例必在夜间写信。信写好了，便即收去，尤其是寄货物的便利，犹忆余有亲戚，在苏设一纱缎庄，而销路则在上海。民信局收信人每夜九点钟来庄将包扎好之纱缎货品取走，明日即已寄至上海（时尚流行脚划船，快捷不下于小火轮）。若今日寄一丝织物，在邮局中检验估价，尚须带有裁缝，将包口缝纫，至少将费时二点钟，而邮局中执事之面目更令人难受。我非谓民信局之不可废，所望邮局亦有民局之精神，所以日本称邮政为邮便，良有以也。①

三 现代邮政的基本情况

明清时期，武汉三镇拥有马递、水驿、步传多种邮递形式，当下耳熟能详的"十里铺""孟家铺"等地名实则都是当时的驿站名称，但此时的驿站主要以传递官方公文、军情为主，现代意义的邮政事业尚未出现。

（一）大清邮政的创设

中国新式邮政的发轫，"仍不外于欧风东渐之影响"②。《中英天津条约》第四款规定："大英钦差大臣并各随员等，皆可任便往来，收发文件，行装囊箱不得有人擅行启拆，由沿海无论何处皆可。送文专差同大清驿站差使一律保安照料。"③ 此后，该项工作主要由总理各国事务衙门办理，外国邮件主要通过驿站进行传递。同治五年（1866），因邮件事务众多，总理事务衙门将驻华使馆邮件（原由驿站代寄）转交海关总税务司办理传送。"总税务司兼办邮递，其始不过管理外国文件，然渐推而收寄普通人民信件，为我国暂委总税务司兼办邮政之嚆矢。"④

---

① 芳菲：《民信局之回忆》，《晶报》1935年1月18日第2版。
② 楼祖诒：《中国邮驿发达史》，昆明：中华书局发行所1940年版，第333页。
③ 王铁崖编：《中外旧约章汇编》（第1册），生活·读书·新知三联书店1957年版，第97页。
④ 楼祖诒：《中国邮驿发达史》，昆明：中华书局发行所1940年版，第334页。

海关总税务司甚至为此添设邮务办事处专司其职，中国邮政主权亦由此丧失。

光绪四年（1878），清廷"得复拟设北京、天津、烟台、牛庄、上海五处，略仿泰西邮政办法，交总税务司赫德管理"①。其后，各通商口岸纷纷开设邮政服务，且基本由海关管理。1878年12月19日，"汉口海关（江汉关）税务司惠达（F·W·White）开办汉口海关邮局，收寄公众信件，服务项目有收寄国际、国内信函、新闻纸、刊物、贸易契约等，并办理挂号函件"②。公文免费收寄，其余均照章购票交寄，由海关经理。到光绪十二年（1886），江汉关邮局在"汉口设一等局一个，派专职外籍邮务供事一人，设二等局一个由口岸税务司指定洋务办理。设三等局一个，设四等局一个，武昌设四等局一个，汉阳设四等局一个，统由华人负责办理接受和分发当地中国人的邮件"③。

"总税务司暨各关税务司兼办邮务渐同邮政局，然尚属试办，既无确定章程，且未经奉旨设立，不得为正式之邮政官局"④，加之"客邮"、民信局的竞争，且海关邮局仅限于通商口岸，甚为不便。为解决这一问题，光绪十八年（1892），赫德致电清廷，"谓数年来创办艰难，若再不奏请创设官邮政局以推广为抵制之计，恐将生枝节"⑤。其后，地方督抚李鸿章、刘坤一、张之洞等人亦多次上奏朝廷，要求开设官办邮政。

在多方呼吁之下，光绪二十二年（1896），清政府决定正式成立"大清邮政"，将海关邮局改称为"大清邮政官局"，并委派英人赫德为总邮政司，实际仍由海关兼办。光绪二十三年正月初一日（1897年2月2日），汉口海关邮局改称大清官局汉口邮区，仍为海关代管。

---

① 张心澂：《中国现代交通史》，上海：良友图书印刷公司1931年版，第589页。
② 武汉地方志编纂委员会主编：《武汉市志·交通邮电志》，武汉大学出版社1998年版，第527页。
③ 武汉邮政志编纂办公室编：《武汉邮政史料》，武汉地方志办公室内部印行1983年版，第94页。
④ 楼祖诒：《中国邮驿发达史》，昆明：中华书局发行所1940年版，第335页。
⑤ 楼祖诒：《中国邮驿发达史》，昆明：中华书局发行所1940年版，第335页。

1897—1904年，汉口邮区邮务长均由海关外籍负责人兼任。1905年，汉口邮政总局正式成立，开始逐步脱离江汉关。"1908年，汉口邮政总局设邮务总办，下分稽核、文案、巡查、办事4科，同年迁至汉口花楼河街口办公，始完全脱离海关。"[①]

汉口邮局营业范围甚广，除常规性的平常信函、挂号信函、印刷品、新闻纸、国内国际包裹之外，1898年还开通了汇兑业务，1906年在全国首开汉口至上海快递函件业务。

大清邮政官局汉口邮区成立之初，就被定义为区域邮政中心，是全国35个邮界之一，主要管辖湖北、湖南、河南三省。1903—1905年，还曾一度管辖陕西西安邮界。宣统二年（1910），清廷"重定邮政区域，改以行政区域为标准，计邮界十四、副邮界三十六，共为五十区"，"汉口总局辖宜昌、沙市、常德、长沙四副总局"[②]。

晚清时期武汉三镇城市经济的发展、城市功能的现代转型都对近代邮政事业提出了更高要求，也促进了武汉地区邮政事业的繁荣发展。1904年，"全国经办邮件6600万件，汉口经办500万件"[③]"汉口邮界汇款兑款各3.7万两（白银）"[④]。到1906年，这些数据均大幅攀升，全年收发邮件1875.63万件，汇款兑款额为17.50万两，包裹15.67万件。

（二）大一统的中华邮政

1911年10月10日，武昌首义爆发，革命党人成立湖北军政府。10月14日，湖北军政府通知汉口邮政总局总办英人海澜，发给通行证一张，以便邮政人员运送邮件，并派人来往护送。10月16日，湖北军政府都督黎元洪照会海澜，通知邮局照常办理邮政，并派稽查4人，分驻

[①] 武汉地方志编纂委员会主编：《武汉市志·交通邮电志》，武汉大学出版社1998年版，第527页。

[②] 张心澂：《中国现代交通史》，上海：良友图书印刷公司1931年版，第594页。

[③] 武汉地方志编纂委员会主编：《武汉市志·交通邮电志》，武汉大学出版社1998年版，第634页。

[④] 武汉地方志编纂委员会主编：《武汉市志·交通邮电志》，武汉大学出版社1998年版，第564页。

汉口、武昌两邮局。此外，军政府还拟定《暂定邮政办理章程》，对邮政事业做出相应规定：

湖北军政府《暂定邮政办理章程》

一、本局改为中华民国汉口邮政局，惟印花（邮票）一层一时措办不及，暂用旧式。

一、中外商贾人等邮寄平常信件，必须查照万国公法，一律拆阅盖戳后方可投送。

一、所有快信、汇兑、包裹等件暂时停止。

一、所有原办事人等，一概照旧，各负责任。

一、所有新闻纸类，仍准照旧办理。①

1912年中华民国成立后，大清邮政被全面接管并更名为中华民国邮政，简称中华邮政。中华邮政成立后，政府当局较为重视邮政事业，认为邮政"居交通要政之一，为社会传递消息的枢纽，所以一个国家，倡办邮政，不但直接可以通达人民底意思，寄递往来的物件；并且间接可以开通社会底风气，灌输国民底知识"②。故而其首要问题就是要解决晚清时期大清邮政、客邮和民信局同时并存、纷繁复杂、多头管理的邮政体系。1921年11月至1922年2月，由美、英、法、意、日、比、荷、葡和中国北洋政府参加的太平洋会议在美国华盛顿召开，会议通过《撤销在华客邮案》。至此，自1872年开始的汉口各国客邮不复存在。汉口民信局最早创办于同治年间，最多时有十余家。1921年，民国交通部邮政总局正式将民信局归为国营邮政系统的代办机构，1934年，民邮局被全部撤销。至此，晚清时期三足鼎立、多头管理的邮政体系被中华邮政彻底大一统。

统一稳定的邮政管理体系促进了这一时期武汉邮政事业的发展，自

---

① 武汉地方志编纂委员会主编：《武汉市志·交通邮电志》，武汉大学出版社1998年版，第528页。

② 杞生：《我国邮政问题之综合研究》，《汉口邮工月刊》第1卷第3—4期，1934年。

晚清以来的全国邮政区域中心之地位基本延续下来。

1914年,北洋政府"改行新制,每省为一邮务区。省城内设一邮务管理局"①。由此,汉口邮政总局改组为湖北邮务管理局,管理湖北省邮务。1917年2月22日在汉口上海路(原英租界太平路)自建起中国第一座邮政大楼,1931年改名湖北邮政管理局。

湖北邮政管理局设局长1人,邮务帮办1人,财务帮办1人。各时期邮务总办、邮务长、局长基本上都由外国人担任(见表4-5)。局内设本地业务股管理武汉地区邮政业务,该股先后下设本地视察室、邮件收发组、挂快邮件组、本口邮件组、报值保价邮件组、包裹业务组、查验组、营业组、公众服务组、武昌一等局、汉阳二等局、汉口各支局等机构;设内地业务股,管理全省邮政业务;另有运输股、总务股、储汇股、出纳股、会计股、人事室分管有关业务事项。②

表4-5 　　武汉地区历年邮政负责人名单(1911—1937)

时间	职务	姓名
1911	汉口邮务总办	海澜 A·H·Hyland(英人)
1912	署邮务总办	卜礼士 W·A·Bruce(挪威人)
1913	邮务长	李齐 W·W·Ritchie(英人)
1914	邮务长	多诺芬 J·P·Donovan
1915	邮务长	包尔 P·Baner(奥人)
1916	邮务长	韩拟(德人)
1917—1918	邮务长	阿良禧 G·E·Osland(英人)
1919—1923	邮务长	汉乐 O·H·Halal(英人)
1924	邮务长	满诺思 T·N·Maners(英人)
1925—1926	邮务长	杜和白 G·Tudhope(英人)
1927—1930	邮务长	乍配林 A·M·Chapelain(法人)
1931—1932	邮务长	李齐 W·W·Ritchie(英人)

---

① 张心澂:《中国现代交通史》,上海:良友图书印刷公司1931年版,第594页。
② 武汉地方志编纂委员会主编:《武汉市志·交通邮电志》,武汉大学出版社1998年版,第528—529页。

续表

时间	职务	姓名
1932—1936	邮务长	师密司 V·Smith（英人）
1936—1937	局长	格林费 J·A·Greenfield（英人）
1937年8月—1937年12月	局长	刘耀庭

资料来源：武汉地方志编纂委员会主编：《武汉市志·交通邮电志》，武汉大学出版社1998年版，第532页。

邮局内部的组织架构体系及主要工作机制，从时人对汉口邮政管理局的记载可以得窥一二。据载，当时的汉口邮政管理局设"邮务长一人，承邮政总局局长之命，综理全区邮政事务；会计长一人，管理全区会计事务"。局内下设有四个部门，分别为总务股、本地业务股、内地业务股、稽核股。全局约有工作人员500名，且各项设备较为先进，"堪称完美"。在邮局内，"工作时间每日分为两班，一在上午七时至下午二时，一在下午二时至下午九时，间因事务繁多每延至下午十一时者"。在外负责收发信件的邮差工作也分为两班，"每班工作八小时，一班自早九时至午三时。二班自午三时至午六时止"①。

为方便武汉三镇市民收递信件，汉口的湖北邮务管理局在三镇设置多个支局、代办所等。1920年，仅汉口一镇就设有"支局八处，其地点为硚口、大王庙、新街、黄陂街、白布街、大智门车站、华景街、三元里；二等邮局一处，设刘家庙；江岸又邮寄代办所三处，为茅庙、易家墩、新沟"②。

1923年，汉口设有江岸二等局及新街、西马场口、日中街、开太街、马王庙、后城马路、大王庙、大智门、黄陂街、白布街、硚口等支局；武昌局为一等局，设有长街、中和门、汉阳门、府街口、四马路、黄土坡等6个支局；汉阳局为三等局，有西门等支局。

1931年大水后，武汉三镇邮政机构有一定发展，"市区共有局所21

---

① 曾秉坤：《汉口邮政管理局参观记》，《中华周刊》第564期，1936年。
② 武汉市地方志办公室主编：《民国〈夏口县志〉校注》，武汉出版社2010年版，第208页。

处，信筒118具，信箱22具"①。其中，汉口有湖北邮政管理局营业组以及江岸、硚口、日中街、黄陂街、兰陵路、循礼门、大智门、大王庙、马王庙、汉景街、中山路、阜昌街、新街等支局；武昌局为一等局，支局有府街口、四马路、黄土坡、保安门正街等；汉阳局升格为二等局，支局有西门等。到1936年，市区邮政局所有所调整，"汉口方面停循礼门、马王庙支局，增加江汉路（12支）、民权路（9支）、民生路（16支）、湖北街（14支）等4支局。武昌增加珞珈山（3支）一处"②。除此之外，三镇尚有邮政代办所29处。

内外管理机制的相对成熟稳定，使武汉地区邮政各项业务均有所发展。在邮件总量上，长期保持增长态势。1920年，汉口地区收寄经转各类邮件总量为2371.39万件，1925年增长至2918.87万件，1930年上升到了3703.77万件。③ 包裹业务亦有较大发展。1928年，汉口包裹业务"增加2.14万余件，包裹重量增加近30万斤。"④ 次年，汉口开通至九江、南京、上海的航空包裹。因其快捷迅速的特点，一经推出就受到民众追捧，"10天内经汉口寄往上海的航空包裹达2.35万件"⑤。到1938年，湖北全省收寄包裹达50.39万件。汇兑业务持续增长。1931年，汉口邮政储金汇业分局正式开业，当年汇款金额就达到122.22万元。1933年更为便捷的电汇方式开办，当年开发汇票25张计5800元，1935年就猛增至2200张计4.77万元。到1938年，"湖北全省开发汇票金额为2407.29万元，兑付为1561.26万元"⑥。

---

① 武汉地方志编纂委员会主编：《武汉市志·交通邮电志》，武汉大学出版社1998年版，第537页。
② 武汉地方志编纂委员会主编：《武汉市志·交通邮电志》，武汉大学出版社1998年版，第537页。
③ 武汉地方志编纂委员会主编：《武汉市志·交通邮电志》，武汉大学出版社1998年版，第596页。
④ 武汉地方志编纂委员会主编：《武汉市志·交通邮电志》，武汉大学出版社1998年版，第561页。
⑤ 武汉地方志编纂委员会主编：《武汉市志·交通邮电志》，武汉大学出版社1998年版，第561页。
⑥ 武汉地方志编纂委员会主编：《武汉市志·交通邮电志》，武汉大学出版社1998年版，第565页。

大一统的邮政管理体系亦带来了些许问题，最为突出者当为邮政业的服务态度恶劣问题。当时的民众对此不无微词："有时偶因信件延误，到局询问，最客气的给你一个'写信来查'或'不会遗失'的答复，至如何查法，为何不会遗失，那就不得而知了！"[①]

第二节　区域电信中心的确立

1844年5月24日，美国人莫尔斯在华盛顿和巴尔的摩之间发出了人类历史上第一份长途电报，这是世界通信史上划时代的创举，标志着人类通信技术进入"电"的时代。电信事业自诞生起，便深深改变了人类交流沟通的方式，更对世界政治、经济、军事、外交等方面都产生了重大影响。"电信交通之于国家，犹人体之神经系统，无论在国防上，政治上，经济上，工业上均占有极重要之地位。"[②] 就城市而言，电信事业更是突破了在市民交往、信息沟通、经济发展、文化交流等领域存在的地理空间壁垒与限制，"故其功用，足以增益城市之繁荣，辅助实业之发展，促进城市文化之沟通，在今日咸认为通讯中最简便有效之一种利器，而为不可或缺之市政设施也"[③]。

一　电报与电话：城市电信事业技术角度的观察

在近代中国城市，电信事业的主要承载形式为电报与电话。其中，电报主要为有线与无线两种技术形式，电话分为市话和长途两类。

（一）区域电报接转中心的形成

1869年，受英、俄控制的大北公司开始敷设由海参崴经长崎、上海至香港的电报水线。1871年，中国段长950海里的港沪线建成并通报，电报正式进入中国。1879年，"由李鸿章奏准从大沽口炮台架设通

[①]《六年来我的邮政生活与思想之变迁（续前）》，《汉口邮工》第2—3期，1932年。
[②] 郁秉坚编述：《电信大意》，上海：中国科学图书仪器公司1949年版，第1页。
[③] 唐应晨：《我国城市电话事业之进展》，《市政评论》第5卷第6期，1937年。

天津的电报线路"正式开通,"这是我国自办电信的开端"①。其后,出于经济、军事的需要以及争回电信利权的考虑,晚清政府创办了多条电报干线和支线。

1883年,在时任两江总督左宗棠的主持下,长江电报线上海至南京段架通。此后,为了满足日益繁荣的商务贸易需要,汉口商人多次申请开设电报线路,"汉口茶市所聚,浙西丝斤所出,宁波亦徽茶口岸,三处商人事关切己,商询情形,另思禀请设线者接踵而至"②。长江电报线延伸至汉口,武汉三镇由此开始兴办有线电报,传递官署、商务信息。1886年,汉口至武昌、汉阳过江线路竣工,"武昌、汉阳相继设立电报局,汉口局为总局"③。同年12月,长江电报线由汉口沿长江西上,经沙市、宜昌、夔州(今奉节)、万县(今重庆市万州区)、重庆,最终到达成都。光绪二十二年(1896),湖南巡抚陈宝箴和湖广总督张之洞奏请清廷批准,在湘鄂间架设有线电报线路,由武昌经蒲圻(今湖北赤壁)、临湘、岳州(今湖南岳阳)、湘阴至长沙,全长880里。该线路于1897年5月全程竣工实现通话。1900年后,以汉口为起点的有线电报线路获得集中发展。汉口至信阳、汉口至郑州、汉口至北京线路分别于1900年、1908年、1910年相继开通。至辛亥革命前,武汉三镇的有线电报线路与国内主要城市实现互通。汉口亦成为全国电报接转中心之一,"承担沪皖赣与湘、闽与川鄂云贵、赣皖与川鄂云贵、粤赣皖与豫、云贵川鄂湘桂与东三省蒙古、云贵川鄂湘桂与豫鲁、粤赣皖与秦甘新、秦晋甘新川鄂云贵与湘桂粤等地往还各种电报的接转任务。如遇线阻,还要承担镇(江)济(南)、镇浔(九江)、沙(市)西(安)、济汴(开封)、汴洛(阳)、西潼(关)等线之间的各种电报转接任务"④。

---

① 行政院新闻局编:《电信事业》,南京:行政院新闻局1947年版,第1页。
② 中国史学会主编:《中国近代史资料丛刊·洋务运动》(六),上海人民出版社、上海书店出版社2000年版,第492页。
③ 皮明庥主编:《近代武汉城市史》,中国社会科学出版社1993年版,第235页。
④ 武汉地方志编纂委员会主编:《武汉市志·交通邮电志》,武汉大学出版社1998年版,第653页。

民国建立后，汉口作为全国有线电报接转中心之一的地位进一步强化。"1920 年，列入交通部一等电报线路全国共 23 条，其中有北京至汉口线、上海至汉口线、武昌至桂林线和汉口至重庆线。"[1] 到武汉沦陷前，武汉与国内主要城市之间基本建立了完善的有线电报线路，与省内的嘉鱼、咸宁、蒲圻、崇阳、阳新、石灰窑、大冶、鄂城、仓子埠、团风、黄冈、浠水、蕲春、武穴、宋埠、麻城、黄陂、花园、孝感、汉川、应城、安陆、广水、随县（今湖北随州）、岳家口、皂市、新堤、仙桃、潜江、沙市、宜昌、枣阳、樊城、老河口等地开通了有线电报电路。

与有线电报相比，无线电报的出现相对较晚。1895 年，意大利人马可尼试制无线电报机成功。不久，无线电报便被各国军舰、商船采用。1898 年，无线电报即进入中国，据记载，广东省在督署内及马口、前山、威远各要塞及广海、宝璧、龙壤、江大、江固、江汉各江防舰艇设置无线电报机，机器由丹麦人那森负责购办，为马可尼旧火花式。无线电报生也是由那森临时训练，并且在广州还设有无线电报总办来掌管此事。这当是中国创设无线电报之肇始。

民国建立后，无线电报方始进入武汉三镇。1912 年，出于军事之需要，北洋政府交通部分别在张家口、吴淞、广州、武昌、福州开始装设无线电台。武昌的无线电台建设费用由"湖北国税厅先行在国税内拨银十万元应用"，电台设置"在省垣蛇山忠孝门附近土名'百步梯'地方"[2]。1914 年，武昌大东门无线电台告竣，是为武汉地区无线电报之开端。1915 年，武昌无线电正式通电发报。[3] "无线电报自开始营业以来，所有收发各处电报异常灵便，而于汉口方面尤为迅速，统计汉口来往之电，日必有数百起之多。该处电台几有应接不暇之势。"[4] 为解决

---

[1] 武汉地方志编纂委员会主编：《武汉市志·交通邮电志》，武汉大学出版社 1998 年版，第 653 页。

[2] 《武昌：无线电之建设》，《申报》1914 年 5 月 23 日第 7 版。

[3] 《武昌无线电之交通》，《新闻报》1915 年 1 月 16 日第 3 张第 2 版。

[4] 《无线电报力谋发展》，《申报》1927 年 12 月 7 日第 4 张第 15 版。

这一问题，1928年，国民政府建设委员会在汉口设立3个短波无线电台，开始收发无线电报。1929年8月，汉口无线电台划归国民政府交通部，称为汉口无线电总台，无线电报电路通达上海、南京、北平、万县、南昌、长沙、贵阳及省内宜昌等地。为统一管理全国无线电通信，民国政府交通部将全国划为9个区，汉口被设为第二区的通信中心，管辖范围主要包括鄂、豫、湘、赣四省。汉口无线电台设立后，极大地方便了汉口的各类社会经济活动，"汉口电报可以随收随发无需规定时刻，商业及新闻方面当更便利不少矣"[1]。

1934年，为了统一管理有线电报和无线电报，汉口无线电总台被并入汉口电报局，收信台设在江汉路，第一发信台设在合作路电话局，第二发信台设在民意路电话分局。在当时，"汉口电报局之设备，亦称完善，全国电报，均可畅通"[2]。城市发展带来的巨大需求，加之设备、线路的完善，都使汉口的电报业务利润惊人。1925年，仅主管有线电报收发的汉口电报局"每年商电收入，常在三十万元以上。又于大夹街设立分局，每年收入亦在万元左右"[3]。

(二) 以市话为主的电话事业

与有线电报几乎同时，电话亦传入武汉三镇。由于技术手段有限，晚清武汉地区的电话主要为市内电话，尚未出现长途电话。1901年，德国商人在汉口租界开设市内电话，是为武汉三镇电话之滥觞。1902年，张之洞在武昌、汉口筹办市内电话，各安装磁石交换机二三十门，并成立了汉口电话局与武昌电话局。"汉局设张美之巷，武局设抚署东厅。均仅藉磁石式机二三十号，传通官绅消息而已。"[4]电话在当时的武汉三镇尚属罕见、新奇之物，线路有限，"汉口电话公司以渡江水线仅有一根"[5]，故而用户极少，成立之初仅二三十户，到1911年，也才

---

[1] 《无线电报力谋发展》，《申报》1927年12月7日第4张第15版。
[2] 《交通部调查建委会无线电》，《申报》1929年1月23日第4张第16版。
[3] 既明：《汉口电报局》，《银行杂志》第2卷第13期，1925年。
[4] 周公朴、李树椿、徐大本：《武汉电话局最近扩展工程》，《工程周刊》第2卷第13期，1933年。
[5] 《电话公司添购渡江水线》，《申报》1907年12月29日第12版。

有 112 户。

第一次世界大战爆发后，由德商经营的汉口租界电话被北洋政府交通部收回，并在大智门改建四栋洋房成立汉口电话总局。"武昌亦于大观山顶，建筑巨厦，装置同式共电机 1500 号。汉阳则径隶汉口，不另设局。自此以后，业务发达，甚为迅速。"①1920 年，武汉三镇市内电话用户达到 3247 户，其中汉口、汉阳 2770 户，武昌 477 户。1921 年，因汉阳电话用户增加，另设汉阳电话分局。"到 1930 年，武汉三镇市内电话用户达 4812 户，为解放前电话用户最多的年份。"②

随着电话用户的增多，加之原有的磁石式电话机技术逐渐落后，设备日益陈旧，使武汉三镇新开电话用户"无法应装，而移机改线，每亦因随处额满，常抱向偶。用户不明情况，时生误会，交涉频繁，大有顾此失彼之势"③。为解决这一问题，在电话事业的主管部门——交通部的主导下，武汉三镇电话的技术升级改造于 1929 年正式启动。"其全部计划，系将三镇电话，一律改装自动机，扩充汉口总局，设机四千号，添设汉口分局，装机三千号，重建武昌分局，装机一千五百号，裁撤汉阳分局，另放过江水线，将该处电话，直接接至汉口。"④ 工程主要由西门子洋行承装，原有的"汉阳及利济关道等分局用户，均改属汉口总分两局管辖"⑤。

1933 年 4 月，经过将近四年的建设后，"武昌所有自动话机"率先实现"完全通话"，"结果甚佳"⑥。汉口、汉阳的改造工程相对较慢，"大智门总局自动电话机四千号，业已全部装置完竣，管理本市内外各街号码，济生马路分局自动电话机三千号，现已在赶装中管理汉阳关

---

① 周公朴、李树椿、徐大本：《武汉电话局最近扩展工程》，《工程周刊》第 2 卷第 13 期，1933 年。
② 武汉地方志编纂委员会主编：《武汉市志·交通邮电志》，武汉大学出版社 1998 年版，第 641 页。
③ 周公朴、李树椿、徐大本：《武汉电话局最近扩展工程》，《工程周刊》第 2 卷第 13 期，1933 年。
④ 《一年来之电政》，《交通职工月报》第 2 卷第 2—3 期，1934 年。
⑤ 《交部改装武汉自动电话》，《民报》1933 年 2 月 23 日第 1 张第 3 版。
⑥ 《武昌自动电话完成通话》，《新电界》第 3 卷第 2 期，1933 年。

道，利济各局号码"①。到 1934 年，"在武汉地区安装自动电话系统工程的工作已经完成。2 月 16 日在汉口成功进行了新仪器的测试"②。至此，"武汉三镇自动电话装设完竣"③。

图 4-1 汉口电话局蓄电池室

资料来源：《汉口电话局内部摄影：（丁）蓄电池室》，《电气》第 21 期，1918 年。

相较武汉三镇市内电话而言，武汉地区的长途电话发展较晚。1928年，湖北省建设厅开始筹办省内长途电话，并在汉口设立湖北省长途电话管理处，先后修建了多条长途电话线路，但实现通话的城市并不多。到 1934 年，"湖北城市电话，尚未发达，今仅有武汉、沙市、宜昌三处，故长途电话营业，自难推广，经济亦入不敷出"④。相反，以汉口

---

① 《汉口自动电话将完成》，《新电界》第 3 卷第 7 期，1933 年。
② "Automatic Telephones Installed in Hankow," *The Shanghai Evening Post & Mercury*, December 16, 1935, p.15.
③ 《武汉三镇 自动电话装竣通话》，《申报》（号外）1934 年 2 月 16 日第 1 版。
④ 李范一：《鄂省公路航路及长途电话现况》，《银行周报》第 18 卷第 48 期，1934 年。

为中心的与省外其他城市的长途电话发展相对迅速。

1934年，出于军事需要，南京国民政府交通部开始推动苏、浙、皖、赣、鄂、湘、豫、鲁、冀九省长途电话联络计划，拟建5条线路，即南京至武汉、南京至天津、青岛至济南、徐州至郑州、武汉至长沙。其后，工程稳步推进。1936年8月，武汉至长沙线竣工通话。同年，"汉口怀宁间于十五日已经通话，并开放营业"①。1937年1月，"汉口与开封、洛阳、陕县三处电话，十二日起正式开放通话"②。武汉至湖南常德、沅陵、浏阳三地开通长途电话，"声音清晰"③。3月，"武汉西安间长途电话，五日正式开放营业，普通价每三分钟二元八角"④。4月，与皖南地区电话开通，"武汉至殷家汇，准于四月十四日开放营业，普通价目为一元三角，至宣城屯溪两处，准于四月十五日开放，价目均为二元"⑤。截至武汉沦陷前，"武汉长途电话通达的地点，有上海、南京、怀宁、九江、牯岭、南昌、长沙、岳阳、郑州、许昌、信阳等地"⑥。

二 市办、省办与国办：利益的多方博弈

近代中国城市电信事业的发展深受社会历史环境的影响。在国家政治权力的划分、公用事业的社会定位、社会政治局势等多重因素的影响下，城市电信事业的管理权属在市办、省办与国办之间摇摆不定、争论不休，这一点在武汉市内电话管理权属变化方面表现得尤为明显。

（一）市、省、部三方之博弈

武汉三镇自办市话业务最早起源于张之洞时期，在晚清的行政架构体系下，其管理权属归于省属官办。1907年，在汉口本地商人王植厚、

---

① 《安庆通讯》，《皖事汇报》第22—23期，1936年。
② 《汉汴洛陕 电话开放》，《申报》1937年1月12日第4版。
③ 《汉湘电话 开始通话》，《申报》1937年1月15日第4版。
④ 《武汉西安间 明日通话》，《申报》1937年3月4日第4版。
⑤ 《武汉至皖南 电话开放》，《申报》1937年4月13日第4版。
⑥ 武汉地方志编纂委员会主编：《武汉市志·交通邮电志》，武汉大学出版社1998年版，第672页。

余成之等人的请愿下，武汉三镇电话改为官督商办，"并将官本八万金缴还，每年酌提红利报效，当奉批准，并遴派署督标左营游击王仙舟游戎充当总办，赵子安司马充当会办，随时会同该职商办理一切"①。其后，虽屡有因"该公司司机人屡误接线"，拟"仍行收回官办"②之动议，但基本上维持商办之局面。

辛亥革命后，各地电报局归交通部电政司直接管辖。1914年，北洋政府"交通部乃以十八万二千元收买商股改归国有"，汉口租界电话亦被交通部"以九万元向德邮局收回"③，并成立武汉电话局，直属交通部管辖。

南京国民政府成立后，武汉成为以李宗仁为首的新桂系军阀的势力范围，加之汉口特别市地位的确立，市、省、部三方为争夺三镇电话事业的管理权属你来我往、"唇枪舌战"。

1928年，湖北省政府率先"发难"。在当年的湖北省政府第十八次省务会议上，决议呈请交通部将武汉电话局饬还省建设厅管理。中央政治会议武汉分会于6月19日召开会议，决议致电交通部，"说明武汉电话局由鄂主政办理"④。交通部对这一要求自是不予答应，立即回电，"略谓武汉电话局完全由部设置管辖，且负有外交上巨大之债额，与京津沪宁各局同为本部直辖之重要电政机关，从未经地方管理，且豫鄂湘赣各局经费不足，恒恃此局挹注，设有更张，影响非小"，若改归省办，"不特与原案不符，事实上亦诸多窒碍"⑤。湖北省政府反应极为迅速，对交通部种种理由一一驳斥，一方面指出"电话之设原以便利地方通讯为主，似与铁路电报微觉不同。此间距部遥远，监督容有未周，推行尤难尽利"，另一方面又强调"省政府本隶属于国民政府之行政机关，虽有内外之殊，系统仍属一贯，部中果有重大计划，省政府自应秉承办

---

① 《委员接办武汉电话公司》，《时报》1907年9月19日第3版。
② 《电话公司收归官办》，《申报》1908年10月1日第12版。
③ 《武汉电话之沿革史》，《大公报》1918年12月10日第2张第6版。
④ 《武汉电话将归鄂办》，《新闻报》1928年6月21日第2张第4版。
⑤ 《武汉电话局之管辖问题》，《申报》1928年6月22日第3张第10版。

理。若仅就地方情形而论，实以就近督率较为便利"①。

就在双方争执不下之时，汉口市政府以《特别市组织法》为依据，要求将武汉电话局改归市办。1929年1月，汉口市政委员会明确提出："根据国府公布市组织法，电话为市营公用事业，应由市委会接管。"② 6月15日，国民党第三届中央执行委员第二次全体会议做出规定，"各市之公用事业如电话、电灯、电车、自来水等归各市政府监理"③。汉口市政府根据这一规定行文行政院，"呈请行政院令行交通部将本市电话局划归钧府交由职局监理，以符法案"④。汉口市政当局甚至制定了《武汉市电话总局组织章程》，规定"武汉市电话总局秉承武汉市工务局掌理武汉市电话事务"⑤，实则是想从法律层面明确武汉三镇市话业务的市政公用事业之性质，以方便其划归市属所有。

交通部自是不甘将权力拱手让出，一方面强调"本部主管交通，负有管理及发展与改良报话事项之责，业经载明组织法，奉钧府明令公布在案"，且"报话两项，自始至今，完全由部办理。虽电话一项，间有由地方办理者，但亦须经部核准立案，由部负监督指导之责，统系至为分明"⑥。另一方面列出电话事业不由部办之"六害"：一是电信外债难以统筹应付；二是各局经费无从筹措；三是机器材料程式难以统一；四是各局职工待遇不一，容易引发罢工；五是与电报难以连贯；六是对外事务无固定机关处理，极易导致"事权不一、办法分歧，必致贻笑外人，堕失信誉"⑦。

---

① 《武汉政治分会李主席电交通部请将武汉电话由鄂省政府管辖》，《湖北省政府公报》第7期，1928年。

② 《汉市委会接管电话主张》，《新闻报》1929年1月23日第2张第8版。

③ 上海特别市公用局编印：《上海特别市公用局业务报告》（十八年七月至十二月），上海特别市公用局1930年版，第235页。

④ 刘文岛：《呈请援案令饬将电话局划归本府监管》，《新汉口：汉市市政公报》第1卷第3期，1929年。

⑤ 《武汉市电话总局组织章程》，《武汉市政公报》第1卷第5期，1929年。

⑥ 《王伯群请全国各机关各军事长官合力维持电话事业与国民政府往来呈、指令》（1928年12月），中国第二历史档案馆编《中华民国史档案资料汇编》第五辑第一编财政经济（九），凤凰出版社1994年版，第655页。

⑦ 《国民政府行政院财政部训令》第6028号，《财政旬刊（汉口）》第22期，1929年。

为了争夺武汉电话局的管理权属，市、省、部三方从法律、事实、民意角度出发，争论不休。汉口市政府认为"电话为市营公用事业"，理应由市政府举办；湖北省政府强调出于公意，"就近督率较为便利"；交通部指出部办更有利于全国电话事业的统筹布局和统一发展。南京国民政府行政院最后裁决，"电话事业统归交通部负责办理，所有京外各省各市各机关各军事长官均应合力维持，以一事权而资整理"①。此等结果既非法律的胜利，亦非民众的胜利，更像是国民政府当局对既有事实的维护，正如行政院在解释"监理"一词时所言："查中央执委会第一九二次会议通过解释监理二字甚为详明，至民办或其他政府机关经办之事业，如市政府欲移归其管理者，应双方商定云云。"② 无外乎时人曾言："法律仍是法律，事实仍是事实。"③

（二）三方博弈背后的利益之争

1928—1929 年，汉口市政府、湖北省政府、南京国民政府交通部为争夺武汉电话局的管理权属互不相让，进行了激烈的博弈。这场争夺既是一场"公意"之争，也是一场法规之争，但更是一次利益之争。

武汉电话事业创设之后，由于电话用户的持续增长，很快成为政府收入的重要来源。"汉口电话达四千四百号，武昌四百号，汉阳二百号，年来因战事时间电料不易办到，新添户头往往鹄候数月尚不能得一号头，旧户思拆卸者恒居奇召顶，每户约可获顶项四五百元，则电话局地位之重要亦可想见矣。"④ 北伐军进入汉口后，为解决财政短缺问题，曾下令将"汉口自来水电话等费一律加收二成，三个月为限，以应军需"⑤，电话事业在政府财政收入中的重要性可见一斑。

与电话相比，电报业务的利益更是巨大。一方面是用户众多，无论是商户、报社还是普通民众，选用电报传递消息的相比使用电话者更

---

① 《国民政府行政院财政部训令》第 6028 号，《财政旬刊（汉口）》第 22 期，1929 年。
② 《指令（第二九三八号）：令汉口特别市政府呈为据公安局呈请将电话局收归市府管理请鉴核施行由》，《行政院公报》第 92 期，1929 年。
③ 饮水：《经营，管理，监理》，《申报·首都市政周刊》1929 年 8 月 12 日第 82 期。
④ 《武汉电话局之管辖问题》，《申报》1928 年 6 月 22 日第 3 张第 10 版。
⑤ 《汉自来水电话加征二成》，《民国日报》1926 年 10 月 1 日第 1 张第 2 版。

多。"1903 年 6 月份汉口电报有 16322 份，共 323722 字；1911 年 6 月成交的电报业务 45605 份，共 1147300 字。"① 另一方面，电报资费系按照行政区划及电报线路经过的区域分别制定，采用递加制，晚清时汉口至上海电报每字达到了 0.18 元。两种因素叠加之下，武汉电报业务的收入自是不菲。据统计，1914 年"汉局收入报费均存银行钱庄……当据交出存折六扣，计洋二万八百余元，银行支票七纸，计洋六百五十余元"②，且电话局收入呈常年递增之势，1931 年武汉电话局仅结余 3344元，到 1935 年，结余就飙升到 322634 元。收入的大幅增加甚至使武汉电话局投身地产业，1925 年 10 月，武汉电话局"向汉口和记地产公司购有坐落济生马路 B 字第四段内地皮一块，面积计海关尺二百七十八方六尺三寸，价银三万九千〇八两二钱"③。

　　故而，省市政府在争夺武汉电话局管理权属的过程中，虽一再标榜"系出地方公意，于国府省府统系仍属一贯"④，但其深层目的无外乎收回武汉电话局"以裕地方收入"⑤。交通部虽然一再强调电话事业要事权统一，根子上仍是不能放弃武汉电话局的利益。汉口市政府、湖北省政府、南京国民政府交通部三方打着利民、利市、利省、利于电信事业发展旗号的一番争斗，实则主要是为了武汉三镇电信事业的不菲收入。

三　政治、经济与社会：城市电信事业的多重影响

　　作为城市基础设施建设的重要一环，电信事业的发展对城市管理、工商经济、市民日常、价值观念等方面产生了深远又重要的影响，"它是从 19 世纪 80 年代直到今天的一系列变革的催化剂"⑥。

---

① 皮明庥主编：《近代武汉城市史》，中国社会科学出版社 1993 年版，第 235 页。
② 《汉口电报局向各钱庄银行提取存款往来文件》，武汉市档案馆藏，档案号：15－2－1016。
③ 《拨借房屋文件》，武汉市档案馆藏，档案号：15－2－101。
④ 《武汉电话改隶省府动机》，《新闻报》1928 年 7 月 12 日第 2 张第 4 版。
⑤ 《武汉电话局之管辖问题》，《申报》1928 年 6 月 22 日第 3 张第 10 版。
⑥ ［美］伊锡尔·德·索拉·普尔主编：《电话的社会影响》，邓天颖译，展江校，中国人民大学出版社 2008 年版，"导论"，第 8 页。

(一) 城市管理的有力武器

电信事业先天具有的及时、迅捷、准确等特征，使其成为城市管理的利器，在城市政治生活领域扮演着重要角色，突出地表现在城市社会治安管理上。1907年，《申报》就有晚清夏口厅当局利用电话抓捕越狱犯的记载：

> 夏口厅捕卡近来收押地痞恶棍为数甚多，本月十三夜竟有著名恶棍神拳太保李桂臣率同各卡犯越墙潜逃，被看役练勇等捕获，同卡各犯遂扭役勇凶殴并将栅栏折毁。夏口厅闻警立即发电话请汉口都司陈庆门督率捕营勇丁暨警局员勇并禀知江汉关道派贺委员等前往弹压，始得平静。次日，夏口厅遂提李桂臣出卡，重责一千板，仍行收禁。①

南京国民政府成立后，国民党"新军阀"势力对武汉的控制也日益加强，成立了武汉卫戍司令部（后改称武汉警备司令部），军事管制成为城市管理和社会控制的重要力量。为强化武汉三镇的社会控制，当政者十分重视在警察、军队系统安装电话，"由各岗位安设电铃直接署内，又由各署队安设军用电话直接职局，使彼此之间互相衔接，如此庶脉络相贯消息灵通而临时救护策应自便"②。同时，因"电话关系灵通消息，极为重要"，武汉当局亦十分强调对电话的维护和管理，"凡驻汉警备部队所用之电话一律照常接线，或有损坏即行修理，以严警备而保治安"③，甚至一度"抽派保安队士分驻汉口电话局暨电灯公司以免发生意外"，即使后来因人员不足支配调回监管队士，但仍"指定专员不时派往该两处巡视"，并"随时派探前往该两处侦察"④。

---

① 《卡犯反狱未成》，《申报》1907年9月29日第12版。
② 《武汉市公安局呈请安设电铃及军用电话》，《湖北省政府公报》第8期，1928年。
③ 《副官处函汉口电话局据汉口区指挥官报告普通电话机呼应不灵请转函电话局迅派工修理等情函请查照迅予饬工分赴各该区一律接线修理文》，《警备专刊》第6期，1930年。
④ 叶蓬：《训令本部稽查处处长任本昭据汉口市公安局呈请撤回派驻汉口电话局及电灯公司之保安队士等情转令不时派探前往该两处侦察由》，《警备专刊》第6期，1930年。

另外，电信事业在城市中的重要地位使其往往又成为各方政治势力以及社会各界瞩目的焦点，极易引发各类政治及社会事件。

1922年，为争夺汉口电话局控制权，直系军阀吴佩孚下令撤免汉口电话局局长刘尚文，"委其亲信某前往接手"，但此次任免"全属吴佩孚个人专擅之行为"，"并非由北京交通部发出"。刘尚文"当然认为非法，故对于吴氏之撤免令，完全置之不理"，并"向英工部局方面请派巡警保护，以便照常办事"①。双方争执不下，甚至引发了罢工风潮。同年，武汉电话总局因"各局之司机生大多不安钟点、擅离职守，或用户连打数次，该司机生等厌其繁，不谓电线损坏，就称摇接不来，偷安怠惰，用户颇有烦言"②，加之上海、无锡等地试行改用女子充任司机生效果较好，便意图改换女子司机生，但此举却遭到男性全体司机生的反对，激起全体罢工之风潮，直接导致"武汉电话全停"③，最终当局不得不"将总务科长撤差并取消更易女子司机之动议"④。

与此同时，在近代中国西方势力渗透极深这一特殊背景下，为了争夺更多在华利益，电信事业甚至成为西方各国相互争斗的武器，引发外交事件。1920年，英国公使曾专门致电交通部，要求汉口电话局"不能用德国技师管理通话事宜"，其主要原因是认为"恐于该地英商利益有碍"，但其背后真正的动机不外乎"铲除德国在华势力之深心"⑤。

（二）信息传递的便利渠道

电信事业自进入武汉，大小工商业者即充分认识到其在传递信息、开拓商机方面的显著优点。正如时人所言："欲求消息之灵通，近者莫于利用电话，远者莫于利用电报。"⑥晚清时期，汉口的茶商就开始利用电报传递商业价格信息，《申报》就有记载："昨接友人自汉口发来

---

① 《汉口电话局风潮》，《大公报》1922年3月13日第1张第3版。
② 《武汉电话局改用女生》，《民国日报》1922年2月18日第2张第8版。
③ 《国内专电·汉口》，《新闻报》1922年3月4日第1张第4版。
④ 《汉口电话局风潮志》，《电气工业杂志》第2卷第4期，1922年。
⑤ 《英公使反对德技师 请令汉口电话局解聘》，《天津益世报》1920年5月22日第2张第6版。
⑥ 《商情与电信》，《申报》1935年11月1日第5张第17版。

电报云宁祁茶今已开盘，十余字价四千（十）两至五十两，祁门茶开数字价。"① 电话广泛使用后，更是成为广大工商业户主沟通商情、开展业务、推销商品的重要手段。"对于每一个使用它的商人，电话意味着节省时间，减少焦虑和麻烦，省去不必要的汗水与泪水，当然，也节省了金钱。"② 武汉三镇的公司、洋行、工厂、银行、商铺、旅馆、饭店、戏院等工商业户都安装了电话，并通过各种手段将电话号码"广而告之"。电话在其日常业务的开展中起到了重要作用。

除工商业户之外，近代电信手段更是被广泛运用在报社、杂志社等媒体机构的日常新闻采访、信息传递之中。电报与电话的使用，使新闻素材突破了时间与空间的限制，"千里万里外之各处消息，在昔须经数日数旬数月之时间，费多量之人力，方能传到者，今于一夕之间，已可藉电报之传递而收得，次晨即可披露于报纸，公之社会矣"③。大小报馆充分利用电信手段及时传递城市各类大事小情，以飨读者，尤其在突发事件的报道上更显优势，如《申报》就曾有一则新闻："昨晚十点钟接到汉口访事人发来电报云：十五丑刻汉口忽兆焚"④，从中不难看出电报在信息传递上的先天优势。

电信手段也成为了读者与新闻媒体及时沟通、表达自我情感的有效途径。《汉口商业月刊》就曾有一段关于读者通过电话向杂志社反馈意见的十分有趣的记载：

> 前天一位读者从电话中声色俱厉的责备我们"为什么不照预定日期出版"？我们告诉他征集材料与印刷的困难，他回答说："中国事一切都是无办法的，要在无办法中想办法"，我们十分的感谢这位读者，同时接受这句"在无办法中想办法"的话。⑤

---

① 《茶市电音》，《申报》1888年5月13日第1版。
② [美]伊锡尔·德·索拉·普尔主编：《电话的社会影响》，邓天颖译，展江校，中国人民大学出版社2008年版，第81页。
③ 戈公振：《报纸与电信》，《电信》第1卷第2期，1930年。
④ 《汉口大火电音》，《申报》1887年9月3日第1版。
⑤ 《编辑后记》，《汉口商业月刊》第2卷第5期，1935年。

(三) 新式生活的重要标志

作为新兴的通信工具，无论是电报还是电话，先天所具有的速度快，周期短，节约时间、精力和金钱等特点，使其在"都市生活方式的进化中扮演着重要角色"[①]，极大地改变了市民阶层的传统生活方式和人际交往模式。

随着城市电信事业的发展，电报和电话的使用者越来越多，涵盖人群日益广泛，电信交往逐渐成为市民人际交往的主流渠道。1903年6月，汉口"电报有16322份，共323722字；其中296247由中国人拍发"[②]。到1933年，随着电话的广泛使用，电话成为市民交往的主力军，武汉三镇电话的每日通话次数达到了38000次，其中"以下午四点至五点钟为最忙繁，平均约有2334次"[③]。通过电话即时传达信息的次数越来越多，电话订货、电话订座、电话预约等新式生活方式逐渐在武汉三镇流行开来，成为新式时髦生活方式的一个重要标志。

市民使用电话需求的扩张，电话机的有限以及安装电话、使用电话费用的昂贵，使武汉三镇出现不少因使用电话问题而引发的社会矛盾。1923年，武昌医学专门学校发生男女学生之冲突，起因就是打电话的问题。冲突起因于"该校女生每于下课后，即围住电话处，任意通电各处，致男生欲打电话无从下手"，男生不得已"于电话处贴一纸条，请女生自己方便"，女生见之，亦"贴一纸条，言男生不够资格讲话"，遂引发双方言语冲突，导致男生罢课，要求校方将写条女生开除，而女生亦是"声言非将先写条之男生开除，决不上课"[④]。后经学校校监居中调和，该冲突方才平息，未引起更大风潮。

近代武汉电信事业的发展，既是现代城市化进程的一个必然结果，

[①] [美] 伊锡尔·德·索拉·普尔主编：《电话的社会影响》，邓天颖译，展江校，中国人民大学出版社2008年版，第318页。

[②] 武汉地方志编纂委员会主编：《武汉市志·交通邮电志》，武汉大学出版社1998年版，第663页。

[③] 周公朴、李树椿、徐大本：《武汉电话局最近扩展工程》，《工程周刊》第2卷第13期，1933年。

[④] 《武昌医专男女学生之冲突 因打电话问题》，《大公报》1924年1月9日第2张第6版。

也是城市现代化的强大助推器。电报、电话在三镇的广泛使用，满足了近代城市管理、工商业发展、市民生活的基本需求，同时也促进了物质和信息的流动，塑造了市民阶层的思想、意识和观念，使城市生活呈现出全新的形态。

在观察近代武汉三镇电信事业的发展过程中，必须要看到这种发展是一种不充分、不平衡的发展，特别是在与国内其他城市的横向比较中尤为明显。一方面，电信事业的总体发展水平远远低于上海、北京、天津等城市。1937 年，武汉三镇电话机容量为 8500 号，北京为 17000 号，天津为 16180 号，上海达到了惊人的 57550 号;[①] 另一方面，电信事业的总体发展速度更是远远落后于其他城市。自 1912 年至 1933 年，武汉三镇的"电话设备，迭经改善，其间用户之增益，二十余年间，从未有超越 5500 号者，亦可觇事业之盛衰矣"[②]。上海在 1930 年电话机容量为近 30000 号，到 1937 年就发展到了 57500 号，其发展速度令人叹为观止。究其原因，除经济基础、政治环境等客观因素之外，更重要的原因乃是武汉电政当局管理水平的低下，时人就曾言："而何以有退化无进化，虽曰时势之变迁有所阻碍，而工事之腐败，业务之不整，实为最大原因也。"[③]

第三节 民用航空事业的滥觞

航空事业进入中国始于清末宣统年间，其后的发展主要以军事用途为主，民用航空直至 20 世纪 20 年代方始起步。1920 年，中国第一条民用航线——京沪航线京津段投入运营，开近代民航事业之先河。其后，民航事业在全国主要城市次第展开，武汉（汉口）由于得天独厚的地

[①] 《全国市内电话调查》，《电工》第 8 卷第 1 期，1937 年。
[②] 周公朴、李树椿、徐大本:《武汉电话局最近扩展工程》，《工程周刊》第 2 卷第 13 期，1933 年。
[③] 李树春:《对于武汉电话交换机之研究》，《电气》第 19 期，1917 年。

理位置，亦先后开辟多条航线，一度成为全国重要的民航中转地和民航区域中心。

一 各类航线的开辟

武汉民航业的发端最早倡议于 1928 年。是年，在当时统治武汉的桂系军阀和民间力量的共同推动下，成立武汉民用航空协进会，"推定李宗仁为主席，白崇禧、胡宗铎、鲁涤平、李品仙、夏威、陶钧、张华辅、何键、张知本、周星棠为委员，周星棠兼总干事，林赐熙、张兆棠、吴光杰、张维等为干事"①。经商议，计划先行创办粤汉航线，并"向美信洋行订购莱茵式飞机五架，向禅臣洋行订购永克式飞机二架"②。1929 年，"民用航空会订购美飞机准十日抵沪"③，并为飞机场"举行破土典礼，周成棠（笔者注：应为周星棠）、张维、林赐熙等均到执行"④。其后，"预定三月一日开航粤汉线"⑤之计划发生变化，改为沪汉线，即先行开设上海至汉口航线，并在当年 10 月 9 日"由沪试航汉口"⑥。10 月 21 日，由中美合办的中国飞运公司开设的沪汉线（上海—南京—汉口）正式通航，开武汉地区民用航空之先河。

此后，汉口地区的民航航线不断扩充。1930 年，中国飞运公司经营的沪汉线延伸至沙市和宜昌两地，每周来回各两个航班（1936 年每周增开至 4 班）。1931 年，汉渝线开通，"由汉口飞往重庆，沿途如宜昌万县等，均设站停落，除运送邮件外，并搭载乘客"⑦。同年，汉宜线开通，"星期一三五往返一次，客票单程八七元"⑧。1932 年，汉口至西安线开通，"三月一日起全线通航"⑨。1933 年，最早筹划的粤汉线开

---

① 《武汉各界积极筹办民用航空》，《新闻报》1928 年 10 月 29 日第 3 张第 9 版。
② 《鄂民用航空开航在即》，《新闻报》1928 年 12 月 6 日第 2 张第 7 版。
③ 《鄂民用航空布置完备》，《新闻报》1929 年 1 月 7 日第 2 张第 6 版。
④ 《两湖近闻》，《申报》1929 年 1 月 11 日第 2 张第 7 版。
⑤ 《鄂民用航空布置完备》，《新闻报》1929 年 1 月 7 日第 2 张第 6 版。
⑥ 《沪蓉航空试航汉口》，《新闻报》1929 年 10 月 9 日第 2 张第 8 版。
⑦ 《汉渝间航空明日开航 运邮载客》，《申报》1931 年 10 月 20 日第 3 张第 10 版。
⑧ 《汉宜航空定期开航》，《新闻报》1931 年 3 月 13 日第 2 张第 7 版。
⑨ 《首都纪闻》，《申报》1932 年 1 月 29 日第 3 张第 9 版。

通，"定八月一日正式开航"①。到1934年，全国东西南北的主要航线均经停武汉（汉口）地区，其主要航线有：②

1. 上海—成都路线（亦称沪蓉线）（使用机十架）

航行上海、南京、九江、汉口、宜昌、万县、重庆、成都间。上海—汉口间已实施每日定期航空，汉口—重庆，每星期彼此往返二次。

2. 上海—塔城路线（称西北航空线）

航行上海、南京、汉口、洛阳、西安、兰州、肃州、哈密、迪化、塔城之间（使用机四架）。

现在由上海—汉口间之航空线作起点，到甘肃肃州为止，惟肃州以北到塔城之航空线，因新疆省内乱有一时中止之态。

3. 汉口—广东线（粤汉线）

航行汉口、长沙、龙州、广州之间。

该航空线已于去年（1933）十一月试航完毕，汉口邮局曾信件试航一次，目下在准备中，本年（1934）夏季当可开航。

4. 汉口—西安路线（欧亚支线）

航行汉口、襄阳、西安之间。

该航线已于去年（1933）五月试航，其后因与陕西省政府之交涉，尚未臻实现。

除上述航线之外，尚开辟有北平—太原—洛阳—汉口—长沙—广州和汉口—香港两条重要航线。汉口一跃成为中国中部航空中心之所在，民航"班机可达北平、上海、广州、重庆等16个城市，并有班机直飞香港地区"③。

各类航线的纷纷开辟，使当时为数不多的中国民航公司纷纷在汉设立办事处，将汉口作为重要的民航基地。1929年，南京国民政府与美

---

① 《粤汉航空筹备就绪》，《申报》1933年5月20日第2张第8版。
② ［日］井上谦吉：《中国航空界之现状》，寻真译，《汉口邮工月刊》第1卷第1期，1934年。
③ 武汉地方志编纂委员会主编：《武汉市志·交通邮电志》，武汉大学出版社1998年版，第405页。

图 4-2　沪宜间第一次开航第三号汉口号飞机装运邮件情形

资料来源:《沪宜间第一次开航第三号汉口号飞机装运邮件情形》,《大亚画报》第 293 期,1931 年。

国柯蒂斯集团下属的航空拓展公司签订合同,合办中国飞运公司。次年,公司改组为中国航空公司(简称中航),总部设在上海,并随即在汉口设立办事处,在汉口招商局内办公,配有处长、办事员各 1 人。1937 年淞沪会战爆发后,中航公司总部迁往汉口办公。1938 年,日寇占领武汉之前,中航公司迁往重庆。

与中航公司几乎同时,成立于 1930 年的欧亚航空公司(该公司由南京国民政府与德国汉莎航空合股创办)在 1931 年就在汉口设立了办事处,与中航公司汉口办事处一起办公。1934 年,欧亚航空汉口办事处自建用房,迁往汉口福煦将军街(现武汉市江岸区蔡锷路)独立办公。全面抗战爆发前,欧亚航空公司在汉口经营的航线有北平—太原—洛阳—汉口—长沙—广州线(1934 年 5 月开辟),还曾开过北平—郑州—汉口、汉口—香港、汉口—西安等航线。此时飞机起降借用汉口王家墩军用机场。1938 年 8 月抗日战事紧张,欧亚航空公司将飞机全部集中在重庆—汉口、桂林—汉口两线飞行，至武汉沦陷时方停止运营。在此期间，欧亚航空公司在汉口设有航油供应中转点，航油先由香港经广州陆水转运至汉口，然后再由汉口经铁路和水路转运至西北和四川，以维持航班飞机使用。

在上述全国性航空公司之外，武汉还曾成立有本土的航空公司。1929年，"汉口中华航空协进会组织武汉民用航空股份有限公司"成立，公司股本达到十五万元，"飞机场设于公共体育场。是月四日开放游览飞行，乘者甚众，不收票价"①。其后，公司定"每星期日三六为游览日期。票价甲三十元，飞行三十分钟；乙十元，飞行十五分钟"②。由此可见，武汉民用航空股份有限公司带有明显的通用航空性质。

二　机场建设的滞后

作为航空事业最重要的基础设施——飞机场，中华人民共和国成立前武汉先后拥有四座，大多为军用机场。其中，修建于1929年的汉口江岸分金炉水上机场为武汉地区最早的民用机场，"主要供中国航空公司沪蜀航线飞经汉口时水陆两栖飞机起降之用，至1938年日军侵犯武汉时关闭"③。

1927年南京国民政府成立后，为巩固国防，行政院通令要求各省积极发展现代航空事业，建设各类军民用机场。经湖北省考察，认定"汉口地居我国中枢，实为今日商务及军事唯一重镇，机场设立尤为急需"，故决定在汉口王家墩修建军用机场。1931年，王家墩机场动工修建，"该飞机场前由第四集团军航空处勘为军民两用飞机场"，"在该场建筑飞机棚厂及修机场并航空站等等，共费拾余万金"。机场建成后，因设施齐全，被认为"不啻全国最完善之机场"④。王家墩机场建成后，

---

① 张心澂:《中国现代交通史》，上海：良友图书印刷公司1931年版，第400页。
② 张心澂:《中国现代交通史》，上海：良友图书印刷公司1931年版，第401页。
③ 武汉地方志编纂委员会主编:《武汉市志·交通邮电志》，武汉大学出版社1998年版，第400页。
④ 《训令（第一九九〇号）：令湖北省政府为军政部请划王家墩地址为飞机场案由》，《行政院公报》第58期，1929年。

主要用途为军用。1938年武汉会战时期中国空军多次从该机场起飞与日军战斗。"以武汉王家墩机场等为基地，中苏空军在武汉空战（1938年2月至5月）和武汉会战（1938年6月至10月）期间，联合抗击了来犯日本飞机，掌握了武汉制空权，也打破了日本空军不可战胜的神话。"① 抗战期间，王家墩机场因其重要性也成为日军重点轰炸的对象，1938年9月26日，"下午三时廿三分又有敌机四十架，分为数批，由鄂东分向武汉进犯，相继窜入武汉上空，在王家墩投下小型炸弹四十五枚。该处民房两间被焚，伤市民七人死二人"②。

武昌南湖机场修建于1936年，但其缘起要追溯至辛亥革命。"1911年辛亥革命爆发之后，中国曾组建4支航空队，湖北军政府航空队就是其中之一。早期有一个飞行家叫潘世忠，专门主持装配和试验工作，准备进行飞艇运输，就在武昌南湖修建了飞艇库。第一次世界大战期间，飞机正式进入军事领域。国民政府曾在各地建立了飞机修理工厂。因为武昌南湖飞机修理厂可进行飞机的简单修理和配换零件，便成了中国最早建立的飞机修理厂之一。"③

在1936年，武昌南湖机场由湖北省建设厅主持修建，占地有4000余市亩，主要用途亦为军用。机场原有1条东西向长1450米、宽50米、厚0.10米的水泥面跑道，无底层基础；还有1条南北向长1550米、宽50米、厚0.10米的水泥面跑道（仅中段约800米有片石底层），"在1938年武汉沦陷前由国民政府航空委员会空军总站管理使用"④。

武昌徐家棚机场在1943年由日军修建，抗战胜利后被国民政府空军第四军接收。1947年，划归国民政府交通部民用航空局管辖，性质改为军民共用。

---

　　① 刘功虎、张晟：《1938年从王家墩划出"正义半径"》，《长江日报》2013年8月15日第5版。
　　② 《敌机袭武汉》，《中央日报》1938年9月27日第3版。
　　③ 张益游：《怀念逝去的南湖机场》，《档案记忆》2023年第3期。
　　④ 武汉地方志编纂委员会主编：《武汉市志·交通邮电志》，武汉大学出版社1998年版，第401页。

总体而言，现代航空事业在近代中国不甚发达，整体发展水平较低。武汉虽一度被作为区域航空中心进行建设，但受制于国家工业水平的低下以及经济实力的积弱，无论是航线设置、机场建设，还是飞机数量、航空管理，城市航空事业的基础相当薄弱。

第五章　多样化的市政交通

与铁路、轮船同时，人力车、马车、汽车等现代城市公共交通工具先后传入武汉三镇，极大改变了市民的日常生活，扩大了市民的交往范围，城市社会生活样貌呈现出新的变化与新的特征。

第一节　轿子、马车与人力车的共存

晚清以降，随着武汉三镇市政建设尤其是道路建设的不断强化，带有近代色彩的人力车、马车等交通工具出现在三镇街头，现代城市公共交通开始萌芽。

一　轿子、马车等传统出行方式的更迭

传统时期，中国城市是所谓的"步行城市"（美国城市史学家 Sam B. Warner 语），轿子是城市主要代步工具，但也仅限于达官贵人使用。在街道上行走的"除了步行者，有乘轿子的，偶尔也有坐在手推车上的和骑马的"[1]。清末，武汉三镇亦设有多个轿点，供民众租用轿子，"武昌设轿点 48 个"[2]，汉口沿江、沿河一带均设有轿点。

---

[1]　[美]罗威廉：《汉口：一个中国城市的商业和社会（1796—1889）》，江溶、鲁西奇译，中国人民大学出版社 2005 年版，第 30 页。
[2]　《武汉公用事业志》编纂委员会：《武汉公用事业志（1840—1985 年）》，武汉出版社 1990 年版，第 29 页。

从事抬轿工作的人俗称轿夫,亦称"红白扛",在当时被视为"贱民",三代不准参加科举考试。轿夫的装束、语言和步伐均有严格规定。"轿夫通过长期的辛勤劳动,为了调节前后轿夫的步伐,保证行旅的安全,逐渐形成了一种报路对话。后面的轿夫不能辨路,需要前面轿夫报导,以提高警惕,避开障碍,妥善地进退、上下、起落、拐弯。"[1] 尤其是抬官轿时,规定不允许喊"号子",遇有障碍物,则以"行话"前呼后应,若违反规定要受到衙役毒打。

轿子的型式多样,"由2人抬的叫街轿,又叫二姑鲁或对班;3人抬的叫丁拐;4人抬的叫四人轿;8人抬的叫八抬"[2]。辛亥革命后,武汉三镇3人抬(前2人后1人)和2人抬的小轿较为盛行,"雇用方便,无统一价目,每华里约200至300文,路近单价贵,路远则廉,单程亦贵,来回又廉"[3]。1931年汉口大水后,因速度慢、效率低,加之与社会倡导的平等、现代观念有所抵牾,轿子逐渐被人力车所代替,退出城市公共交通的舞台。轿夫大多转为人力车夫,"轿码头"亦成为人力车停车站。

与轿子类似,马车在传统社会主要是富商、权贵自用为主。到晚清时期,马车开始转向城市公共交通,并在城市公共交通中占据一席之地。1903年,马车作为公共交通工具出现在汉口街头。当年汉口六渡桥开设了第一家马车行——龙飞马车行,有10多辆轿式马车面向市民出租。当时的马车设施较为简陋,以马拖车,设座4个,车费略低于人力车。

1905年,汉口后城马路开始修筑,政府就计划像管理人力车那样,"马车暂设六部,亦招人承领"[4]。其后,有不少富商巨贾涉足该行业,如"富商蔡荣近纠集股本三万元,勘定一马头地方,开设马车公司"[5]。

---

[1] 舒国藩:《也谈轿和轿夫》,《文史杂志》1990年第2期。
[2] 舒国藩:《也谈轿和轿夫》,《文史杂志》1990年第2期。
[3] 《武汉公用事业志》编纂委员会:《武汉公用事业志(1840—1985年)》,武汉出版社1990年版,第29页。
[4] 《志汉口新开马路情形》,《申报》1906年6月4日第10版。
[5] 《组织马车公司》,《申报》1907年2月18日第11版。

清末民初汉口的马车多行驶于后城马路及租界，乘车者多在怡园附近候车。① 行驶路线为汉口至沿江大道和三元里等线。马车进入市政交通体系后，一度风行街头，"凡贵族达人，无不驷马高车，丢圈兜风，驰驱于十里洋场之内，绵亘蜿蜒颇饶兴趣"②。到 1910 年，汉口有马拉轿车40 辆，为客代步。总体而言，在武汉三镇的公共交通中，马车所占比例仍显较低，除汉口外，武昌、汉阳均没有用于出租使用的马车行。即使在汉口，用于公共出行的马车也是极为有限，大部分马车还是集中在富商巨贾手中用于私人使用。《申报》1910 年刊登的美国实业团来汉参观访问的新闻就能明显地看出这一点：

> 二十八日辰，汉口总商会备马车数十辆候于旅馆之前，马夫均系新制绸衣袖上缀以徽章，即中美交欢国旗也。并于英界五码头江岸备小火轮一艘铺陈亦极华美。是时美团往玻罗馆早茶后即分乘马车小轮由商会特派员伴同往下游孙家矶地方扬子机器厂阅视一周，十一点钟时复乘火轮往汉阳考查铁厂。③

马车因使用畜力作为动力来源，故其进入城市公共交通体系后，始终面临三大问题：

其一，马车业投入成本较大，致使其发展规模始终受限。按照 1934 年的统计，"每车一辆，须费资本千元上下，每辆车又须三四匹马，以资轮班更换，尤其车之零件有损坏时，添置修补，动费十余元或数十元以上，其车之成本如此"④。昂贵的投资使很多商人望而却步，直接导致汉口马车业整体规模有限，在城市公共交通体系中的地位颇显尴尬。

---

① 武汉书业公会编纂：《汉口商号名录（附汉口指南）》，武汉书业公会 1920 年版，"汉口指南"第 90 页。
② 《马车业十里洋场一落千丈》，《汉口中西报》1934 年 9 月 15 日第 2 张第 8 版。
③ 《美实业团游鄂详纪》，《申报》1910 年 10 月 7 日第 1 张第 2 版。
④ 《马车业十里洋场一落千丈》，《汉口中西报》1934 年 9 月 15 日第 2 张第 8 版。

其二，马匹控制不当，极易造成交通事故。宣统二年（1910），汉口华商举办赛马比赛，"观赛者兴高采烈，歆生路车龙马水，举国若狂"，人潮拥挤之时，恰有"马车一辆，加鞭疾驰"，正遇见前面"有妓女田金花之母坐人力车缓缓而行，避让不及，致被马车乱撞"，直接导致"血染鲜红，手臂伤其痛"[①]。马车事故严重时甚至会导致无辜人等毙命街头。1933年11月14日下午2点30分左右，汉口居仁门中山马路第1414号居户家的4岁儿子正在街边玩耍，孰料厄运临头，"适有第五十六号马车，因与另一马车竞争生意，扬鞭急驰。致将小孩撞倒在地，轧伤胸部，当时毙命"。巡逻警察虽"将马车扣留并捕获马车夫一名带署"，但马车车主"夏某见已肇此大祸，当即逃去"[②]。

其三，由于马车动力主要来自畜力，其最大的问题即卫生问题。当时汉口的马车行大多并无马棚，"且马夫任意在公路溜放马匹，粪溺载道，狼藉异常"[③]。马车行业带来的城市公共卫生问题，自是被市政当局关注，遂采取各类措施严加限制。1929年，汉口市工务局联合卫生局出台《马车行整理办法》，力图实现"交通卫生兼顾并筹"之目的，其办法有5条：

（1）由马车行公会，共同设置放马场，以供溜马洗车停车之用。
（2）各户马车之马匹回场休息时，不准在马路上溜马，以除溲渤之秽。
（3）马车应停放屋后，不得停置马路边及铺面内，以免阻碍交通。
（4）由马车行公会雇用扫夫五名，专司打扫马路之责，以免臭气逼人，防害卫生。

[①]《马车肇祸》，《汉口见闻录》1910年5月18日"新闻"第1页。
[②]《马车轧毙小孩》，《汉口中西报》1933年11月15日第2张第8版。
[③]《取缔马车》，《新汉口：汉市市政公报》第1卷第6期，1929年。

(5) 如有故意不遵整理办法者，公同送官惩治，以儆效尤。①

同年，汉口市政当局又在《马车行整理办法》的基础上出台了更为细致、更为严苛的《马车卫生暂行规则》，对界限车夫、马车行的责任义务有明确的规定：

第一条　凡在汉口特别市区内以马车为营业者，关于卫生事项，均须遵照本规则之规定。

第二条　各马车行之卫生事项，得由卫生局派员随时检查，并指导改良。

第三条　马车行内，每日须打扫清洁。

第四条　马车行之马棚，不得临街设置。

第五条　马棚内须永久保持清洁，所有马粪应向本局指定地点倾倒之。

第六条　马车行不得当街溜马，并不得在街旁拴马，致易污秽。

第七条　马车内坐垫套布，须勤加洗濯，以保清洁。

第八条　马车全部，每日至少须洗涤一次。

第九条　凡马匹受有擦伤或染疾病者，应即医治，不得驱使。

第十条　凡违背本规则第三条至第九条规定之一者，卫生局得处以二元以上十元以下之罚金，如屡犯不遵者，得通知公用局追缴其执照或撤消之。

第十一条　凡经处罚之款，如有抗不遵缴者，得由卫生局知照该管警察署拘案惩办之。

第十二条　本规则如有未尽事宜，得由卫生局提请，市政会议议决修改之。

---

① 《工务卫生局拟定马车行整理办法》，《新汉口：汉市市政公报》第1卷第3期，1929年。

第十三条　本规则自公布之日施行。①

实际上，在卫生之外，武汉巡警在日常交通管理中，亦是严格甚至是严苛管理。当时的马车行从业者就总结了巡警管理的两种情况：

（一）全市停车场太少，往往有乘客雇车，而不肯就停车场上车，驾车者必驱空车以就乘客，但空车经过之路线，岗警即认定系空车游行，禁止不准通过。虽再三声明，贤者尚可通融，不肖者始终留羁不放。当或加以空车游行罪名，带局受罚。

（二）如乘客由甲地坐至乙地下车，而乙地距停车处又远，当然将空车驱回，停车地点乃斯时经过之路线。岗警依然留羁不放……乘客不耐等待，眼见其另雇人力车而去者。②

市政当局的种种限制，加之其他交通工具的竞争，"电掣云飞之汽车、摩托卡、脚踏车、黄包车无不争先耀目，与日俱增"。到1934年，汉口全市经营马车业者"只堪勉维现状"，马车数量"尚不满二百号之数"。从业者一片哀嚎，"以本业所受限制太严，所感痛苦最深，前途更属岌岌可危"③。

近代城市市政交通中的轿子、马车都源于传统时期，运作形式相较过去并无太大改变，其相对复杂、缓慢的特征与近代城市生活便捷、快速的节奏必然产生矛盾，这也导致轿子和马车等交通形式在近代城市市政交通中不可能成为主流形式，只能在交通体系中扮演次要、补充角色。伴随着经济社会的发展及技术的进步，轿子、马车最终被时代所淘汰，成为城市生活回忆的一部分。

二　人力车与城市社会生活

汉口开埠后，随着城市经济的发展，城市人口迅速增加，加之城区

---

① 《取缔马车》，《新汉口：汉市市政公报》第1卷第6期，1929年。
② 《马车业十里洋场一落千丈》，《汉口中西报》1934年9月15日第2张第8版。
③ 《马车业十里洋场一落千丈》，《汉口中西报》1934年9月15日第2张第8版。

面积的扩大、人口流动的频繁，传统的缓慢的交通方式已远远不能满足新的交通需求，在这一社会背景下，人力车被引入晚清武汉三镇。

（一）"汉市第一之交通机关"

人力车于 1860 年代末发明于日本，后在中国、朝鲜、东南亚、印度等地迅速走红。"这项发明出奇成功地将低资金投入、低技术门槛和大量个人出行需求结合在一起，使人力车成为亚洲各大城市的一道风景线。"[1] 1888 年，人力车首先出现在汉口租界中。1901 年，汉口租界当局对界内人力车进行登记，开始征收税捐，正式批准四家车行对外营业，并规定了车行的运营规模，其中：法商利通车行 500 辆、美商飞星车行 320 辆、华商客记和富记车行 180 辆（实际运营车辆未有如此数量）。[2] 到 1905 年，"汉口租界人力车共有六百乘"，租界当局"因洋场商务日渐发达，业饬加添一百乘，俟后城马路告成后另添三百乘"[3]。1907 年，汉口后城马路筑成，人力车开始出现在华界地区。后城马路筑成之初，"定章只准行驶东洋车二百辆"，后官府又决定"添车一百辆"[4]。这样，后城马路上行驶的华界人力车数量达到 300 辆。到 1910 年时，汉口警察厅管理下行驶后城马路的人力车达 500 辆，出租人力车行有 20 余家。当时，华界人力车行多设在居仁门附近，人力车夫亦多数聚居于此。[5] 人力车的迅速发展，甚至使"生意寥落，各车夫久有减捐减租之约"，孰料"马路工程局于十六日复出谕示令改章加捐为培修马路之费，以致各车夫不服，群相罢业"。"后经公记车行某君调处，拟照旧章再减捐钱二十文，车夫始各解散。"[6]

武昌出现人力车较汉口为晚，最初仅额定 600 辆的车辆额度，但到

---

[1] ［美］史谦德：《北京的人力车夫：1920 年代的市民与政治》，周书垚、袁剑译，周育民校，江苏人民出版社 2021 年版，第 27 页。

[2] 吴华、李俊：《民国大武汉城市公共交通》，《档案记忆》2020 年第 5 期。

[3] 《推广人力车》，《申报》1905 年 4 月 21 日第 17 版。

[4] 《后城马路添车》，《申报》1907 年 3 月 16 日第 10 版。

[5] 鄢少霖：《武汉市人力车业概况》，武汉市工商联合会编《工商业改造文史资料》，武汉市档案馆藏，档案号：119-130-93。

[6] 《车夫因捐罢业》，《申报》1907 年 6 月 3 日第 12 版。

1910年,"武昌省通行之人力车有七百八十乘"①。相较汉口、武昌,人力车在汉阳的出现则颇费周折。1907年5月,汉阳人力车由"行利(笔者注:当为利行)公司专办,俞地山明府已办,就车辆一百乘定于本月十五日行驶,俟生意畅旺再当增加"②。但该项事业"被守旧绅民所阻扰,卒未实行",后经多方交涉,由"该郡巨绅万某购车一百乘,另出经费洋三千元修筑道路,已禀准地方官立案保护,定于五月初一日一律行驶"③。到1911年,武昌、汉阳两地人力车发展至800辆。

人力车在武汉三镇的风行,自有其优势所在。一是价格相对便宜。人力车只须一人拉动前行,而轿子等则须二人共抬,因而价格自然便宜。二是速度相对较快。"因为它在构造上有力学原理,使之坐上人之后,利用重量的压力促使车轴向前滚动。"④ 较之抬轿大为省力,所以车夫能够拉动车子跑步前行。三是改进后的人力车对道路的要求大为降低。"既能在碎石路上与其他轻便或宽轮载具(比如自行车或汽车)一争高下,且依旧还能在未经改善的道路上发挥自如。"⑤ 正因如此,人力车逐步取代了传统的轿子,在城市逐渐普及,"国内各商埠、都会,以至各城镇,几莫不赖以为交通之利器"⑥。汉口当年一首歌咏人力车的《竹枝词》就曾这样写道:"富商巨贾各包车,不若街车更稳些。宽座广轮平似砾,任从牵拽不倾斜。"⑦

到民国时期,由于汉口以公共汽车为代表的机械力交通形式范围有限,"除汉口租界及后城马路模范区一带可通汽车马车外,其余街道狭隘,仅可通行人力车"⑧。三镇中的武昌、汉阳更是长期未见公共汽车

---

① 《巡宪拟减还人力车原额》,《汉口见闻录》1910年4月22日"新闻"第1页。
② 《定期行驶人力车》,《申报》1907年5月25日第12版。
③ 《汉阳创行人力车》,《时报》1907年6月5日第3版。
④ 邓云乡:《增补燕京乡土记》(下册),中华书局1998年版,第499页。
⑤ [美]史谦德:《北京的人力车夫:1920年代的市民与政治》,周书垚、袁剑译,周育民校,江苏人民出版社2021年版,第29页。
⑥ 王清彬等编辑,陶孟和校订:《第一次中国劳动年鉴》,北平:北平社会调查部1928年版,第613页。
⑦ 徐明庭辑校:《武汉竹枝词》,湖北人民出版社1999年版,第246页。
⑧ 《武汉之人力车》,《中外经济周刊》第195期,1927年。

踪影。这些区域的民众出行尚以人力车为主，故而人力车自晚清引入武汉后，在这一时期获得了极大的发展。时人甚至有叹："汉口市内第一之交通机关云何？即人力车是也。"①

相比晚清，民国时期武汉地区的人力车增长颇多。1912年，"汉口出租之人力车已自八百辆增至一千三百辆"②。1919年，汉口全市有人力车2000辆，大部分集中在租界，"约有一千四五百辆。此一千四五百辆为十三家车主所有，即华青号、楚通号、华通号（德租界）、鼎怡号、协隆号、利通号、飞星号、合兴号（法租界）、义利号、源成号、富礼号、宝顺号、裕来号是也。利通号有四百辆，故在车主中首屈一指。合兴号为最少，只有二十辆而已"③。1926年，武汉人力车的数量大幅攀升。除自备车外，武汉三镇有人力车4455辆，其中武昌1200辆，汉口2966辆（华界1466辆，租界1500辆），汉阳289辆。④ 到1929年，这一数字又有所增长，除武昌外，汉口计有人力车3766辆（华界2266辆，租界1500辆），汉阳有339辆。⑤ 1938年沦陷前，武汉人力车数量达到最高峰的10397辆，分属于武汉三镇100余家车行，全市人力车夫有3万余人，主要是来自周边黄陂、孝感等地的失业贫民。⑥

中国的人力车引进自日本，故最开始叫"东洋车"。"早期的人力车，看上去就像把一个轿车座位卸下之后，笨拙地安在一根车轴和两个过大的轮子上。"⑦ 为了提高乘坐舒适性，人力车先后进行了两次大的

---

① 《人力车夫之生活》，《时事新报》1919年1月11日第3张第4版。
② 《汉口租界人力车夫今日（二十九日）齐行罢工》，《时报》1912年8月31日第2版。
③ 螺隐：《汉口人力车之内幕》，《时报》1919年1月14日第3张第7版。
④ 《武汉之人力车》，《中外经济周刊》第195期，1927年。
⑤ 《汉口的人力车问题：关于人力车的又一报告》，《新汉口：汉市市政公报》第1卷第4期，1929年；《汉口的人力车问题：统一全市人力车》，《新汉口：汉市市政公报》第1卷第4期，1929年。
⑥ 《武汉公用事业志》编纂委员会：《武汉公用事业志（1840—1985年）》，武汉出版社1990年版，第30页。
⑦ ［美］史谦德：《北京的人力车夫：1920年代的市民与政治》，周书垚、袁剑译，周育民校，江苏人民出版社2021年版，第27页。

图 5-1　汉口市公安局检查人力车

资料来源：朱其明：《汉口市公安局于前日检查人力车》，《时报》1930 年 11 月 19 日第 2 张第 5 版。

改良：第一次是将木车轮改成钢圈，外嵌以充气胶胎，车辐改用钢丝，车轴内装上滚珠，车座改成车厢并配有柔软舒适的座位；第二次则是将车厢涂上鲜艳的黄色亮漆，上罩以皮篷或油布篷。雨板上装有伞形的"三炮台"车灯，跳板上还配有踏铃。这样行走起来，亮光闪闪，响铃叮当，因其色黄，所以人们叫它黄包车。①

武汉（主要是汉口）的人力车大致"分为营业车、自备车与黄包车三种，其性质各不相同"②。营业车又称为贸易人力车，主要行驶于华界和租界的马路；黄包车又称为内街贸易包车，主要行驶于华界旧街

---

① 刘秋阳：《困顿与迷茫——近代的武汉人力车夫》，《学习月刊》2007 年第 4 期。
② 《武汉之人力车》，《中外经济周刊》第 195 期，1927 年。

道;"自备车则为住户或商店所购置,以备私人乘坐之用"①。人力车行当规矩甚多,汉口的人力车行就曾规定:"车工须穿印有车号的'号衣';拉车时不能袒胸露背,不准东张西望;不准拉空车在街头游荡和横穿马路;租界内不准车夫高声和吐痰;不准兜客,待雇时应在停车点,并坐在脚踏板上双脚不准伸出等。"②

　　武汉三镇人力车业在民国时期的发展完全是一种不正常、不平衡的发展,这就给人力车业带来了诸多问题:一是车多而乘客少,直接导致车夫每日收入减少,加之车行时常加租,使车夫生活更显困顿,不得已之下,车夫们采用各种手段以降低支出提升收入,说理、拒缴、罢工斗争时有发生。二是人力车应以载人为主,但迫于形势,很多人力车时常以拉货为生,而这明显触动了码头工人及板车行业的利益。两大行业之间为了利益争论不已,万般无奈之下,政府甚至下令:"凡用人力车拖运货物者,每一物主以一车为限,其用两辆以上拖运货物者,应查照前令,实行取缔。"③ 三是乘客与车夫之间,"往往因多索少给,发生纠纷",市政当局为解决这一问题,"免除此种纠纷,维持社会秩序计",甚至出台人力车乘车"官方指导价"(见表5-1、表5-2),但为了规避责任、避免麻烦,又称"人力车通过街路地段店户有疏密,交易有淡旺,未可以距离远近,定车价高低。故此项价目,亦不易制成一定标准"④。

表5-1　　　　　　　　由一码头至各要区之规定价目

到达区域	大约里程(里)	经过街道店户之稀密	价目(文)
怡园	0.8	密	160
老圃戏园	1.2	密	240
会通路	1.3	密	260

---

① 《武汉之人力车》,《中外经济周刊》第195期,1927年。
② 吴华、李俊:《民国大武汉城市公共交通》,《档案记忆》2020年第5期。
③ 《人力车拖运货物 一主一车为限》,《汉口中西报》1935年5月16日第2张第8版。
④ 《汉口的人力车问题:规定人力车价目》,《新汉口:汉市市政公报》第1卷第4期,1929年。

续表

到达区域	大约里程（里）	经过街道店户之稀密	价目（文）
云樵路	1.0	稀	200
青年会	1.1	密	220
民众俱乐部	1.3	密	360
六渡桥	1.5	密	300
市政府	2.0	密	400
满春马路	1.3	密	360
慈善会	2.2	稀	420
中山公园	3.0	稀	540
礼仁门车站	2.0	稀	300
法界三码头	2.0	稀	360
特一区五码头	1.5	稀	240
特二区六码头	2.6	稀	460
日界三码头	3.4	稀	620
邮政总局	0.8	密	160
长乐戏园	1.8	密	280

资料来源：《汉口的人力车问题：规定人力车价目》，《新汉口：汉市市政公报》第1卷第4期，1929年。

表5-2　　　　由大智门火车站至各要区之规定价目

到达区域	大约里程（里）	经过街道店户之稀密	价目（文）
青年会	0.8	密	160
邮政总局	1.5	密	300
卷烟局	1.3	密	280
编遣办事处	1.6	稀	300
怡园	1.5	密	280
老圃	1.6	密	320
民众俱乐部	1.5	密	300
长乐园	1.5	密	300
六渡桥	1.8	密	340
满春	2.0	密	380
慈善会	2.2	稀	400

续表

到达区域	大约里程（里）	经过街道店户之稀密	价目（文）
市政府	2.2	稀	400
中山公园	2.5	稀	500
一码头	2.0	密	360
特一区码头	1.8	密	320
法界码头	2.0	密	380
特二区码头	2.2	密	420
日界码头	2.8	稀	540
中山日报社	2.3	稀	440
民生路	1.6	密	300

资料来源：《汉口的人力车问题：规定人力车价目》，《新汉口：汉市市政公报》第1卷第4期，1929年。

除规定人力车价格之外，汉口市政当局还针对当时"人力车种类复杂，不但坐车的人感觉不便，且各分界限，交界处车辆真是拥挤不堪"①的局面，先后出台《管理车行规则》《取缔车辆罚则》《例期检验车辆规则》等规定，要求人力车定期检验，统一号牌。在武昌、汉阳，曾出台《整顿人力车办法》，规定"绝对禁止老年幼童拉车""定期洗涤坐垫靠背之白布套""整理各项设备""严厉取缔转租""掉换破坏车灯"②。

（二）人力车夫悲惨之生活

武汉人力车夫的来源主要可分为三类：一是周边乡村的失地农民，该类占据绝大多数。1935年武昌市政府曾有调查，"在汉阳方面的人力车夫中沔阳人占39.6%；武昌方面人力车夫大部分是鄂城、黄冈、黄陂为最多，占80%以上"③。二是城市贫民和失业者。三是城市无业游

---

① 《汉口的人力车问题：统一全市人力车》，《新汉口：汉市市政公报》第1卷第4期，1929年。

② 《国内劳工消息（五月份）：武昌汉阳整顿人力车办法》，《国际劳工通讯》第9期，1935年。

③ 刘秋阳：《困顿与迷茫——近代的武汉人力车夫》，《学习月刊》2007年第4期。

民、退伍士兵、小商小贩和其他劳动者,甚至还有落魄无着的大学生。

从事人力车夫行业并无太高技术门槛,但劳动时间长,劳动强度大,自是身强力壮者方可负重,故武汉三镇的人力车夫大多为青壮年男性(见表5-3)。

表5-3　　汉口市人力车工生活状况调查(1936年12月)

分局名	车工人数	高度年龄			低度年龄	家属人数	从业时间		
		60岁以上	55岁以上60岁未满	50岁以上55岁未满	17岁以下		1930年以前	1931年以后	1936年以后
一	295	1	9	30	2	1123	115	154	26
二	809	11	28	66	22	2586	14	527	268
三	851	10	26	62	12	3301	5	528	318
四	85		6	5		347	3	59	23
五	8					22		7	1
七	838	5	16	59	9	2974		580	258
八	1596	23	50	122	33	4972	176	956	464
九	958	7	23	71	14	3345	38	580	340
十二	1863	14	37	129	7	5932	9	1100	754
十三	162	1	2	3	4	661	24	102	36
十四	44		1	2	4	191	7	29	8
十五	112		2	2	3	268	18	70	24
十六	30		1	1		118	1	24	5
合计	7651	72	201	552	110	25840	410	4716	2525

资料来源:《汉口市人力车工生活状况调查表》(二十五年十二月),《湖北省政府公报》第274期,1937年。原数据计算有误,已进行修正。

由表5-3可以计算出,在汉口总计7651名车夫中,60岁以上(含60岁)者占0.94%,55岁以上至60岁不到(含55岁)者占2.63%,50岁以上至55岁不到(含50岁)者占7.22%,18岁至49岁者占87.77%,17岁以下(含17岁)者占1.44%。从这一年龄分布来看,18—49岁的青壮年最多,这也基本符合行业发展特征。但必须要看到，60岁以上（含60岁）者、17岁以下（含17岁）者共计占到了总数的2.38%，而最大年龄达到了68岁，最小年龄仅为12岁（见表5-4），不得不让人感叹民众生活之艰辛。

表5-4 汉口市人力车（高低度）年龄分配状况统计（1936年12月）

分局名	车工总数	60岁以上人数									17岁以下人数					
		68	67	66	65	64	63	62	61	60	17	16	15	14	13	12
一	295				1						1	1				
二	809		1	1	1		1		2	5	13	8	1			
三	851	1			3		1	1	3		5	5	3	2	1	1
四	85															
五	8															
七	838					1			1	3	5	3	1			
八	1596		2	1	1	2	2	4	5	6	11	12	8	1	1	
九	958				2			1		4	5	5	3	1		
十二	1863			1		3		2		3	2	2	1			
十三	162									1	2		2			
十四	44										1		3			
十五	112										1	1		3		
十六	30															
合计	7651	1	3	3	6	7	5	7	12	28	44	35	22	7	1	1

资料来源：《汉口市人力车工生活状况调查表》（二十五年十二月），《湖北省政府公报》第274期，1937年。

在武汉所有工人群体中，"以车夫为最贫苦，当为全市市民所共认"①。首先，人力车夫工作时间长，工作强度大。以汉口为例，"车照共分红牌、蓝牌、白牌三种，在华界者大抵白牌。营业情形，按日三班，亦间有分两班，时间由车夫自定"②，大部分人力车都会分为三班，

---

① 《汉口的人力车问题：关于人力车的又一报告》，《新汉口：汉市市政公报》第1卷第4期，1929年。
② 平凡：《汉口人力车夫赚钱之能力》，《福报》1931年6月4日第1版。

"早六时至十二时为第一班,午十二时至晚六时为第二班,晚六时至夜十二时为第三班"①。汉阳人力车由于乘客稀少,基本上都分为两班,上午六时至十二时为第一班,中午十二时至晚上十二时为第二班。无论是两班还是三班,人力车夫的工作时间最少都是 6 小时,多者达到了 12 小时。此外,人力车夫主要在户外工作,受天气影响颇大,尤其是暑天之时,"拖车行走,无不汗流浃背"②,严重者"往往有因受热过度,因而倒毙之情事发生"③。

其次,车租高昂,收入微薄,仅能糊口。1919 年,汉口人力车每日租金 1000 文;④ 1929 年,汉口华界白牌人力车的车租就涨到了每日 1 串 360 文;⑤ 到 1935 年,车租飞涨到了 1660 文。⑥ 相较租金的不断上涨,车夫收入未见任何涨幅。1919 年,"车夫每日之所入不过七八百文"⑦;到 1931 年,汉口华界车夫"分三班者,每天可盈余三串(每串八百文),两班者四串左右",租界车夫收入稍高,"蓝牌每天可盈余一元,红牌一元二角左右"⑧。十余年间,人力车夫的收入看似有所增长,但将通货膨胀因素纳入其中,收入实际上是不增反降。收入未见增长,但车夫的支出却不见减少,"尚须支出一日间三四次之饮食费"⑨,"还要住屋吃饭穿衣养活老小。这种苦困也就可想而知了"⑩。一旦遇到车辆损坏,"即须赔偿,往往有所入不敷一次赔偿之现象,可见苦工之不能事储蓄,而劳工生活,诚天下最苦之事也!"⑪

---

① 《武汉之人力车》,《中外经济周刊》第 195 期,1927 年。
② 《武昌人力车罢工风潮详纪》,《时事新报》1917 年 9 月 29 日第 2 张第 2 版。
③ 吴国桢:《取缔乘坐人力车者催促车夫加紧奔跑以重人道仰遵照办理具报》,《湖北省政府公报》第 49 期,1934 年。
④ 《人力车夫之生活》,《时事新报》1919 年 1 月 11 日第 3 张第 4 版。
⑤ 《汉口的人力车问题:关于人力车的又一报告》,《新汉口:汉市市政公报》第 1 卷第 4 期,1929 年。
⑥ 《本市车业 工商争执悬案解决》,《汉口中西报》1935 年 7 月 6 日第 2 张第 8 版。
⑦ 螺隐:《汉口人力车之内幕》,《时报》1919 年 1 月 14 日第 3 张第 7 版。
⑧ 《汉口人力车夫赚钱之能力》,《福报》1931 年 6 月 4 日第 1 版。
⑨ 《人力车夫之生活》,《时事新报》1919 年 1 月 11 日第 3 张第 4 版。
⑩ 《汉口人力车二次大罢工》,《民国日报》1921 年 12 月 9 日第 2 张第 7 版。
⑪ 《汉口人力车夫赚钱之能力》,《福报》1931 年 6 月 4 日第 1 版。

最后，人力车夫往往受到车行、包头及巡警的多重压榨剥削。如法租界的利通车行，"待遇车夫，尤为酷虐。凡车夫差了车费，便将他们私刑吊打"①。所有车行都设有包头，"对于车主负一切之责任"，1919年汉口全市人力车行"包头之总数约二百人"②。包头的收入基本上来源于车夫的租车金。巡警作为交通秩序管理者，亦是"助桀为虐"，"动辄即打罚，无所不至。譬如偶然把路线拖错了，即踢几脚、罚半块钱，这时他们底家常便饭，可是车夫就受不起了"③。

总之，武汉人力车夫长期生活于社会的最底层，在多重因素作用下，他们的收入极为有限，基本上都挣扎在贫困线上。当时的新闻报道对此曾有入木三分的描写，兹录如下：

汉口的街道就只有那么宽——一丈多。热闹的数得清的就只那几条。不是没有宽的。有！沿江的马路有三四丈宽的，那像是外国侨民的专有地。来的是外人汽车；去的也是洋人的摩托。不要误会！不是中国人不能走；是中国人没有去的需要，因为那江边全是洋行和外国银行。

既然汉口的街道少又不宽。那电车、公共汽车等在汉口是不需要的了。马车呢？马车能到后花楼五六尺宽的十八世纪式大理石铺的路上去？所以人力车就有隙的充分发达起来，再加以今夏水旱灾的发生，全湖北的灾民，差不多都集中汉口。他们没有饭吃，稍有点气力的人，不论老小，就去拉人力车。全市的人力车夫，就足有一万五千多人了。

有车夫会投机的，咖啡馆的门前放下车。遇着个美国水兵，拉起飞跑。这时"钱"比他的"命"还要紧。三四角洋给了他，他可疯了，河南小馆里去吃一餐，鱼肉都有；还加点酒，一起会账也不过一角钱。车行去还了车租。余下的给几百文给妻小开火。再还

---

① 《汉口人力车二次大罢工》，《民国日报》1921年12月9日第2张第7版。
② 螺隐：《汉口人力车之内幕》，《时报》1919年1月14日第3张第7版。
③ 《汉口人力车二次大罢工》，《民国日报》1921年12月9日第2张第7版。

多的,老实点人吧,存在铁箱中;不老实的有的交了车,还要去沙家巷寻点野味。

……

那运气坏的,车的租钱也顾不到,夜深了,喝点眼泪;吃点北风;再装上一肚子闷气,肚子也似乎饱了。那知妻小也在挨饿呢!

像最后这些可怜的人最多。

生地的客人,总觉得汉口的人力车车价便宜的。他们不会欺你是生客而向你多要;那除非你是洋人。

从江汉路到记者的学校,廿多里路,还要放空车回来。顶多三角钱。而且他们同类因抢这笔生意,争得头破血流。结果:"渔翁得利"的拉着走了八丈远。

他们都是农民的缘故,太愚了吧!但他们里面还有文人,学生呢!

就在九月廿八日吧!某报的一个姓魏的记者,乘着人力车到万国跑马场去。车夫拉得太慢了,姓魏的下车给钱时,说了他几句。车夫冷笑的一声自言自语地:"我这不过吸上了鸦片吧?先前还不是一时的才子!"魏某怔住了,摇摇头表示不信。一阵沙来,汽车过去了!魏某即令伊以此为咏,那车夫不多思索下,随口就说出来:"风驰电掣往来频。绕脚黄沙拂面尘。寄语骄奢座上客,阿侬曾是个中人。"魏君大为惊异,送了他五块龙洋。这不但是汉口如此,别的地方,大概亦是流品很杂的。像这种车夫,原是自取之咎。不过大部份的车夫,都由农村破产而来,像上面所说的那个车夫,不过是一个例外的而已。近来因市面萧条,黄包车的营业,似乎亦大为减色,可谓车夫的不幸![1]

(三) 此起彼伏的人力车夫罢工

由于生活窘迫,加之车行经常加租,为提高待遇、争取地位,武汉

---

[1] 汪如玉:《人力车的片段》,《社会周报(上海)》第1卷第41期,1935年。

三镇人力车夫开展了多次罢工。1912 年,汉口人力车夫"因车多则竞争日甚,日入无几,度活维艰,要求车主减轻租费",由 800 文降低至 700 文,然车行坚不允许。车夫遂行罢工,其后 8 人被"捕房所拘",罢工规模随即扩大,"下午街中已不见一拉车之人"①。1917 年,武昌人力车夫亦发起罢工,起因同样是车行加租。"各行车价九日之内连涨三次(五百二十文涨至七百二十文)",加之车行将原本停放在车行的人力车全部放到市面上,"则车目加多,而行人又少,车价倍涨,而行路又难",人力车夫"虽竟一日之长,不能偿付车租",故"各处车夫相与一哄而散,均将所拖之车,一律送交车行"②。

在历次人力车夫罢工中,参与人数最多、影响最大的当属 1921 年汉口人力车夫罢工。1921 年 11 月,法租界利通车行意图将车租由 800 文加至 1100 文。人力车工人面对这一不合理要求,以罢工加以抵制。利通车行面对工人的罢工,不仅没有取消加租的意愿,反而执意要求人力车工人按照新的租价租车,否则不予放车。一时之间,劳资双方僵持不下。

面对此种情形,刚成立一个多月的由中共武汉党组织领导的中国劳动组合书记部武汉分部决定参与到此次罢工中。以林育南、施洋为代表的武汉分部与工人共同制定罢工计划,起草《罢工宣言》和《汉口租界全体人力车工人告各界父老兄弟姐妹书》,并在各大报纸登载以揭露人力车工人受压迫之事实。

其后,劳资双方在汉口青年会进行调解,但车行方面拒不满足工人的要求,调解无果。汉口人力车夫的罢工极大影响了汉口市民的日常出行,迫于压力之下,英法领事劝导车行取消加租的计划,但法商利通车行却不听劝导,坚持认为人力车工人因生活所迫不能长期坚持罢工,且担保"车夫必于一二日内照旧上工",并向其他车行承诺:"若车夫能罢工到一星期,所有各行损失,由利通担负赔偿。"③

---

① 《汉口租界人力车夫今日(二十九日)齐行罢工》,《时报》1912 年 8 月 31 日第 2 版。
② 《武昌人力车罢工风潮详纪》,《时事新报》1917 年 9 月 29 日第 2 张第 2 版。
③ 《汉口人力车夫罢工始末记》,《劳动周刊》第 18 期,1921 年。

为了扩大罢工的社会影响，取得罢工的最后胜利，1921年12月12日，中国劳动组合书记部武汉分部动员人力车工人"循序在英租界集合，共计六七千人"①，组成"车夫讨饭团"，在租界内展开声势浩大的游行示威，此举加速了罢工问题的解决。此后，汉口租界方、英法领事、租界各社团联合会等协调了罢工事件的处理办法：

（一）车价照旧，以两星之内不加价，由联合会、青年会、商会组织调查会，共同筹议解决。

（二）车行允免租价三日，其允免之车价，由各车夫公认，自愿缴存青年会保管，以备成立车夫工会之资。

（三）准于八日上午七时三十分，由各车夫至车行一律出车，届时由青年会担任派员及童子军到行维持。

（四）两星期内由三会推定代表各四人到青年会，研究善后办法。车夫车行包头，均各派代表四人与会。②

最后，劳资双方在汉口青年会以上述条件展开谈判以解决争端。施洋以人力车工人法律顾问身份参与会议，坚决拒绝加租，并赔偿工人七天未上工的损失费。罢工以工人的完全胜利而告终。

"1921年底的这次人力车工人大罢工是由中共领导的一次成功的罢工运动。在罢工过程中，中共将人数众多、比较散漫、大多数缺乏教育的人力车工人群体动员起来，将罢工运动表述为人力车工人渴望生存下去的呼声，并争取社会各界父老乡亲们的同情心，这种策略最终证明具有说服力。"③ 1921年汉口人力车夫罢工在工人运动史上亦有重要的影响。工人运动的先驱邓中夏就曾评价："共产党在一九二一年下半年的确渐能领导罢工了。特别是武汉因铁路工人与人力车夫两大罢工，开了

---

① 《汉口通信》，《时报》1921年12月12日第2张第3版。
② 《汉口人力车夫罢工始末记》，《劳动周刊》第18期，1921年。
③ 李伦：《中共早期在人力车工人群体中的动员》，硕士学位论文，华中科技大学，2021年。

当地一个新纪元。"① 共产国际代表马林对此次罢工亦有高度评价："汉口足以证明中国的劳动界已感触了一种新的精神。这个近代产业的最重要中心地发生了铁厂工人、兵工厂工人、人力车夫的大罢工。虽然他们的团体还很幼稚，只在他们罢工中才成立的，但他们都能达到胜利的结果。"②

综上可见，以人力车、马车等为主要形式的汉口近代交通的出现，一定程度上满足了市民出行的需求，推动了城市公共交通的近代化进程。这一进程一方面是近代工业化、城市化的客观需求，另一方面也得益于以道路建设为主的近代城市化的有力推动。与此同时，城市公共交通的近代化客观上促进了城市道路的建设步伐，推动了城市市政建设的近代化进程。如在汉阳城内，人力车的发展就促使了官府对道路的修筑，"汉阳城内组织人力车公司已纪前报。兹闻由官备款添设一利行公司专修道路，已于本月初一日开办，招雇工役修筑西城角大生堂永丰堤十五坎月湖堤小尾等处道路，一俟工竣即行开车"③。

第二节　公共汽车：城市交通的主力军

武汉三镇创设电车、公共汽车等的提议最早可追溯至1906年，但在地方政府与商绅的博弈中，创设电车的美好愿望化为泡影。而公共汽车也迟至1929年方才正式在汉口街头运营。然则，由于经营不善加之遭遇1931年大水，汉口公共汽车仅仅运营了3年就破产了。昙花一现的汉口公共汽车更像这座城市在20世纪30年代步履蹒跚的缩影。

一　电车计划的夭折

19世纪下半叶，有轨电车在马拉轨道形式的基础上逐步发展而来。

---

① 刘朋主编：《中共党史口述实录》（第一卷），中国古籍出版社2010年版，第11页。
② 孙铎：《中国劳动群众的觉醒》，中华全国总工会中国工人运动史研究室编《中国工运史料》，工人出版社1980年版，第117页。
③ 《开办利行公司》，《申报》1907年5月19日第12版。

1881年，德国工程师维尔纳·冯·西门子在柏林近郊铺设第一条电车轨道。1888年，经美国人C·J.范德波尔和斯波拉格多次改进，现代有轨电车出现并进入城市交通体系之中。

1890—1920年是有轨电车在世界范围大发展的时期。中国最早的有轨电车交通系统创办于1906年的天津。其后，各大城市纷纷引进有轨电车系统，上海（1908年）、大连（1909年）、北京（1921年）、沈阳（1924年）、哈尔滨（1927年）、长春（1935年）相继建造了有轨电车系统。① 汉口作为近代中西部最大的城市，修建有轨电车的倡议极早，但出于各种各样的原因，始终无法落地实施。

1906年，就在天津创办电车不久，汉口富商刘歆生"拟在汉口租界及华界后城马路，仿津沪电车办法，组织一电车公司，已备有资本二百万元"。为保障安全，刘歆生还"聘请电学专家研究避让之法，并教授司机人驾车法"②。可惜的是，因刘歆生"囤积后湖地皮，销场不旺"，导致流动资金紧张，"此事遂从缓议"③。1911年，出于利益计，国外势力盯上了汉口电车事业，"日前曾有某国商人呈请该国领事行文到商务总会，要求华洋合办汉口电车"。汉口商会自然不允此举，"谓上海天津电车悉属外人经营，屡肇祸端，现方欲收回而不得之际，恶得再蹈覆辙，贻患将来。当经议决，以自办为辞，覆文拒绝"④。

此后，创办汉口电车一事进入地方士绅视野。他们委托留日铁道院毕业生颜寅亮总揽此事，"集资创办汉口华界电车公司，商标名曰中孚"⑤。该计划"拟在汉口城垣马路上自桥口下至大智门，创办电车，计线路之长约八华里"⑥，之所以选取该线路，主要是考虑到"其沿路地皮宽有七八丈至十余丈不等，而电气铁路之轨间只预定三尺六寸，与

---

① 梁志权：《清末民初汉口创办有轨电车计划失败经过》，《湖北档案》2002年第3期。
② 《华商组织电车公司》，《申报》1906年12月31日第3版。
③ 《汉口组织电车公司之先声》，《申报》1911年8月4日第1张第4版。
④ 《汉口创办电车之先声》，《神州日报》1911年9月10日第3版。
⑤ 《中孚电车公司之进行》，《申报》1911年8月9日第1张第4版。
⑥ 《汉口创办电车》，《新闻报》1911年8月4日第2张第2版。

两侧之马车行人毫无关碍"①。项目总预算七十万元，"现已筹定的款十五万元，分存银行钱庄，愿入股者亦颇多。且间有川粤汉路股分之移入其中者，约计认定股分已过七十万元之数"②。建设工期仅需半年，"完全营业预算每月可收四万元上下，预定以百分之五作为国税，俟此路线告竣，再行推广"③。随后，中孚电车公司将相关计划、图示章程报送清廷邮传部。为争取邮传部的支持，颜寅亮还"亲自赴京禀部立案"，后又返汉在"后城马路歆生路光裕里设立事务所，延请诸发起人筹划进行方法"④。

邮传部对汉口电车创办的申请，却无甚担当，将该申请发回湖北地方当局，要求地方当局调查研究之后确定是否办理。当时的湖广总督瑞澂对汉口办理电车持支持态度，"以电车为繁盛市廛便利交通要政。汉口城垣马路自桥口至大智门一带市面日盛，非创办电车不可，况将来粤汉路告成，武汉地方繁盛必数倍于今，电车尤为交通上必要之事"⑤。但汉口人力车公司受电车创办后利益减少的影响，遂极力反对。不得已之下，鄂督瑞澂遂要求汉口巡警道、劝业道、江汉关道三家联合调查出具意见。巡警、劝业、江汉关三道议决之后，认定汉口不适合办理电车，理由有二：一是"后湖现未开辟成市，一片荒凉，后城行人绝少，人力车商均难获利"⑥；二是认为该计划中"预算营业每月可收入四万元，殊未通筹全局，悉心考查，此时开办电车不惟不能得利，且难敷开支，应俟川粤汉路告成，后湖市场臻盛，届时再准兴办，以免有亏商本"⑦。三道还援引刘歆生创办电车失败的案例，要求中孚电车公司放弃该计划。面对地方势力的阻挠，加之当时武汉政局不稳，鄂督瑞澂也

---

① 《汉口拟行电车之运动》，《时报》1911年8月3日第3版。
② 《汉口创办电车》，《新闻报》1911年8月4日第2张第2版。
③ 《汉口拟行电车之运动》，《时报》1911年8月3日第3版。
④ 《中孚电车公司之进行》，《申报》1911年8月9日第1张第4版。
⑤ 《汉口创办电车续闻》，《新闻报》1911年8月20日第2张第2版。
⑥ 《汉口取销电车》，《申报》1911年8月28日第1张第4版。
⑦ 《汉口电车暂行缓办》，《新闻报》1911年8月28日第2张第2版。

只能"颇以其说为然，已饬令该电车公司另营他项实业"①。

武昌首义后，汉口地方士绅反复提出修筑有轨电车。1912年，颜寅亮"以汉口自经兵燹，改良市政非开办电车，无以利交通，而惠行旅"②，遂"集合巨款组织武汉电车铁路会社，呈请市政厅立案"。线路相比晚清有所调整，"拟先从桥口正街至花楼作试办路线，如上海英租界大马路一样办法。俟此线有成效即行推广武汉各处"③。但面对此请，夏口知事徐兰如大打太极，"以电车为交通之利器，自属可行，惟汉口市政问题尚未解决，一切手续不便预定，仰即具禀交通部与建筑筹办处商酌办理"④。同年，汉口商人"胡文达集股二百万创办利行电车公司"，拟敷设电车线路。汉口市政当局则直接回复："汉口为将来中国第一市场，电车必获巨利，拟定为公家营业，俾专其利以辅助政费，故凡禀请承办者，皆暂不置可否。"⑤ 胡文达一度上书争辩，"谓泰西各国凡能获利之营业，多归商办，而商民不办者，则公家担任之，藉证公家为民之公仆，不与民争利也"，还以上海、北京电车事业均为商办为例，认为"汉口应归商办，酌提盈余报效公家可矣"，但汉口市政当局不为所动，"决定借款自修，必不允所请"⑥。

此后，汉口绅商又多次表达构建电车工程之意愿。1913年，"由巨商刘丹峰等呈请中央政府及黎副总统，准由该商等在汉开办电车公司"，刘氏为此还聘请"西人弗雷司勘定电车轨路"⑦。1914年，又有名李聘三的商人，"以修筑汉口电车名义入京私向日本某洋行订借款三百万元"，但因涉及外人插足，被"旅京鄂人所闻，群起反对，并作启事宣发各报声讨李氏罪状"⑧。同年，何茗青等人创办"商办汉口全埠电车

---

① 《汉口取销电车》，《申报》1911年8月28日第1张第4版。
② 《汉口创办电车之议复活》，《申报》1912年3月4日第6版。
③ 《筹办电车》，《湖南交通报》第1期，1912年。
④ 《汉口创办电车之议复活》，《申报》1912年3月4日第6版。
⑤ 《新汉口修建电车之问题》，《新闻报》1912年7月24日第2张第1版。
⑥ 《新汉口修建电车之问题》，《新闻报》1912年7月24日第2张第1版。
⑦ 《电车公司瞬将开办》，《时事新报》1913年9月4日第3张第4版。
⑧ 《汉口修筑电车之波折》，《电气》第6期，1914年。

股份有限公司",向汉口工巡处督办丁士源请示创设电车,但丁氏却毫不犹豫予以拒绝,一方面认为之前颜寅亮、胡文达等商人的创设电车申请"当时虽经交议,并无切实照准开办之明文",此次何氏的申请援引前情实无道理可言;另一方面,丁氏直言:"创办汉口电车一案,此项轨道敷设,应以汉口市街建筑为前提,一切设施方能妥贴。现在市街建筑尚未切实解决,轨道敷设应即缓办",至于何时及如何办理,"自当查酌地方情形,权衡缓急办理"①,实际上就是拒绝商办之提议。北洋政府内务部对此也颇为关注,曾有明令:"电车为市有营业之要图,汉口为各省交通之巨埠,此种事业洵宜有完全计画,庶于市政前途方易收整齐画一之效。兹据管理汉口工巡事宜丁士源详报,商人李国镛等禀请创办汉口电车业已据案批驳,详情备案等情,办理尚属妥协,拟准备案并批饬。嗣后如规定汉市电车计画仍随时报部查核。"② 1917 年,汉口商人覃寿堃提议创办电车,所拟路线约长 20 里,但江汉关监督吴仲贤认为"创办电车诚为要政,惟事体甚大,应有完全之计划,庶于市政前途、股东资本两无损害",而覃氏的计划"总计资本为数太巨,恐未易集",且线路"经过之城垣马路(中略)必须购地填土方能建筑"③,施工难度大,故对其申请予以驳回。

1922 年,汉口知名商绅蔡辅卿也提议设立汉口电车公司,"原令股本二百万元,其计划自桥口至刘家庙一段,先行建筑并以余利百分之五,充慈善业之经费"④,但最终不了了之。1924 年,另一大商、创办既济水电公司的宋炜臣"鉴于汉口为中国有数商埠,因交通阻塞,市面难期发展"⑤,遂"纠合资本家多人,组织汉口电车公司,资本额定五百万元"⑥,拟修建电车线路 2 条,"先以铁路后硚口罗家墩起,至刘家

---

① 《创办汉口电车之波折》,《申报》1914 年 9 月 30 日第 6 版。
② 《江汉关监督兼任外交部特派湖北交涉员管理汉口工巡事宜丁士源据案批驳商人请准创办汉口电车的文书》,中国第二历史档案馆藏,档案号:1001-2-839。
③ 《汉口创办电车之先声》,《时事新报》1917 年 4 月 6 日第 3 张第 1 版。
④ 《汉口电车公司之设备》,《北京益世报》1921 年 11 月 25 日第 2 张第 6 版。
⑤ 《汉口创办电车》,《北京益世报》1924 年 5 月 5 日第 2 张第 6 版。
⑥ 《汉口争办电车公司》,《北京益世报》1924 年 3 月 31 日第 2 张第 6 版。

庙止,复由铁路前刘家庙起,至硚口玉带门止,路程约计五十里"①。该计划得到了时任湖北省长萧耀南的支持,社会各界亦是一片看好,孰料蔡辅卿却带头反对,"谓此项公司,伊等于民国十年冬间即已着手组织,资本已募至二百万元,应有优先权云云,闻内幕中亦系地方观念所驱使也"②。一番争执,汉口电车计划就此化为泡影。

1925年,汉口商人谢宅山等又提议办理电车。此次计划颇为宏大,拟创设电车线路3条,"以大智门横歆生路、中国银行后马路至乔口为第一路,计长约一千(六)百二十丈,沿新马路,就中国跑马场长马路,出歆生花园至一码头为第二路,计长约一千六百五十丈,又自大智户,沿铁路特沿区,出日华分界街,计长约八百丈,为第三路。三路共长约四千三百十丈,约合九英里上下"③。谢氏甚至还在《道路月刊》撰写题为《汉口电车路商榷书》,大力为电车计划鼓吹。在文章中,谢氏大算特算创办电车的政治账、经济账,尤其指出电车创办后将收入不菲,"全日总共收入千二百五十元,全年即为四十四万四千元,合银三十二万两。以八十万两之资本,而得三十二万两之收入,即除去股息开销,尚得净利百分之二十,获利不可谓不丰"。同时,更强调电车事业"由绅商倡办之,而官厅保护以助其成",此种方式"造公共交通之事业,不特使外商绝其觊觎,利权纯自我操"④,且可对其他城市起示范作用。但此时北伐战争已起,汉口局势岌岌可危,谢氏的提议自是不了了之。

自1906年刘歆生提议创设电车始,到1925年谢宅山修筑三条电车线路终,前后近二十年时间,汉口电车始终未能落地生根。究其原因,有道路未修、市政设施不全、商业不发达、地方势力相互倾轧等,但最根本的乃是地方政府力图将电车事业的主办权抓在手上,从而禁止绅商等民间势力插足其间。对此,在1912年颁布的关于汉口重建的告示中就已明确昭示:"汉口建筑筹办处即派专员勘定将来不易之街衢、堤岸,

---

① 《汉口创办电车》,《北京益世报》1924年5月5日第2张第6版。
② 《汉口争办电车公司》,《北京益世报》1924年3月31日第2张第6版。
③ 《创办汉口电车之倡议》,《民国日报》1925年4月3日第2张第7版。
④ 谢宅山:《汉口电车路商榷书》,《道路月刊》第13卷第1期,1925年。

立定界桩,作为公地。凡公地圈内之建设,如电车、电灯、电话、自来水、自来火等项,应由鄂军政府许可之公司举修,无论人民与他公司,均无建筑之权。"① 实际上,湖北、武汉地方政府始终不曾放弃创设电车以裕地方收入的设想。1912年,鄂省政府为重建汉口,就曾与美国旧金山大来洋行签订借款合同,"汉口所需建筑经费约英金三百万磅,开工之后约一年内垫付清楚。大来洋行所垫之款乃用以筑造马路,并购民地,放宽马路,按照最新式于江滩起造码头,铺设电车轨道,将来电车轨道归政府管理"②。1924年,湖北政府"借日款五百万,建筑汉口电车并武昌水电"③。然则,晚清至民初政治局势的动荡不安确使地方政府有心而无力,汉口电车计划终究成为空中楼阁,而汉口也成为民国时期中国少数几个没有电车交通的大城市。

南京国民政府成立后,汉口一度亦有创设电车之计划,但最终都是无果而终,而民众对地方当局的无所作为不乏讽刺:

> 汉口人有福气坐过公共汽车的,前年却被大水一冲,冲得没有坐的了。最近又有人因为本市交通方面,各种车辆,俱已齐备,独有电车一途,尚付缺然。现拟沿铁路边建设最宽大之马路,中间行驶电车,左右行驶汽车、马车、人力车等,再左右则专行人,其计划规模甚大。不过我想这计划的确是汉口人的福气。我们汉口人一方面希望这计划实现,一方面更希望大水不再光临,因为一光临,不但电车坐不成,恐怕连人力车也没有坐的了。④

二 公共汽车:城市公共交通主力军的短暂之旅

伴随城市空间的不断扩张、城市道路的持续改良及城市人口的大量集聚,公共汽车这一公共交通形式逐步进入近代中国城市。汉口公共汽

---

① 《新汉口之大建筑》,《申报》1912年3月26日第6版。
② 《湖北借款合同概略》,《新闻报》1912年6月6日第2张第1版。
③ 《鄂省之财政》,《时报》1924年5月4日第1张第1版。
④ 啸岚:《汉口人坐电车吗》,《壮报》1933年2月19日第3版。

车创设之提议最早可追溯至 1927 年，当年 3 月，"汉口商人邓鼎尘拟创办公共汽车，成立汉口商埠公共汽车股份有限公司筹备处"①，但此举未能引起广泛关注；8 月，政府官员王鉴等以汉口"人烟稠密，交通一项亟宜力求便利，呈请武汉市政府创办公共汽车"，市政当局以"本镇所有马路，坚度、阔度均不能行驶此项车辆"为由，"批示从缓计议"②。

1928 年，为解决当时"市内交通则除少数私有汽车及马车外，全赖费时吃力之人力车以资运用"③的窘迫局面，创设公共汽车的提议再起。为何会选择公共汽车而不是电车作为城市公共交通的主要形式？原因有二：一是汉口电车创设的计划反反复复，始终未能落地实施，市政当局心有余悸，只能退而求其次；二是考虑成本问题，"电车之设所需车轨机场，耗费殊属不赀，咄嗟亦难实现"④。

6 月，湖北省建设厅厅长兼任武汉市政委员会委员的石瑛提请在汉口兴办公共汽车事业，但汉口当局并未立即回应。11 月，汉口市政会议通过了胡宗铎⑤关于由工务局创办公共汽车的提议，"暂定资本十万，购车十六辆，行驶自桥口至日租界下新马路"⑥。其后，汉口公共汽车的创设进入正式实施阶段。

1929 年 1 月，武汉市公共汽车管理处正式成立，由市工务局领导，"并在汉口四民街（今胜利街）67 号设立办事处、三教街（今洞庭街，原俄国领事署）4 号修建停车场"⑦。随后，汉口公共汽车正式进入试运营阶段。原计划设有三条线路，"第一路下行车由桥口至六合街（即汉景街）终点，上行由六合街终点至桥口"，设有站点 25 个；"第二路上

---

① 《武汉公用事业志》编纂委员会：《武汉公用事业志（1840—1985 年）》，武汉出版社 1990 年版，第 35 页。
② 《请办公共汽车 经市政府批驳》，《汉口民国日报》1927 年 8 月 19 日第 2 张第 3 版。
③ 《汉市创设公共汽车之计划》，《申报·本埠增刊》1928 年 3 月 10 日第 6 版。
④ 《汉市创设公共汽车之计划》，《申报·本埠增刊》1928 年 3 月 10 日第 6 版。
⑤ 时任汉口市政委员会委员长。
⑥ 《汉口筹办公共汽车》，《新闻报》1928 年 12 月 31 日第 2 张第 6 版。
⑦ 《武汉公用事业志》编纂委员会：《武汉公用事业志（1840—1985 年）》，武汉出版社 1990 年版，第 35 页。

行由老圃至怡园，折江汉关循江岸东下，折黄陂路过青年会至怡园回观音阁，下行由观音阁至青年会转黄陂路折东，循江岸至江汉关折回怡园至老圃"，设站点 21 个；"第三路下行由怡园、电报局、大智门车站、汉景街、折六合街、六码头至德国一码头，上行由德国一码头回原路返怡园"①，设站点 15 个（见图 5-2）。但在实际运营中，最初仅开设 2 条线路（即第一路和第二路），后来因为车辆有限，第二路仅仅维持 5 天之后也告停止。1929 年 6 月，仅剩的第一路公共汽车线路有所延长，"由三元里至桥口，长约二十华里，共分八段，每段收洋二分五厘，每华里收"②。全线路大概需用时 1 小时 4 分钟。6 月 25 日，"新辟中山公园——老圃临时线路，长 2.3 公里，站点 3 个，仅在节日和夏天行驶"③。

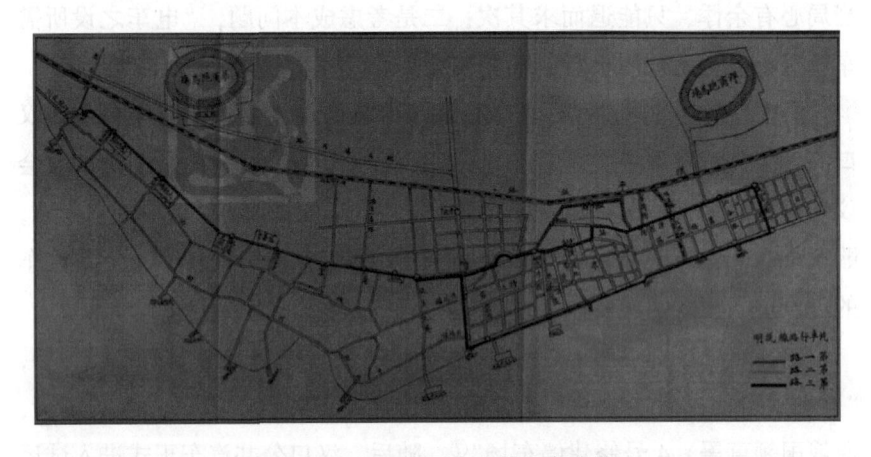

图 5-2 汉口特别市公共汽车路线

资料来源：《汉口特别市公用局公共汽车路线图》，《公用汇刊》第 1 期，1929 年。

虽然汉口公共汽车的线路有限，但基本囊括了汉口主要的车站、政府单位和商业场所，"同时也把靠汉江的汉口老城区与靠长江的汉口新

---

① 《武汉市公共车管理处处长谈建筑车场及车身路线计画》，《湖北省政府公报》第 33 期，1929 年。
② 汪联松：《调查公共汽车管理处情形及应改革事项》，《新汉口：汉市市政公报》第 1 卷第 1 期，1929 年。
③ 《武汉公用事业志》编纂委员会：《武汉公用事业志（1840—1985 年）》，武汉出版社 1990 年版，第 44 页。

城区连接起来，融通了城市交通，大大方便了人们的出行"①。公共汽车创办后，极大改变了汉口公共交通的落后、不便局面，承担了很大一部分民众出行的任务（见表5-5）。

表5-5　汉口公共汽车运营情况一览（1929年9月—1931年4月）

时间	行驶次数（次）	日均开驶车辆（辆）	乘客人数（人次）	收入（元）
1929年9月	9585	18	384391	19333.375
1929年10月	10345	20	398276	21197.57
1929年11月	11455	20	325862	21739.02
1929年12月	10270	19	283992	14402.57
1930年1月	10083	18	252644	10884.72
1930年3月	16017	20	332599	18911.33
1930年5月	13470	25	440863	25229.93
1930年6月	13376	28	431859	23252.64
1930年7月	14055	24	432359	22937.71
1930年8月	14637	28	447554	23434.84
1930年9月	14530	25	565415	29131.80
1930年10月	16746	28	583266	31542.55
1930年11月	15065	23	448794	24478.09
1930年12月	16334	25	418223	23671.96
1931年1月	15099	22	333287	18348.60
1931年3月	17897	22	529069	26952.23
1931年4月	15086	21	399477	23219.94

资料来源：《公用汽车营业情况》，《新汉口：汉市市政公报》第1卷第6期，1929年；解鸿祥：《公共汽车营业情况》，《新汉口：汉市市政公报》第1卷第7期，1930年；鸿祥：《公共汽车营业情况》，《新汉口：汉市市政公报》第1卷第9期，1930年；解鸿祥：《公共汽车营业情况》，《新汉口：汉市市政公报》第1卷第10期，1930年；解鸿祥：《公共汽车营业情况报告暨近月来平车营业低落之原因》，《新汉口：汉市市政公报》第1卷第12期，1930年；解鸿祥：《公共汽车营业情况报告》，《新汉口：汉市市政公报》第2卷第1期，1930年；鸿祥：《公共汽车营业情况》，《新汉口：汉市市政公报》第2卷第2期，1930年；《本市公共汽车营业情况统计报告（二）》，《新汉口：汉市市政公报》第2卷第4期，1930年；《市营事业与公共汽车》，《新汉口：汉市市政公报》第2卷第6期，1930年；《本市公共汽车营业情况统计报告（四）》，《新汉口：汉市市政公报》第2卷第9期，1931年；《本市公共汽车营业情况统计报告（五）》，《新汉口：汉市市政公报》第2卷第11期，1931年。

---

① 艾智科：《公共汽车：近代城市交通演变的一个标尺——以1929年到1931年的汉口为例》，硕士学位论文，四川大学，2007年。

按照当局最初的设想，公共汽车业"创办经费所需至微而获利则既稳且厚"①，但在实际运作中，公共汽车业的收入时高时低，并不稳定，甚至出现了亏损的情况。究其原因，不外乎有三种：一是线路太少，无法形成网络化运营，乘客自然不多。二是道路质量问题，使舒适度不足。"三元里至六合路之马路凹凸不平，车辆行驶震动极大，匪特乘客均感不快，即车轮车身等均易损坏，此马路之亟待修补者一。"② 三是受季节影响较大。"春夏两季，雨多晴少，乘客往来杂沓车中多染泥汙，平车旧坏，难蔽风雨，夏季炎热，车中拥挤，人恒苦之，多有改乘人力车者，营业收入，自然减少，秋冬之间，晴多雨少，无上述种种之弊，乘客日见踊跃，收入自增。"③ 但从总体上来说，公共汽车是当时汉口普通民众出行的重要选择。从表5-5中能够推算出汉口公共汽车每月运送乘客约为41万次，按当时汉口100万人口计算，乘坐公共汽车出行的比例不在少数。

公共汽车创设之后，面临的一大问题就是伤人事故频发。为解决这一问题，汉口当局先后制定了《公共汽车行车规则》《公共汽车伤人处理规则》《公共汽车乘车须知》《公共汽车司机生服务规则》《公共汽车售票生服务规则》《公共汽车发车员服务规则》《公共汽车查票员服务规则》等一系列涉及公共汽车运营各个环节的法规规定，如《公共汽车行车规则》就规定："凡各号汽车应按照规定时刻依次出厂入厂，不得任意迟出早归，并不得半途收车"，"车到中途各站，无论有无乘客，必须停车"。《公共汽车乘车须知》对乘客行为进行了细致的规定："买票概用角票或铜元不得以大洋找零；汽车开行时不得任意在车上走动；不得在车上随意抛掷物件；不得在车上吸烟吐痰以重卫生；不得攀立窗外以免危险；不得携带违禁品及笨重物件；乘客按票到站下车越站须另

---

① 《汉市创设公共汽车之计划》，《申报·本埠增刊》1928年3月10日第6版。
② 汪联松：《调查公共汽车管理处情形及应改革事项》，《新汉口：汉市市政公报》第1卷第1期，1929年。
③ 解鸿祥：《公共汽车营业情况报告暨近月来平车营业低落之原因》，《新汉口：汉市市政公报》第1卷第12期，1930年。

图 5-3 汉口街头的汽车

资料来源：《汉口市之一号汽车（坐车中者为何懋周氏）》，《正气报》1930年7月10日第3版。

补票；赤膊及衣服污秽狼藉者、病势危重者、未成年小孩或老人无人领导者、泥醉或状似痴颠者、身患疮疾及传染病者等客人不得乘车；乘车人如有毁坏车辆及车上配件者须照修配价目及营业损失赔偿。"《公共汽车伤人处理规则》针对公共汽车伤人的三种不同情形（汽车司机人之过失、被伤害人之疏忽、被伤害人之故意），规定了不同的处理方式及赔偿金额，如规定因被伤害人之故意导致的事故，"无论伤害之轻重或致死亡概不负责但得酌量情形给予医药及葬埋费"①。

然则，令人遗憾的是，1931年汉口大水之后，由于当局财政困难，加之市面经济萎靡不振、铜元贬值，公共汽车的收入直线下滑，实已到难以维系之地步。1931年7月，中山公园—老圃临时线停运；12月底，六合街至硚口的第一路亦停止运营。短短3年时间，公共汽车虽曾一度担负起城市交通的主力军角色，但很快就从汉口市政交通体系中消亡，令人不胜唏嘘。

在公共汽车之外，武汉三镇还有少量的出租汽车存在，一定程度上

---

① 《汉口特别市公共汽车伤人处理规则》，《公用汇刊》第1期，1929年。

对市政交通体系起到补充作用。

1903年,英国驻汉领事馆购进一辆美制福特汽车,这是武汉出现的第一辆汽车。1908年,法商利通洋行购买汽车1台。同年,英商安利洋行也拥有小型汽车3辆。武汉最早购买汽车的中国人是买办刘子敬,他于1909年先后由上海购买了3台小型汽车。到1910年,武汉已有20多辆轿车,全部集中在汉口租界区内。由于道路条件较差,即使到了民初,汽车在"武汉三镇中惟汉口之租界及后城马路可通行"[1]。此时的汽车大都是洋行、富商的私人座驾,尚不具备公共交通的属性。

1912年,带有公共交通性质的出租车在汉口租界开始出现,最先受到影响的就是经营人力车的法商利通车行,其创办利通汽车公司。公司有汽车6辆,"一时门庭若市,官吏商贾、名门闺秀,争相乘坐,赶赛马场、赴舞会、兜风,以此显摆。虽租金不菲,最高1小时5元银洋,相当于普通人家一个月的收入,仍生意兴隆,应接不暇"[2]。尔后,英商、俄商纷纷效尤,相继在各自租界开设车行。

1916年,中国商人开始涉足这一领域,相继有多人创办车行,"宁商盛东生在南京路开办上海汽车行;沪商董宝甫在兰陵路开办宝亨汽车行;鄂商罗洪喜在民生路开办扬子汽车行"[3]。在当时,由于出租车费用昂贵,普通民众绝难消费,故大多数都供官吏、工商业富豪等赶赛马场、赴舞会兜风游览。"租金以小时计算,车厢7座每小时租金5元,4座3元。可到车行租赁或用电话联系,司机亦可自行招揽生意。"[4]

后城马路(今中山大道)全线修通后,出租汽车逐渐走出租界,车行亦日益增多。1928年汉口车行发展到44家,出租汽车100辆。

---

[1] 《陆路交通·汽车》,李继曾、施葆瑛编《武汉指南》,汉口行市日报馆1921年版,第28—29页。转引自李风华《后城马路的兴筑、发展与近代汉口城市社会发展》,《江汉论坛》2012年第5期。

[2] 吴华、李俊:《民国大武汉城市公共交通》,《档案记忆》2020年第5期。

[3] 《武汉公用事业志》编纂委员会:《武汉公用事业志(1840—1985年)》,武汉出版社1990年版,第98页。

[4] 《武汉公用事业志》编纂委员会:《武汉公用事业志(1840—1985年)》,武汉出版社1990年版,第98页。

1929年，出租汽车"受公共汽车之影响，报停甚多"，但仍有贸易汽车68辆，另有转运汽车46辆。[1] 到1931年，汉口"车行总数增加到54家，其中有汽车1—5辆的52家；6—12辆的2家，为武汉解放前出租汽车业的鼎盛时期"[2]。

相较汉口，武昌市面的出租汽车出现较晚。1932年武豹长途汽车公司开始兼营小轿车出租业务，在汉阳门轮渡码头设接待处1所，备有新型小轿车12辆，供去珞珈山、武汉大学的游客租用。1935年，鄂商柯玉华等6人在武昌鸡窝厂17号开办三义汽车行，有福特牌小汽车3辆。总体而言，武昌出租汽车行业发展较弱，汉阳更是不见踪影。

在城市公共交通体系中，出租汽车价格昂贵，加之长期受到人力车、马车的抵制和反对，故其在武汉三镇的普及程度十分有限。此外，汽车因速度快、道路设施不完善等因素，所造成的交通事故数见不鲜。汉口市政当局为解决这一问题，在1929年制定《取缔汽车司机规则》，对驾照的学习、领取、核准等进行了系统细致的管理，如"汽车司机人执照分下列三种（1）车夫执照（2）车主司机执照（3）学习司机执照"，"汽车司机人应于领照日起每满一年将执照送请公用局查验一次"[3] 等。1930年，根据这一规定，先后组织了两次驾照考试，"凡是汽车夫定要经过政府的严格的考试。凡技能不精者，就要受政府取缔。或取销其驾驶的资格"[4]。两次考试共有414名驾驶人通过，其中第一次为328人，第二次为86人。[5]

除公共交通性质的出租汽车之外，政府机关亦购有不少汽车，甚至组织汽车队，以供公务使用，如汉口武汉警备司令部曾"组织便衣警察

---

[1]《武汉特别市汉口行驶各项车辆现有数目及状况表（租界除外）》，《新汉口：汉市市政公报》第1卷第1期，1929年。
[2]《武汉公用事业志》编纂委员会：《武汉公用事业志（1840—1985年）》，武汉出版社1990年版，第98页。
[3]《汉口特别市取缔汽车司机规则》，《公用汇刊》第1期，1929年。
[4]《考验本市汽车驾驶人详情》，《新汉口：汉市市政公报》第2卷第4期，1930年。
[5]《考验本市汽车驾驶人详情》，《新汉口：汉市市政公报》第2卷第4期，1930年；吉夫：《第二次考验本市汽车驾驶人》，《新汉口：汉市市政公报》第2卷第6期，1930年。

队并派汽车队巡逻汉口,应店间检查行人,遇有形迹可疑者即押送警备司令部严行审讯"①。此外,武汉的富人阶层也购有不少汽车,以供私人出行使用。当时的报刊对此曾有颇为玩味的记载,从中或可一窥当时武汉的市井风貌:

> 武汉市面萧条,百业不振,然富人固犹怡然自得也。某小姐,就业于武昌,自备汽车。晨起,由车夫驾车送至江边,夕阳初下,度小姐课罢,则又驾车往迎。好事者记其停车之地点时间。谓星期一二三四五日上午七时下午四时,停放江汉关,星期六下午二时,则停放中山公园,七时许,则停放于影戏院前。固可任其芳心所届也。②

第三节 轮渡业的发展变迁

武汉三镇因其襟江带湖的自然禀赋,在无法修建过江大桥的时代,渡划、轮渡等过江交通方式在市内交通中一直占据重要地位。

一 传统木划向新式轮渡的过渡

在现代机械动力的渡轮传入中国之前,木划一直是武汉三镇过长江、汉江的主要交通方式。武汉三镇中,武昌有汉阳门、平湖门、文昌门、鲇鱼套、自鳝庙、大堤口等渡口;汉口有龙王庙、四官殿、花楼、接驾嘴、打扣巷、泉隆巷、五显庙、杨家河、硚口等渡口;汉阳有东门、艾家嘴、宗三庙、琴断口等渡口。叶调元《汉口竹枝词》就曾这样描述武汉三镇的渡划业:"五文便许大江过,两个青钱即渡河。去桨来帆纷似蚁,此间第一渡船多。"③

---

① 《焚山搜索散匪》,《申报》1930年8月19日第4版。
② 钞胥:《某小姐一辆汽车》,《汉口舆论汇刊》第17期,1935年。
③ (清)叶调元著,徐明庭、马昌松校注:《汉口竹枝词校注》,湖北人民出版社1985年版,第9页。

武汉三镇的传统木划业大致可以分为三类：一是私人船只，此乃木划业之最大宗者，从业人员多来自武汉周边汉江流域的汉川、天门、沔阳等地的农民，长期发展之下，渡资、线路基本固定，并形成了以籍贯或渡口地段为划分标准的类似同业公会的"划帮"。二是会馆、善堂等组织举办的义渡，即不收费模式，主要集中在汉口，但线路、时间都十分有限，"如仁济堂在关圣庙设渡船4只，卫生堂在武圣庙、接驾嘴、打扣巷等地各设渡船2只"①。三是官方组织的渡船，即官渡，该类情况出现较晚。光绪三年（1877），时任汉黄德道何维键建造官渡船，创设官渡，并颁布官渡章程十三条，在武昌汉阳门、汉口龙王庙、汉阳东门设官办渡口，有木船28艘，俗称"红船"，由江夏、汉阳县及江汉关分别督办。官渡由于船体较大，价格低廉，弥补了民渡的缺陷，受到人们的欢迎。② 在上述三种情况之外，还有一些无固定渡口的木划，被称为"野鸡划子"，主要沿江河两岸招揽乘客，渡资面议。

木划来往武昌、汉阳、江夏之间，有其无法克服的自身弱点。一是木划渡江速度慢，所费时间长。乘坐木划渡江，从汉口到武昌，虽然只有一江之隔，但两里余的水路仍然需要花费两个小时。③ 二是受气候影响大，极易导致安全事故。1881年武汉风灾中，"都司署左首渡划吹翻者无算"，"上自杨家河下迄龙王庙此数里间，大至盐船商船小至驳船渡划，或因两船相撞而损或因风水交迫而覆，约计之总有数十百号"④。三是运量有限，为了提高利润，木划从业者往往不顾安全情况，"各码头大小渡划有勒索多装情事，只希图利于己不顾沉溺之害"⑤。

开埠之后，随着经济的发展、人流量的增加、三镇之间相互往来的

---

① 于镕彬：《晚清以来武汉的轮渡事业与城市交通网络（1896~1987）》，硕士学位论文，华中师范大学，2021年。

② 《武汉公用事业志》编纂委员会：《武汉公用事业志（1840—1985年）》，武汉出版社1990年版，第33页。

③ ［日］水野幸吉：《中国中部事情：汉口》，武德庆译，武汉出版社2014年版，第85页。

④ 《续述风灾》，《申报》1881年7月7日第2版。

⑤ 《严禁渡船勒索多装示》，《申报》1882年8月3日第9版。

频繁，原本运量有限、时间较长、安全不能保障的木划过江方式显然已不能适应市民的需求。在此情况下，轮渡这一带有明显近代化特色的过江交通方式随之出现。

武汉过江轮渡在全国问世最早，一枝独秀，其规模、职工队伍和管理水平堪称全国第一。1896年，曾任汉阳府通判、夏口厅同知及湖北巡警道等官职的冯启钧创办厚记轮渡公司，是武汉地区亦是全国最早的机械动力轮渡企业。公司有资金1.3万两白银，配有楚裕（6吨）、楚胜（6.5吨）渡轮两艘，主要行驶于汉口王家巷码头（今四官殿）至武昌汉阳门码头。厚记轮渡公司创设之初，设施极为简陋，未设趸船，上下船共用一块跳板。

现代轮渡问世后，由于其安全性高、速度快、载客多等先天性优势，很快受到三镇市民的追捧，对传统木划业产生了极大的冲击，以至于"大江潆濆中划船以数千计，深恐生涯被夺，聚众阻挠"[1]。然而，在滚滚向前的近代化大潮面前，此种对抗显得微不足道。其后，武汉三镇又创办了多家轮渡公司。1900年冯启钧又创设利记轮渡公司，配备利江（7吨）、利源（6.5吨）渡轮两艘，主要行驶于汉口和武昌之间。初创期间，"轮渡票价不分航程远近，收制钱50文，后改为铜元。1915—1922年按航程分上、下水收费，上水比下水多收铜元10文，除武昌平湖门至汉阳东门上、下水均为60文外，汉口王家巷至武昌汉阳门上水80文，下水70文；汉口六码头（今合作路口）至武昌汉阳门上水110文，下水100文。1928年上升到铜元240文"[2]。

轮渡的创办，极大地方便了武汉三镇市民的出行，促进了三镇之间经济、文化的沟通与交流。正如《申报》所言："从此大川利涉一苇可杭，亦便民之善政也。"[3] 武汉轮渡的成功经验更是在全国产生了极大的影响力，被诸多城市效仿，如在浙江，"查民渡改为轮渡，武昌汉口

---

[1] 《轮渡复兴》，《申报》1900年6月22日第2版。
[2] 《武汉公用事业志》编纂委员会：《武汉公用事业志（1840—1985年）》，武汉出版社1990年版，第168页。
[3] 《创兴轮渡》，《申报》1899年12月20日第2版。

久经办有成效，吾浙大可仿行"①。

此后，武汉三镇又创办多家轮渡公司。1903年，森记三益公司创设，有渡轮3条。1908年，荣记公司以3只小轮在武汉经营轮渡。同年，"汉口利济公司职商钱定等前筹集股本，添设武汉渡江轮船"②。1909年，原本经营湘鄂内河航线的两湖公司亦开始经营轮渡，"由湘抚咨请鄂督，准该公司添驶武汉轮渡"③。

进入民国，北洋政府对民间创设轮渡的限制有所放松。1912—1926年，民间资本开始大量进入武汉轮渡行业。

1913年，晚清冯启钧创办的厚记、利记轮渡公司停业，冯氏将其渡轮船只以出租、入股等形式参与到安合轮船局的轮渡业务中。除原有厚记、利记的渡轮外，安合轮船局还新购渡轮1艘，开辟武昌平湖门至汉阳东门的航线。到1922年，安合轮船局一分为二，其中安合专营武汉对外航线，和春公司专营轮渡业。1915年，济川轮渡公司在汉口创办，主要经营汉口英租界六码头至武昌蛇山之间的轮渡线路，公司有渡轮两艘。1921年，武汉民族机器工业的代表——周恒顺机器厂亦涉足轮渡业，开办大庆公司，辟建汉口满家巷（今海员文化宫）至汉阳东门之间，中途停靠川主宫（今晴川饭店），所用船只为其自制的"大陞""大恒"两艘小火轮。但可惜的是，由于经营不善，导致利润微薄，济川、大庆轮渡公司在1922年停业。1923年，公济轮渡公司成立，主要路线为往返于汉口苗家港至武昌蛇山之间，所用渡轮系租借所来。④

总而言之，自晚清创设轮渡开始直至南京国民政府成立前，武汉三镇的轮渡业从无到有，轮渡公司和轮渡航线基本上呈增加之趋势。"1896—1926年间，武汉长江上先后有7家轮渡公司（或轮船局）经营轮渡（或兼营）业务，共有船只24艘，吨位小，载客量最大200人左

---

① 《浙江咨议局条呈改良钱江义渡建议案（续）》，《申报》1910年6月17日第26版。
② 《武汉利济轮渡将次开行》，《申报》1908年10月11日第12版。
③ 《两湖公司添驶武汉轮渡》，《申报》1909年5月30日第12版。
④ 《武汉公用事业志》编纂委员会：《武汉公用事业志（1840—1985年）》，武汉出版社1990年版，第153—154页。

右，最小只有 50 人。"① 统观这一时期的武汉轮渡业，不难发现有两大特质：一是经营主体基本上以民间资本为主，官营轮渡公司仅有 1 家；二是轮渡公司总体上规模都较小，基础设施简陋，"渡轮小而且少，码头凸凹不平"，甚至出现轮渡公司"往往图利杀班，置渡客之安全与便利于不顾"②的现象。但总体而言，武汉轮渡业的出现，极大改善了三镇市民的出行体验，并很快发展成为武汉城市交通体系的重要一环。

二　从私营到官办：过江轮渡的新发展

1926 年 10 月，北伐军攻克武昌城，随即成立湖北省航政局，负责全省民船、渡轮、小轮等的检验、登记、注册、发照等事务。根据业务范围，湖北省航政局成立下设机构——武汉轮渡处，专司管理武汉三镇各处的轮渡事宜，武汉轮渡亦由过去的私营转为官办。

收归公办后，湖北省航政局很快对武汉轮渡业务进行了调整。1927 年，武汉轮渡处将三镇渡轮分为两类：一为"差轮"，二为"轮渡"。所谓"差轮"，即专供政府即军警机关办差使用，"轮渡"即为民用。然则，由于当时战事频繁，在这一政策的指导下，武汉多数渡轮被频繁征用，且"旷日持久"，直接导致三镇轮渡业无法正常运营，"顿行停滞"③，市民出行大受影响，城市正常的运行秩序亦被破坏。不得已之下，1927 年冬，湖北省航政局改组为湖北省航政委员会，武汉轮渡业重回商办模式，"由商人组织公司，呈经省政府批准集资航行"④。当时汉口至武昌之间的轮渡主要有三条线路，全部由私人组建公司运营，其中："上二线即清佳楼与一码头属于安合公司，下一线为英界六码头属于济川公司。……汉黄鄂商轮总公司单独承办废除英界六码头一线。"⑤

---

① 《武汉公用事业志》编纂委员会：《武汉公用事业志（1840—1985 年）》，武汉出版社 1990 年版，第 158 页。
② 《武汉轮渡改进概要》，《中国建设》第 3 卷第 5 期，1931 年。
③ 《函第四集团军总司令部请禁各军强拉轮渡由》，《湖北建设月刊》第 1 卷第 3 期，1928 年。
④ 《武汉轮渡调查表》，《公用汇刊》第 1 期，1929 年。
⑤ 《武汉轮渡调查表》，《公用汇刊》第 1 期，1929 年。

1928年，武汉局势逐渐稳定，轮渡业回归官办之呼声再起。同年，湖北航政委员会被撤销，原由商人承办的轮渡被收回，三镇轮渡业交由湖北省建设厅航政处直接管理、兴办。至此，武汉三镇的轮渡最终被收为官办公营。

图5-4　由武昌码头开往汉口的轮渡

资料来源：《武汉轮渡摄影》，《公用汇刊》第1期，1929年。

在全面接管武汉轮渡业后，湖北省建设厅即从渡轮与航线两个方面进行全面整顿。

在渡轮方面，湖北省建设厅一方面"改造蔓船三只，添制新轮数艘"，另一方面对船只规范化命名管理，所有船只全部"冠以建字名号"[①]。到1929年8月，武汉轮渡约有渡轮十艘，其中"建字号"约有8艘，分别为建武、建汉、建黄、建安、建德、建荆、建襄、建郧号，此外还租有其他公司的普安、通和两轮。此后，湖北省建设厅不断强化对武汉轮渡船只的添置，1931年渡轮增加至15艘，其中"建字号"12艘（建鄂、建汉、建武、建黄、建安、建德、建荆、建襄、建宜、建

---

① 《武汉轮渡之调查》，《新汉口：汉市市政公报》第1卷第4期，1929年。

樊、建平、建阳），"开泰"轮 1 艘以及租用的"普安""福东"轮两艘。1933 年，在一次性付清船价二万六千九百元后，建设厅又将租用"普安"轮收归国有。

随着三镇之间联系交往的密切，轮渡成为市民过江出行的主要交通形式，原有的渡轮很快不敷实用。1934 年，湖北省建设厅又向上海合兴造船厂订购钢壳渡轮两艘，并在 1935 年交付使用，命名为"建夏""建阳"。尤其是"建夏"号渡轮，因装修华丽，可谓"小轮中之巨擘"[1]，成为武汉渡轮的代表。至此，武汉轮渡渡轮已大为改善，初步实现了由租用木质商轮，向自置钢制大轮时代的转变。到抗战爆发前，钢轮已成为渡轮的主体。[2]

在航线方面，湖北省建设厅对原有更迭不定的航线进行了统一，并增设多条线路。1927 年武汉轮渡第一次收回官办之时，受当时动荡之局势影响，仅有苗家巷至汉阳门 1 条航线。1927 年 9 月，湖北省建设厅颁布整理武汉轮渡章程，规定："武汉轮渡应尽先航行一码头线；每日至少须四只航行；每日开班停班不宜过迟过早。"[3] 1928 年湖北省建设厅接手三镇轮渡业后，大致被改造为三条线路，"一由汉口一码头至武昌下码头，一由汉口清佳楼至武昌上码头，一由汉阳东门至武昌平湖门"[4]。在这三条线路中，汉口至武昌之间的两条线路开班较多，且设有夜班；汉阳至武昌间线路仅有一条轮船航行，且未有夜班（见表 5-6）。

在维持原有航线的同时，湖北省建设厅还积极开辟新的轮渡航线。1933 年 5 月，经过长期调研考证，开设武昌曾家巷至汉口王家巷轮渡航线；6 月加开汉阳东门经汉阳川主宫至汉口王家巷航线；7 月再开武昌鲇鱼套经文昌门至汉口王家巷航线；11 月，又增开武昌徐家棚至汉

---

[1] 《建夏号轮已开航 加入武汉间轮渡 设备装潢为小轮中之巨擘》，《京报》1935 年 10 月 12 日第 5 版。
[2] 吴承胜：《近代武汉轮渡发展述论》，《社会科学动态》2017 年第 8 期。
[3] 《湖北建设厅整理武汉轮渡章程》，《建设月刊》第 1 卷第 1 期，1928 年。
[4] 《武汉轮渡之调查》，《新汉口：汉市市政公报》第 1 卷第 4 期，1929 年。

口王家巷航线，每1小时开行1次。到1936年，武汉三镇地区已有轮渡航线5条。"第一航线停靠码头在汉口江汉关与武昌汉阳门，第二航线停靠武昌汉阳门与汉口清佳楼处，第三航线为环绕武汉三镇地区的大航线，停靠武昌平湖门、汉阳东门及川主宫、汉口王家巷与武昌曾家巷等处，第四航线途经汉口清佳楼、武昌文昌门及鲇鱼套等地，第五航线往返于汉口王家巷与武昌徐家棚两处码头。除第一航线航班从上午九时至下午九时每十二分钟开行一次外，其余航线班轮均为二十分钟开行一次。"① 武汉轮渡业也迎来了近代发展的最高峰。

表5-6　　　　　　　武汉轮渡营业状况调查

业务情形	航行路线	汉口一码头至武昌下码头				汉口清佳楼至武昌下码头			汉阳东门至武昌平湖门	备考
开班时间	日班	午前四时				午前四时			午前四时	1. 汉阳东门至武昌平湖门未有夜班
	夜班	午后八时				午后八时				2. 每船载客多寡原不一致，拥挤之际每轮有载至三四百人者，兹仅就平常时期逐日售票总额平均之
收班时间	日班	午后七时半				午后七时半			午后七时半	
	夜班	晚十二时				晚十二时				
往返次数		建黄	鸿辉	通和	普安	建德	建荆	汉新	建襄	3. 每日渡江人数与天候及时局均有重大关系，表内所列为闲散月份之平均数，春冬事忙则超过之，现在酷暑时期自较平常收入为少不足为据（最近十日各码头售票总数均在六千张上下），又据建厅负责人员报称平常每日售票27000张（汉阳除外）
		三十五次	三十八次	三十八次	三十八次	三十四次	三十七次	三十七次	三十七次	
每船载客平均数		七十九人				九十九人			五十五人	
票价		0.04				0.035			0.035	
每日售价总数		12324张				10693			2035	
每日收入概数		492.96				374.22			71.225	4. 每月支出数包括轮渡事务所监护队经费、轮廛工饷、烟煤汽油租金等项在内
全月收入总数		28152.150元								
支出总数		17815.000								
盈余		10337.150								

资料来源：《武汉轮渡调查表》，《公用汇刊》第1期，1929年。

---

① 《湖北省建设厅航政处行船时间距离统计表》，湖北省档案馆藏，档案号：LS031-011-0604-00120。

纵观武汉轮渡自清末到民国时期的发展，我们不难发现有两大变化：一是传统木划向近代渡轮的变化。这一变化直接满足了三镇居民日益增长的渡江需求，也使轮渡成为三镇居民过江的主要交通形式。从表5-6中不难发现，武汉三镇之间每日搭乘轮渡过江人数约在25052人次，即每月约有75万人次通过轮渡通行武汉三镇之间。

二是由私营向官办的变化。这一变化虽有种种机缘巧合，但最根本的是三镇之间经贸往来的频繁，人流的庞大，加之轮渡在过江交通中的"垄断地位"，都使轮渡业与公共汽车行业相比，常年保持盈利（见表5-7）。湖北武汉当局为保障政府收入，势必要将轮渡业转为官办。

表5-7　　湖北建设厅航政处1934年（1—9月）武汉轮渡
收支盈余统计　　　　　　　　　　　　（单位：元）

月份	收入	支出	盈余
1月	39478.71	28752.72	10725.99
2月	36927.10	26264.10	10663.00
3月	40421.55	27755.17	12666.38
4月	34839.32	28070.56	6768.76
5月	41248.72	34282.99	6965.73
6月	40545.04	30631.94	9913.10
7月	37072.67	26828.05	10244.62
8月	38574.06	29390.94	9183.12
9月	42019.64	27416.26	14603.38
总共	351126.81	259392.73	91734.08

资料来源：《湖北建设厅航政处民国二十三年武汉轮渡收支盈余统计表》，《汉口商业月刊》第1卷第11期，1934年。

追根溯源，武汉轮渡业所呈现的两种变化，实则是武汉近代城市化与城市近代化的一个侧影。再将历史的视线逐渐拉长，一百多年来武汉轮渡业种种之变化，更是见证了这座城市的发展与流变，当下的轮渡早已不再是武汉三镇过江交通的主要形式，但它却成为这座城市新的"网红"，成为这座依水而生、因水而兴的城市独特的文化符号。

结　　语

　　1951年，在抗战期间曾担任盟军中国战区统帅部参谋长的魏德迈首次提出"黄金十年"的概念："1927年至1937年之间，是许多在华很久的英美和各国侨民所公认的黄金十年。在这十年之中，交通进步了，经济稳定了，学校林立，教育推广，而其他方面，也多有进步的建制。"[①] 此后，在有关民国史的研究中，"黄金十年"的概念被广泛使用。

　　然则，对汉口而言，这十年绝非"黄金十年"，甚至可谓"失落的十年"。相较于清末民初，汉口各项经济指标虽有量的增长，但城市经济业态与城市经济地位却呈现逐年下行趋势。以商业为例，"民二十年间汉口之纳税商户，总计约有一万五千余户，二十一年仅有一万三千余户，减少之数达二千户左右，二十年收税标准，每月营业金额计达二千八百万元之巨，民二十一年则仅有二千一百余万元，约减少七百万元之多"[②]。其时汉口市面绝大多数行业和商家都处于亏损状态。1934年的统计数据显示："以有同业公会者为限。共计一百十一业，八千二百二十家。二十三年度营业结果，获有赢利者，仅四百七十家，不过占调查总家数百分之五·七二。而亏折家数则达五千一百二十家，约占百分之六二·二二，超过半数以上。无盈亏者亦不过二千六百三十家，约占百分之三二·〇六。至于因亏折而歇业者，适当调查总家数百分之十。"[③]

---

① 叶兆言：《南京传》，译林出版社2019年版，第479页。
② 陈明远：《我国商业衰落之开展》，《汉口商业月刊》第2卷第5期，1935年。
③ 邹宗伊：《二十三年度汉市百业赢亏调查》，《汉口商业月刊》第2卷第8期，1935年。

无论是商户数,还是纳税额,抑或盈亏占比,"汉口商场可以说逐渐到了崩溃的地步"①。

与全国其他城市相比,20世纪30年代以后,汉口经济的开放性逐步减弱,工商经济功能不断弱化,城市经济排名持续下滑,城市影响力日渐下降。以直接对外贸易为例,汉口直接贸易量在全国的占比不断缩小,"在一九二九年直接对外贸易总额,仅占全国百分之二·七三,一九三〇年,更降至二·〇四;虽一九三一至三二两年由二·四五升至二·九,然一九三三年旋即降至二·一三"②。贸易量的下滑直接导致汉口在全国各大商埠中的排名急速下跌,一度跌至第10位,甚至位于哈尔滨、安东等城市之后。

汉口港贸易额的逐年下滑,对外贸易在全国市场中所占份额不断减少,其商业中心地位更是呈现一落千丈之势(见前揭表2-15)。在民国中期上海、汉口、天津、广州、青岛五大商港中,上海、青岛的贸易额基本上一路上扬,天津、广州虽有所震荡,但上升趋势明显,唯独汉口港,表现出明显的持续下滑态势。"在此十余年中,各埠贸易地位之变迁颇巨,除上海、大连、天津、广州前四位尚称固定外,以汉口转变为最甚。在一九一八年尚留滞第三位,一九一九至一九二〇年降至第四位,一九二一至二二两年复降至第五位,一九二三年又降至第七位。虽一九二四至二五年稍有转机,然洎一九二七年竟退居第九位,迨一九三〇年更沦入第十位,大有一落千丈之(势)。"③

表2-15　　　　　　　中国五大商港贸易总额　　　　　(单位:百万元)

港别	1923年	1927年	1932年
上海	1108	1357	1778
汉口	374	314	261

---

① 李肇民:《从各业赢亏调查中观察汉口商场病态》,《汉口商业月刊》新第1卷第6期,1936年。
② 张克明:《汉口历年来进出口贸易之分析》,《汉口商业月刊》第2卷第2期,1935年。
③ 张克明:《汉口历年来进出口贸易之分析》,《汉口商业月刊》第2卷第2期,1935年。

续表

港别	1923年	1927年	1932年
天津	371	514	441
广州	343	270	296
青岛	167	224	250

资料来源：化府：《由汉口贸易谈到长江贸易与全国贸易》，《经济评论》第1卷第1期，1934年。

商业的衰败对工业亦有一定影响，汉口的工业规模和发展速度在这一时期呈现出明显的缓滞之势。据统计，"汉市各业工厂，从前不下千余家，容纳工人三四万人以上，连年经济不景气，倒闭甚多。去岁（1933）年终调查，尚存大小工厂七百家，洎乎现在，仅有四百四十二家，共雇工人有一万六千四百六十七人"①，下降不可谓不剧烈。横向比较来看，"1934年在与上海、天津、南京、青岛、无锡、汉口6城市比较中，工人数、动力数均占第4位，次于上海、天津和无锡，资金额和年总产值居第5位，工业总水平在全国却居偏下地位"②。具体到纺织业，大多数工厂开工不足，经营状况甚差，棉纺织品输出之数日渐退落，"二十一年（1932）为一千九百四十余万元，二十二年激减为一千四百七十余万元，二十三年更减为八百五十余万元，营业不振，于此可见"。不少纺织大厂纷纷停业，"第一、震寰、民生三厂，复相继停闭，益使纺织业陷于极度恐慌之境"③。

工商业的萧条使汉口城市面貌呈现出萧索窘态。1935年，《申报》记者纪元乘坐民生公司轮船由沪入川经过汉口时，曾这样描述当时的汉口市景："汉口居长江和汉水的左岸，全市人口约有八十万左右，一向有'九省通衢'以及'东方的芝加哥'之雅号。其实，九省通衢差不多已成了过去的名词，因交通事业的发达，自西而东的货物输出，可由

---

① 《汉口市工业调查》，《检验月刊》第9—12期，1934年。
② 武汉地方志编纂委员会主编：《武汉市志·工业志》（上卷），武汉大学出版社1999年版，第27页。
③ 《国内劳工消息·国内经济状况·各地状况》，《国际劳工通讯》第19期，1936年。

陇海路或长江直抵上海,南可经广州出口,并不像从前一样,西部、西北部以及西南部各省出口的物品,均须以汉口为唯一之集散地。至于'东方的芝加哥',似乎也有些夸大。别的不说,即就武汉区仅有的工业纱厂业而论,全区四家中关门的已有三家,硕果仅存的一家,也奄奄一息了。汉市社会情形,据调查所得,无论商业、金融、人民生活,各方面均形困难之状。"① 由此观之,汉口在19世纪末形成的"驾乎津门,直追沪上"的全国第二大工商业城市的地位已完全丧失。

20世纪30年代汉口城市比较优势的丧失,是多重因素综合作用的结果。自然灾害、政局动荡、主政官员更迭频繁等因素不出所料,但交通区位格局变化带来的影响最是出人意料。

明清时期,汉口因居长江之中、天下之中的"九省通衢"交通地位,迅速发展成为"天下四聚"之一。开埠后,以沪汉直航为代表的现代轮运及京汉铁路的修筑进一步强化了汉口的交通优势地位,进而催生了汉口城市功能的转型,"机敏的视察者言:汉口乃东方芝加哥"②。故而,20世纪二三十年代时,粤汉、陇海铁路相继修筑,社会各界在评估这些铁路对汉口城市发展时大都抱有乐观之态度。"盖粤汉通车,则凡大宗农产货物之出口,来自汉口以北者,可以径运广州或转香港,付航敏捷,以应世界市场之需要……又如广东之草席果品与现正从事大量生产之蔗糖及其他农工产品等,可畅销汉口以北各经济中心。"③ 更有甚者认为"粤汉铁路全线贯通,则南北各省客商必云集于武汉,将来武汉大铁桥如果筑成,更增加武汉市场之价值,有取上海而代之可能"④。陇海线若实现通车,"凡南方各省通陕、甘者,不能不由汉口至郑县(即郑州),再改乘陇海。陕、甘之物产输出太平洋者,固直趋而东,若输至南方各省,及输出印度洋、南洋、欧、非者,则仍当以由汉

---

① 纪元:《西行见闻 武汉社会一瞥》,《申报》1935年10月8日第5张第8版。
② [日]水野幸吉:《中国中部事情:汉口》,武德庆译,武汉出版社2014年版,第1页。
③ 冯锐:《粤汉铁路完成与我国农业复兴之影响》,《粤汉铁路株韶段工程月刊》第4卷第5期,1936年。
④ 杨拱辰:《粤汉铁路之概观》,《铁路杂志》第2卷第7期,1936年。

口直趋番禺为便。故此路之关系于武汉者,亦非小也"①。

然则,事情的发展却令人大跌眼镜。陇海线通车后,"陕甘之货物,多由陇海路转津浦路而达海口,武汉市场,实际已感受一种威胁"②。粤汉铁路株韶段通车后,因向南更为便捷且通过广州更为直接可以出海至全世界,湖南开始逐步脱离"汉口经济圈",而转身投入"广州经济圈"的怀抱。湖南本地的米粮、桐油等大宗商品基本上经粤汉线由广州出海,"(湖南)米产向粤运销,不需再绕海道,运费减轻,销数增加,米商之前途,殊可乐观"③。汉口"九省通衢"的交通枢纽格局"逐年丧失其地位,有如破竹之势"④,进而导致城市的经济集聚功能不断被弱化。在1934年举办的"铁道部本届国有铁路沿线出品展览会"上,"(平汉、粤汉)两路之出品以汉口为集中地者,均不足六分之一;而所谓集中汉口者,又并非以汉口为唯一集中地,不过共北平、郑州、长沙等埠平分春色而已。据此观察,则汉口目下是否仍保有'九省通衢','腹地聚散中心'之资格,实大有疑问焉!"⑤故时人对汉口因交通区位格局优势丧失导致的衰败不禁悲叹:

> 陇海通达西安,陕甘之宝藏流入徐海;郑州握四方交通之枢纽,中州之贸迁遂不一其途;株韶接轨,三湘货物南入百粤;沪渝直航,黄鹄大别之间已无行人憩足矣。是则汉口之地域环境,已因交通组织扩张而丕变,汉口之国际商埠地位,行将江河日下,而东方诗家谷(即芝加哥)之荣誉,恐直永远悬为楚人梦想耳!⑥

---

① 周以让:《武汉三镇之现在及其将来》,《东方杂志》第21卷第5期,1924年。
② 邹宗伊:《四省特展之意义及其展望》,《汉口商业月刊》新第1卷第10期,1937年。
③ 凌鸿勋:《粤汉铁路工程之推进及将来湘粤两省商业之展望》,《南针(上海1929)》第7期,1935年。
④ 清波:《工商各界应共同促进武汉繁荣》,《汉口商业月刊》第2卷第12期,1935年。
⑤ 李敩之:《从铁展会平汉粤汉两路沿线物产报告中观察汉口地位》,《汉口商业月刊》第1卷第7期,1934年。
⑥ 李敩之:《从铁展会平汉粤汉两路沿线物产报告中观察汉口地位》,《汉口商业月刊》第1卷第7期,1934年。

1840年鸦片战争后,以机器作动力的火车、轮船等近代交通工具逐渐传入中国,"方便了人与人之间的交流,加快了信息的流通、知识的传播,并且把人口聚集在城镇、都市之中"①,交通现代化推动了近代中国的现代城市化和城市现代化。在现代交通的巨大影响之下,近代中国出现了不少"因港而兴"或"因路而兴"的城市,如青岛、大连、石家庄、蚌埠、郑州等,同时也不可避免地造成曾经一度繁华的商业重镇逐渐衰落,如朱仙镇、通州、镇江等。

反观汉口,其发展轨迹与上述城市截然不同。晚清民初的汉口因京汉通轨、沪汉直航等现代交通线路进一步强化了自明清以来就已存在的"九省通衢"之交通节点地位,城市发展亦因此一度攀上顶峰,成为长江流域仅次于上海的工商重镇。迨至20世纪30年代,汉口的工商业一片萧条,其贸易水平在全国城市排名中持续下滑,一大重要因素就是陇海路、渝申直航等交通线路所带来的区域交通格局优势的丧失。不到百年的光阴,汉口因交通而发展至贸易繁荣的高点,又因交通逐渐走向衰败。现代交通对近代中国城市发展的多重复杂影响,在汉口这里体现得淋漓尽致。

从空间上来看,陇海铁路、渝申直航等交通线路与汉口并无最直接之联系,但汉口在20世纪30年代的没落却因此而起。这一史实也提醒当下的交通史、城市史学者,在探讨现代交通对中国城市的影响时,必须要从更为广阔更为宏大的区域空间进行综合考察,而不能仅仅局限于一城一港或一线一路。

从时间上来看,明清以来就是"天下四聚"之一的汉口,因现代交通的兴建而在清末民初更为辉煌,却因为其他城市现代交通的兴建,又在20世纪30年代的城市发展中逐渐落后。可以看到,全局性的交通建设对单独一个城市的发展是利弊兼有的。民国中期汉口的衰退虽是"意料之外",但具体到一个城市而言,良好的交通条件、优质的交通

---

① 苏生文:《中国早期的交通近代化研究(1840—1927)》,学林出版社2014年版,第1页。

基础设施仍是推进其发展的重要动力。

　　现代化交通建设与近代城市兴衰的关系至为紧密,以至于汉口这样有着相当区位优势的城市的经济发展都随交通建设而起伏变化。在交通系统的高层设计者那里,建设和发展交通要充分考虑区域平衡这一因素,促进区域协调发展。而在具体的城市建设者那里,为了使自己的城市在现代化发展中处于领跑位置,需要他们积极争取交通布局和建设的便利条件。

参考文献

中 文

一 方志、文集、资料汇编及档案

（一）方志

邓云乡：《增补燕京乡土记》（下册），中华书局1998年版。

湖北省地方志编纂委员会编：《湖北省志·工业》（下），湖北人民出版社1995年版。

湖北省地方志编纂委员会编：《湖北省志·交通邮电》，湖北人民出版社1995年版。

武汉地方志编纂委员会主编：《武汉市志·对外经济贸易志》，武汉大学出版社1996年版。

武汉地方志编纂委员会主编：《武汉市志·工业志》（上卷），武汉大学出版社1999年版。

武汉地方志编纂委员会主编：《武汉市志·交通邮电志》，武汉大学出版社1998年版。

武汉港史志编纂委员会主编：《武汉港口志》，武汉出版社1990年版。

《武汉公用事业志》编纂委员会：《武汉公用事业志（1840—1985年）》，武汉出版社1990年版。

武汉市地方志办公室主编：《民国〈夏口县志〉校注》，武汉出版社2010年版。

武汉市汉阳区档案馆（史志研究中心）编：《同治汉阳县志：校注本》，武汉出版社2019年版。

［日］东亚同文会编：《中国省别全志》，国家图书馆出版社2015年版。

  （二）文集

顾廷龙、戴逸主编：《李鸿章全集》，安徽教育出版社2008年版。

盛宣怀撰：《愚斋存稿》，文海出版社1975年影印版。

孙中山著，中国社会科学院近代史研究所中华民国史研究室等编：《孙中山全集》（第二卷），中华书局1982年版。

杨坚点校：《郭嵩焘诗文集》，岳麓书社1984年版。

苑书义等主编：《张之洞全集》，河北人民出版社1998年版。

  （三）资料汇编

（清）贾桢等编辑：《筹办夷务始末》（咸丰朝），中华书局1979年版。

（清）朱寿朋编，张静庐等校点：《光绪朝东华录》，中华书局1958年版。

蔡谦、郑友揆编：《中国各通商口岸对各国进出口贸易统计（民国八年，十六年至二十年）》，商务印书馆1936年版。

国营招商局编：《国营招商局产业总录》，国营招商局1947年版。

国营招商局七十五周年纪念刊编辑委员会编：《国营招商局七十五周年纪念刊》，国营招商局七十五周年纪念刊编辑委员会1947年版。

海关邮政总署编印：《大清邮政宣统二年事务情形总论》，海关邮政总署1911年版。

湖北省公路管理局印行：《湖北省公路管理局成立周年纪念特刊》，湖北省公路管理局1936年版。

湖北省政府秘书处统计室编印：《湖北省年鉴（第一回）》，湖北省政府秘书处统计室1937年版。

交通部年鉴编纂委员会编辑：《交通年鉴·航政编》，国立中央图书馆印刷所1935年版。

交通部年鉴编纂委员会编辑：《交通年鉴·邮政编》，国立中央图书馆印刷所1935年版。

交通部统计室编辑：《交通部统计年报》（二十三年七月至二十四年六月），首都大陆印书馆1936年版。

交通部邮政总局编：《中华民国二十二年度邮政事务年报（第三十一版)》，交通部邮政总局驻沪办事处印行，出版时间不详。

交通部总务司第六科编辑：《交通部统计年报》（中华民国十七年），无锡锡成印刷公司1931年版。

交通部总务司统计科编辑：《交通部统计年报》（中华民国二十一年），南京大陆印书馆1934年版。

交通铁道部交通史编纂委员会编辑：《交通史·航政编》，交通铁道部交通史编纂委员会1931年版。

交通铁道部交通史编纂委员会编辑：《交通史·邮政编》，交通铁道部交通史编纂委员会1930年版。

经世文社编译部编：《民国经世文编》第38册《交通》，经世文社1914年版。

刘朋主编：《中共党史口述实录》（第一卷），中国古籍出版社2010年版。

陇海铁路车务处商务课编辑：《陇海全线调查》（民国二十一年份），陇海铁路车务处商务课1933年版。

宓汝成编：《中国近代铁路史资料（1863—1911）》，中华书局1963年版。

宓汝成编：《中华民国铁路史资料（1912~1949）》，社会科学文献出版社2002年版。

聂宝璋编：《中国近代航运史资料 第一辑（1840—1895）》，上海人民出版社1983年版。

皮明庥等编：《武汉近代（辛亥革命前）经济史料》，武汉地方志编纂办公室1981年印行。

仇润喜主编：《天津邮政史料》第二辑上册，北京航空航天大学出版社1989年版。

日本东亚同文书院编：《中国经济全书》，线装书局2015年版。

实业部国际贸易局编纂：《最近三十四年来中国通商口岸对外贸易统计》，商务印书馆1935年版。

《通商各关华洋贸易总册》，上海通商海关造册处译印，出版时间不详。

王清彬等编辑，陶孟和校订：《第一次中国劳动年鉴》，北平社会调查部1928年版。

王铁崖编：《中外旧约章汇编》，生活·读书·新知三联书店1957年版。

武汉邮政志编纂办公室编：《武汉邮政史料》，武汉地方志办公室内部印行1983年版。

徐珂编撰：《清稗类钞》，中华书局1984年版。

徐明庭辑校：《武汉竹枝词》，湖北人民出版社1999年版。

严中平等编：《中国近代经济史统计资料选辑》，中国社会科学出版社2012年版。

姚贤镐编：《中国近代对外贸易史资料（1840—1895）》，科学出版社2016年版。

《邮传部第三次统计表（宣统元年路政上）》，1909年。

曾兆祥主编：《湖北近代经济贸易史料选辑（1840—1949）》（第四辑），湖北省志贸易志编辑室内部发行1986年版。

曾兆祥主编：《湖北近代经济贸易史料选辑（1840—1949）》（第五辑），湖北省贸易志编辑室内部发行1987年版。

中国第二历史档案馆编：《中华民国史档案资料汇编》第五辑第一编财政经济（九），凤凰出版社1994年版。

中国近代经济史资料丛刊编辑委员会主编：《帝国主义与中国海关》第十二编《中国海关与邮政》，科学出版社1961年版。

中国人民政治协商会议全国委员会文史资料研究委员会编：《文史资料选辑》第44辑，文史资料出版社1964年版。

中国史学会主编：《中国近代史资料丛刊·洋务运动》，上海人民出版社、上海书店出版社2000年版。

中华全国总工会中国工人运动史研究室编：《中国工运史料》，工人出版社1980年版。

［日］长崎税关官房贸易调查系：《汉口贸易事情一斑》，出版地点不详，1907年。

［英］穆和德等：《江汉关十年报告（1882—1931）》，李策译，武汉出版社2022年版。

（四）档案

《拨借房屋文件》，武汉市档案馆藏，档案号：15-2-101。

《汉口电报局向各钱庄银行提取存款往来文件》，武汉市档案馆藏，档案号：15-2-1016。

《汉口港调查表》（1936年9月21日），湖北省档案馆藏，档案号：全宗号25，卷号240。

《湖北省建设厅航政处行船时间距离统计表》，湖北省档案馆藏，档案号：LS031-011-0604-00120。

《江汉关监督兼任外交部特派湖北交涉员管理汉口工巡事宜丁士源据案批驳商人请准创办汉口电车的文书》，中国第二历史档案馆藏，档案号：1001-2-839。

《江汉关税务司黎霭萌致总税务司文》（1930年12月30日），湖北省档案馆藏，档案号：全宗号25，卷号226。

《武汉港私营轮船业概况》（1952年7月27日），武汉市档案馆藏，档案号：119-32-94。

鄢少霖：《武汉市人力车业概况》，武汉市工商联合会编《工商业改造文史资料》，武汉市档案馆藏，档案号：119-130-93。

二 近代报刊

（一）报纸

白露：《取缔民信局的话》，《北平益世报》1934年12月11日第2张第6版。

《本市车业 工商争执悬案解决》，《汉口中西报》1935年7月6日第2张第8版。

茶圃：《洛潼铁道调查记（附图）》，《国风报》第1卷第27期，1910年。

参考文献

《茶市电音》,《申报》1888 年 5 月 13 日第 1 版。

《车夫因捐罢业》,《申报》1907 年 6 月 3 日第 12 版。

《车工总会反对武金汽车及汉口商办公用汽车》,《汉口民国日报》1927 年 2 月 11 日第 3 张第 2 版。

《筹办电车》,《湖南交通报》第 1 期,1912 年。

《船往镇江、九江、汉口》,《申报》1873 年 7 月 9 日第 4 版。

《创办汉口电车之波折》,《申报》1914 年 9 月 30 日第 6 版。

《创办汉口电车之倡议》,《民国日报》1925 年 4 月 3 日第 2 张第 7 版。

《创兴轮渡》,《申报》1899 年 12 月 20 日第 2 版。

《敌机袭武汉》,《中央日报》1938 年 9 月 27 日第 3 版。

《电车公司瞬将开办》,《时事新报》1913 年 9 月 4 日第 3 张第 4 版。

《电催速办粤汉铁路》,《申报》1905 年 9 月 24 日第 2 版。

《电话公司收归官办》,《申报》1908 年 10 月 1 日第 12 版。

《电话公司添购渡江水线》,《申报》1907 年 12 月 29 日第 12 版。

《定期行驶人力车》,《申报》1907 年 5 月 25 日第 12 版。

《鄂督借英款赎粤汉铁路文》,《申报》1905 年 10 月 16 日第 2 版。

《鄂督张向英国香港政府借款赎回粤汉铁路合同》,《申报》1905 年 10 月 15 日第 9 版。

《鄂民用航空布置完备》,《新闻报》1929 年 1 月 7 日第 2 张第 6 版。

《鄂民用航空开航在即》,《新闻报》1928 年 12 月 6 日第 2 张第 7 版。

《鄂省之财政》,《时报》1924 年 5 月 4 日第 1 张第 1 版。

芳菲:《民信局之回忆》,《晶报》1935 年 1 月 18 日第 2 版。

《焚山搜索散匪》,《申报》1930 年 8 月 19 日第 4 版。

《国内专电·汉口》,《新闻报》1922 年 3 月 4 日第 1 张第 4 版。

寒丙:《武豹长途汽车开驶》,《汉口民国日报》1927 年 7 月 19 日第 2 张第 3 版。

《汉汴洛陕 电话开放》,《申报》1937 年 1 月 12 日第 4 版。

《汉口筹办公共汽车》,《新闻报》1928 年 12 月 31 日第 2 张第 6 版。

《汉口创办电车》,《北京益世报》1924 年 5 月 5 日第 2 张第 6 版。

《汉口创办电车》,《新闻报》1911年8月4日第2张第2版。
《汉口创办电车续闻》,《新闻报》1911年8月20日第2张第2版。
《汉口创办电车之先声》,《神州日报》1911年9月10日第3版。
《汉口创办电车之先声》,《时事新报》1917年4月6日第3张第1版。
《汉口创办电车之议复活》,《申报》1912年3月4日第6版。
《汉口大火电音》,《申报》1887年9月3日第1版。
《汉口电车公司之设备》,《北京益世报》1921年11月25日第2张第6版。
《汉口电车暂行缓办》,《新闻报》1911年8月28日第2张第2版。
《汉口电话局风潮》,《大公报》1922年3月13日第1张第3版。
《汉口拟行电车之运动》,《时报》1911年8月3日第3版。
《汉口取销电车》,《申报》1911年8月28日第1张第4版。
《汉口人力车二次大罢工》,《民国日报》1921年12月9日第2张第7版。
《汉口人力车夫赚钱之能力》,《福报》1931年6月4日第1版。
《汉口事变之善后》,《申报》1916年8月12日第6版。
《汉口通信》,《时报》1921年12月12日第2张第3版。
《汉口争办电车公司》,《北京益世报》1924年3月31日第2张第6版。
《汉口租界人力车夫今日(二十九日)齐行罢工》,《时报》1912年8月31日第2版。
《汉口组织电车公司之先声》,《申报》1911年8月4日第1张第4版。
《汉市创设公共汽车之计划》,《申报·本埠增刊》1928年3月10日第6版。
《汉市委会接管电话主张》,《新闻报》1929年1月23日第2张第8版。
《汉湘电话 开始通话》,《申报》1937年1月15日第4版。
《汉阳创行人力车》,《时报》1907年6月5日第3版。
《汉宜航空定期开航》,《新闻报》1931年3月13日第2张第7版。
《汉渝间航空明日开航 运邮载客》,《申报》1931年10月20日第3张第10版。

《汉自来水电话加征二成》，《民国日报》1926 年 10 月 1 日第 1 张第 2 版。

《和味嫩仙史火轮车诗原韵》，《申报》1877 年 1 月 1 日第 4 版。

《后城马路添车》，《申报》1907 年 3 月 16 日第 10 版。

《湖北借款合同概略》，《新闻报》1912 年 6 月 6 日第 2 张第 1 版。

《湖北省建筑汽车路》，《盛京时报》1929 年 11 月 1 日第 2 版。

《沪蓉航空试航汉口》，《新闻报》1929 年 10 月 9 日第 2 张第 8 版。

《华商组织电车公司》，《申报》1906 年 12 月 31 日第 3 版。

《机联会呈请调解 川帮反对申渝涨价》，《申报》1934 年 3 月 20 日第 3 张第 11 版。

纪元：《西行见闻 武汉社会一瞥》，《申报》1935 年 10 月 8 日第 5 张第 8 版。

《建夏号轮已开航 加入武汉间轮渡 设备装璜为小轮中之巨擘》，《京报》1935 年 10 月 12 日第 5 版。

《交部改装武汉自动电话》，《民报》1933 年 2 月 23 日第 1 张第 3 版。

《交通部调查建委会无线电》，《申报》1929 年 1 月 23 日第 4 张第 16 版。

《京汉铁路落成礼》，《新闻报》第 3 版，1905 年 11 月 12 日。

《卡犯反狱未成》，《申报》1907 年 9 月 29 日第 12 版。

《开办利行公司》，《申报》1907 年 5 月 19 日第 12 版。

琅琅：《渝沪途中漫记（上）》，《晶报》1935 年 9 月 15 日第 2 版。

《两湖公司添驶武汉轮渡》，《申报》1909 年 5 月 30 日第 12 版。

《两湖近闻》，《申报》1929 年 1 月 11 日第 2 张第 7 版。

《轮渡复兴》，《申报》1900 年 6 月 22 日第 2 版。

螺隐：《汉口人力车之内幕》，《时报》1919 年 1 月 14 日第 3 张第 7 版。

《洛撞（潼）枝路有借款修筑之说》，《申报》1905 年 12 月 9 日第 3 版。

《马车业十里洋场一落千丈》，《汉口中西报》1934 年 9 月 15 日第 2 张第 8 版。

《马车轧毙小孩》，《汉口中西报》1933 年 11 月 15 日第 2 张第 8 版。

《马车肇祸》,《汉口见闻录》1910年5月18日"新闻"第1页。
《美实业团游鄂详纪》,《申报》1910年10月7日第1张第2版。
《民信局限年底停业 交部不再通融》,《大美晚报》1934年9月29日第3版。
《民信业年底停业恐慌》,《申报》1934年9月6日第4张第14版。
平凡:《汉口人力车夫赚钱之能力》,《福报》1931年6月4日第1版。
《七省公路会议开幕》,《申报》1932年11月4日第3张第9版。
《请办公共汽车 经市政府批驳》,《汉口民国日报》1927年8月19日第2张第3版。
《人力车夫之生活》,《时事新报》1919年1月11日第3张第4版。
《人力车拖运货物 一主一车为限》,《汉口中西报》1935年5月16日第2张第8版。
《陕抚函商开界西潼铁路》,《申报》1905年11月8日第2版。
《商情与电信》,《申报》1935年11月1日第5张第17版。
《社会局等会同邮局剀切劝令民信局遵令停业》,《时事新报》1934年11月27日第3张第1版。
《申谢收回粤汉铁路传单》,《申报》1905年9月17日第4版。
《首都纪闻》,《申报》1932年1月29日第3张第9版。
谭人凤:《粤汉路事说帖》,《协和报》第2卷第42期,1912年。
《铁路确闻》,《申报》1898年8月7日第1版。
《推广人力车》,《申报》1905年4月21日第17版。
《委员接办武汉电话公司》,《时报》1907年9月19日第3版。
《无线电报力谋发展》,《申报》1927年12月7日第4张第15版。
《武昌人力车罢工风潮详纪》,《时事新报》1917年9月29日第2张第2版。
《武昌:无线电之建设》,《申报》1914年5月23日第7版。
《武昌无线电之交通》,《新闻报》1915年1月16日第3张第2版。
《武昌医专男女学生之冲突 因打电话问题》,《大公报》1924年1月9日第2张第6版。

《武汉电话改隶省府动机》,《新闻报》1928年7月12日第2张第4版。

《武汉电话将归鄂办》,《新闻报》1928年6月21日第2张第4版。

《武汉电话局改用女生》,《民国日报》1922年2月18日第2张第8版。

《武汉电话局之管辖问题》,《申报》1928年6月22日第3张第10版。

《武汉电话之沿革史》,《大公报》1918年12月10日第2张第6版。

《武汉各界积极筹办民用航空》,《新闻报》1928年10月29日第3张第9版。

《武汉利济轮渡将次开行》,《申报》1908年10月11日第12版。

《武汉三镇 自动电话装竣通话》,《申报》(号外)1934年2月16日第1版。

《武汉西安间 明日通话》,《申报》1937年3月4日第4版。

《武汉至皖南 电话开放》,《申报》1937年4月13日第4版。

《武梁路占民地》,《汉口中西报》1933年7月26日第2张第7版。

啸岚:《汉口人坐电车吗》,《壮报》1933年2月19日第3版。

《新汉口修建电车之问题》,《新闻报》1912年7月24日第2张第1版。

《新汉口之大建筑》,《申报》1912年3月26日第6版。

星寒:《湖北省道近况》,《时事新报》1935年8月31日第3张第3版。

《续述风灾》,《申报》1881年7月7日第2版。

《巡宪拟减还人力车原额》,《汉口见闻录》1910年4月22日"新闻"第1页。

《严禁渡船勒索多装示》,《申报》1882年8月3日第9版。

饮水:《经营,管理,监理》,《申报·首都市政周刊》1929年8月12日第82期。

《英公使反对德技师 请令汉口电话局解聘》,《天津益世报》1920年5月22日第2张第6版。

《英国决撤在华客邮》,《时事新报》1922年9月9日第1张第2版。

《粤汉航空筹备就绪》,《申报》1933年5月20日第2张第8版。

《粤汉路完成后 湘米即将运销粤省 洋米贬价竞销》,《申报》1936年10月23日第2张第7版。

《在华客邮之调查》,《时事新报》1922年8月2日第3张第1版。

赵君豪:《汉粤纪行（二）》,《申报》1936年3月7日第2张第8版。

《照录粤汉铁路合同》,《申报》1898年12月17日第1—2版。

《浙江咨议局条呈改良钱江义渡建议案（续）》,《申报》1910年6月17日第26版。

《志汉口新开马路情形》,《申报》1906年6月4日第10版。

《中孚电车公司之进行》,《申报》1911年8月9日第1张第4版。

《组织马车公司》,《申报》1907年2月18日第11版。

（二）期刊

《安庆通讯》,《皖事汇报》第22—23期,1936年。

《本市公共汽车营业情况统计报告（二）》,《新汉口：汉市市政公报》第2卷第4期,1930年。

《本市公共汽车营业情况统计报告（四）》,《新汉口：汉市市政公报》第2卷第9期,1931年。

《本市公共汽车营业情况统计报告（五）》,《新汉口：汉市市政公报》第2卷第11期,1931年。

《编辑后记》,《汉口商业月刊》第2卷第5期,1935年。

《汴洛铁路开车之消息》,《山东官报》第65期,1906年。

钞胥:《某小姐一辆汽车》,《汉口舆论汇刊》第17期,1935年。

陈琮:《湖北省道交通概况（二）》,《汉口商业月刊》第1卷第11期,1934年。

陈琮:《湖北省道交通概况（一）》,《汉口商业月刊》第1卷第10期,1934年。

陈明远:《我国商业衰落之开展》,《汉口商业月刊》第2卷第5期,1935年。

《川沪间航线添一新轮》,《新世界》第10卷第8期,1937年。

《对于平汉运价及营业税整卖等问题呈省府文》,《汉口商业月刊》第1卷第1期,1934年。

《峨嵋轮定期直航渝沪》,《航业月刊》第1卷第6期,1931年。

冯锐:《粤汉铁路完成与我国农业复兴之影响》,《粤汉铁路株韶段工程月刊》第 4 卷第 5 期,1936 年。

《副官处函汉口电话局据汉口区指挥官报告普通电话机呼应不灵请转函电话局迅派工修理等情函请查照迅予饬工分赴各该区一律接线修理文》,《警备专刊》第 6 期,1930 年。

戈公振:《报纸与电信》,《电信》第 1 卷第 2 期,1930 年。

《各行大事记·申行》,《聚星》新编第 2 卷第 7 期,1934 年。

《工务卫生局拟定马车行整理办法》,《新汉口:汉市市政公报》第 1 卷第 3 期,1929 年。

《公用汽车营业情况》,《新汉口:汉市市政公报》第 1 卷第 6 期,1929 年。

《关于设立船舶登记所事项》,《交通部汉口航政局局务汇刊》1932 年 1 月卷。

《关于设立各办事处事项》,《交通部汉口航政局局务汇刊》1932 年 1 月卷。

《光绪三十四年邮政事务情形总论》,《交通官报》第 3 期,1909 年。

《国民政府行政院财政部训令》第 6028 号,《财政旬刊（汉口）》第 22 期,1929 年。

《国内劳工消息·国内经济状况·各地状况》,《国际劳工通讯》第 19 期,1936 年。

《国内劳工消息（五月份）:武昌汉阳整顿人力车办法》,《国际劳工通讯》第 9 期,1935 年。

《函第四集团军总司令部请禁各军强拉轮渡由》,《湖北建设月刊》第 1 卷第 3 期,1928 年。

《函复汉口总商会展缓接收汉新汽车公司殊难照准由》,《湖北建设月刊》第 1 卷第 5 期,1928 年。

《汉口的人力车问题:关于人力车的又一报告》,《新汉口:汉市市政公报》第 1 卷第 4 期,1929 年。

《汉口的人力车问题:规定人力车价目》,《新汉口:汉市市政公报》第

1卷第4期，1929年。

《汉口的人力车问题：统一全市人力车》，《新汉口：汉市市政公报》第1卷第4期，1929年。

《汉口电话局风潮志》，《电气工业杂志》第2卷第4期，1922年。

《汉口电话局内部摄影：(丁) 蓄电池室》，《电气》第21期，1918年。

《汉口贸易之研究》，《经济评论》第2卷第1期，1935年。

《汉口人力车夫罢工始末记》，《劳动周刊》第18期，1921年。

《汉口市工业调查》，《检验月刊》第9—12期，1934年。

《汉口市人力车工生活状况调查表》（二十五年十二月），《湖北省政府公报》第274期，1937年。

《汉口特别市公共汽车伤人处理规则》，《公用汇刊》第1期，1929年。

《汉口特别市公用局公共汽车路线图》，《公用汇刊》第1期，1929年。

《汉口特别市取缔汽车司机规则》，《公用汇刊》第1期，1929年。

《汉口修筑电车之波折》，《电气》第6期，1914年。

《汉口自动电话将完成》，《新电界》第3卷第7期，1933年。

鸿祥：《公共汽车营业情况》，《新汉口：汉市市政公报》第2卷第2期，1930年。

鸿祥：《公共汽车营业情况》，《新汉口：汉市市政公报》第1卷第9期，1930年。

《湖北建设厅航政处民国二十三年武汉轮渡收支盈余统计表》，《汉口商业月刊》第1卷第11期，1934年。

《湖北建设厅整理武汉轮渡章程》，《建设月刊》第1卷第1期，1928年。

《湖北民办汽车路概况》，《中国建设》第3卷第5期，1931年。

《湖北省道概况》，《中国建设》第3卷第5期，1931年。

《湖北省公路管理局鄂东段各站乘客往来人数统计表（二十四年七月份）》，《公路半月刊》第1卷第2期，1936年。

《湖北省公路路线表（七省公路会议决定）》，《工程周刊》第2卷第8期，1933年。

《湖北之公路（二）：武葛路桥》，《汉口商业月刊》第 1 卷第 10 期，1934 年。

《湖北之公路工程》，《道路月刊》第 53 卷第 1 期，1937 年。

化府：《由汉口贸易谈到长江贸易与全国贸易》，《经济评论》第 1 卷第 1 期，1934 年。

黄霭如：《对于粤汉铁路湘鄂段继续建筑之感言》，《铁路协会会报》第 109 期，1921 年。

吉夫：《第二次考验本市汽车驾驶人》，《新汉口：汉市市政公报》第 2 卷第 6 期，1930 年。

既明：《汉口电报局》，《银行杂志》第 2 卷第 13 期，1925 年。

《建筑沿江马路工程施工状况：建筑怡码头》，《新汉口：汉市市政公报》第 1 卷第 8 期，1930 年。

《交通部航政局组织法》，《江西建设月刊》第 5 卷第 1、2 期合刊，1931 年。

《接收洛潼铁路之详情》，《铁路协会会报》第 19 期，1914 年。

《据呈赍汉宜鄂东两路二十二年收入一览表请鉴核仍仰锐意整顿随图发展表存备查》，《湖北省政府公报》第 44 期，1934 年。

《考验本市汽车驾驶人详情》，《新汉口：汉市市政公报》第 2 卷第 4 期，1930 年。

孔庚：《湖北建设厅公函：第六三号》，《建设月刊》第 1 卷第 1 期，1928 年。

李范一：《鄂省公路航路及长途电话现况》，《银行周报》第 18 卷第 48 期，1934 年。

李树春：《对于武汉电话交换机之研究》，《电气》第 19 期，1917 年。

李敩之：《从铁展会平汉粤汉两路沿线物产报告中观察汉口地位》，《汉口商业月刊》第 1 卷第 7 期，1934 年。

李肇民：《从各业赢亏调查中观察汉口商场病态》，《汉口商业月刊》新第 1 卷第 6 期，1936 年。

林岳皋：《粤汉铁路之评价》，《青年月刊》第 3 卷第 1 期，1936 年。

凌鸿勋：《粤汉铁路工程之推进及将来湘粤两省商业之展望》，《南针（上海1929）》第 7 期，1935 年。

刘文岛：《呈请援案令饬将电话局划归本府监管》，《新汉口：汉市市政公报》第 1 卷第 3 期，1929 年。

《六年来我的邮政生活与思想之变迁（续前）》，《汉口邮工》第 2—3 期，1932 年。

《陇秦豫海铁路借款合同》，《中华实业丛报》第 2 期，1913 年。

《陇秦豫海铁路之经过》，《中国实业杂志》第 5 卷第 11 期，1914 年。

《芦汉铁路借款合同》，《路政之研究》第 4 期，1920 年。

《拟办洛潼铁路》，《北洋官报》第 846 期，1905 年。

《批汉新汽车公司该汽车路已经省府议决改为省道并设局管理饬即遵照移交由》，《湖北建设月刊》第 1 卷第 5 期，1928 年。

《批致远汽车公司为承顶武金长途汽车公司继续营业因前公司移交案卷不全请将对于武金堤段负责办法抄发以便体察情形呈请核办由》，《湖北建设月刊》第 1 卷第 11 期，1929 年。

杞生：《我国邮政问题之综合研究》，《汉口邮工月刊》第 1 卷第 3—4 期，1934 年。

清波：《工商各界应共同促进武汉繁荣》，《汉口商业月刊》第 2 卷第 12 期，1935 年。

《取缔马车》，《新汉口：汉市市政公报》第 1 卷第 6 期，1929 年。

《全国市内电话调查》，《电工》第 8 卷第 1 期，1937 年。

［日］井上谦吉：《中国航空界之现状》，寻真译，《汉口邮工月刊》第 1 卷第 1 期，1934 年。

《省政府令据建设厅呈报接收汉新长途汽车公司情形》，《湖北省政府公报》第 17 期，1928 年。

《市营事业与公共汽车》，《新汉口：汉市市政公报》第 2 卷第 6 期，1930 年。

孙棣三：《粤汉铁路完成与武汉之勃兴》，《汉江晚报周年纪念号》，1926 年。

唐应晨：《我国城市电话事业之进展》，《市政评论》第 5 卷第 6 期，1937 年。

汪联松：《调查公共汽车管理处情形及应改革事项》，《新汉口：汉市市政公报》第 1 卷第 1 期，1929 年。

汪如玉：《人力车的片段》，《社会周报（上海）》第 1 卷第 41 期，1935 年。

蔚文：《陇秦豫海铁路过去之历史及现状》，《金城》第 1 卷第 11 期，1926 年。

吴国桢：《取缔乘坐人力车者催促车夫加紧奔跑以重人道仰遵照办理具报》，《湖北省政府公报》第 49 期，1934 年。

吴希曾：《粤汉铁路湘鄂线沿革史略》，《铁路协会会报》第 104 期，1921 年。

《武昌自动电话完成通话》，《新电界》第 3 卷第 2 期，1933 年。

《武汉轮渡撮影》，《公用汇刊》第 1 期，1929 年。

《武汉轮渡调查表》，《公用汇刊》第 1 期，1929 年。

《武汉轮渡改进概要》，《中国建设》第 3 卷第 5 期，1931 年。

《武汉轮渡之调查》，《新汉口：汉市市政公报》第 1 卷第 4 期，1929 年。

《武汉市电话总局组织章程》，《武汉市政公报》第 1 卷第 5 期，1929 年。

《武汉市公安局呈请安设电铃及军用电话》，《湖北省政府公报》第 8 期，1928 年。

《武汉市公共车管理处处长谈建筑车场及车身路线计画》，《湖北省政府公报》第 33 期，1929 年。

《武汉特别市汉口行驶各项车辆现有数目及状况表（租界除外）》，《新汉口：汉市市政公报》第 1 卷第 1 期，1929 年。

《武汉政治分会李主席电交通部请将武汉电话由鄂省政府管辖》，《湖北省政府公报》第 7 期，1928 年。

《武汉之人力车》，《中外经济周刊》第 195 期，1927 年。

解鸿祥：《公共汽车营业情况报告暨近月来平车营业低落之原因》，《新汉口：汉市市政公报》第1卷第12期，1930年。

解鸿祥：《公共汽车营业情况报告》，《新汉口：汉市市政公报》第2卷第1期，1930年。

解鸿祥：《公共汽车营业情况》，《新汉口：汉市市政公报》第1卷第10期，1930年。

解鸿祥：《公共汽车营业情况》，《新汉口：汉市市政公报》第1卷第7期，1930年。

谢宅山：《汉口电车路商榷书》，《道路月刊》第13卷第1期，1925年。

《训令（第一九九〇号）：令湖北省政府为军政部请划王家墩地址为飞机场案由》，《行政院公报》第58期，1929年。

杨拱辰：《粤汉铁路之概观》，《铁路杂志》第2卷第7期，1936年。

叶蓬：《训令本部稽查处处长任本昭据汉口市公安局呈请撤回派驻汉口电话局及电灯公司之保安队士等情转令不时派探前往该两处侦察由》，《警备专刊》第6期，1930年。

《一年来之电政》，《交通职工月报》第2卷第2—3期，1934年。

挦声：《得友人书言汴洛铁路告成感赋三绝》，《豫报》第1期，1907年。

幼申：《汉口最近之金融恐慌及其对策》，《经济评论》第2卷第7期，1935年。

余受之：《川江归棹记》，《国闻周报》第13卷第45期，1936年。

《豫鄂皖赣苏浙湘七省公路会议纪录》，《实业杂志》第191期，1934年。

《粤汉铁路湘鄂线运输及营业状况》，《铁路协会会报》第103期，1921年。

《运输情形》，《铁路协会会报》第77期，1919年。

曾秉坤：《汉口邮政管理局参观记》，《中华周刊》第564期，1936年。

曾宪琳：《粤汉铁路通车与我国前途之关系》，《路向》第3卷第7期，1936年。

章勃：《我国急须完成五大干线意见书（转载）》，《南浔铁路月报》第8卷第1期，1930年。

张克明：《汉口历年来进出口贸易之分析》，《汉口商业月刊》第2卷第2期，1935年。

张梁任：《中国历代邮制概要》，《东方杂志》第32卷第1期，1935年。

张延祥：《提倡国货与建设汉口为国内自由市》，《汉口商业月刊》第1卷第5期，1934年。

《招商局与平汉路联运成功》，《交通职工月报》第2卷第1期，1934年。

《招商局与平汉路联运》，《工商半月刊》第6卷第7期，1934年。

《指令（第二九三八号）：令汉口特别市政府呈为据公安局呈请将电话局收归市府管理请鉴核施行由》，《行政院公报》第92期，1929年。

《指令武泰武丰堤闸防守主任涂允钦据呈复查考致远金武汽车公司修理武泰堤路情形仰仍严饬依照原约履行》，《湖北水利月刊》第2卷第1期，1930年。

峙冰：《铁道与贸易》，《上海总商会月报》第1卷第6期，1921年。

周公朴、李树椿、徐大本：《武汉电话局最近扩展工程》，《工程周刊》第2卷第13期，1933年。

周以让：《武汉三镇之现在及其将来》，《东方杂志》第21卷第5期，1924年。

周锺歧：《粤汉铁路今后之使命》，《铁路杂志》第2卷第4期，1936年。

邹宗伊：《二十三年度汉市百业赢亏调查》，《汉口商业月刊》第2卷第8期，1935年。

邹宗伊：《四省特展之意义及其展望》，《汉口商业月刊》新第1卷第10期，1937年。

三 著作

（一）国内

（清）范锴著，江浦等校释：《汉口丛谈校释》，湖北人民出版社1999

年第 2 版。

(清) 叶调元著, 徐明庭、马昌松校注:《汉口竹枝词校注》, 湖北人民出版社 1985 年版。

(清) 张寿波编纂:《最近汉口工商业一斑》, 商务印书馆 1911 年版。

陈钧、任放:《世纪末的兴衰——张之洞与晚清湖北经济》, 中国文史出版社 1991 年版。

樊百川:《中国轮船航运业的兴起》, 中国社会科学出版社 2007 年第 2 版。

冯次行编:《中国棉业论》, 北新书局 1929 年版。

冯天瑜、陈锋主编:《武汉现代化进程研究》, 武汉大学出版社 2002 年版。

冯天瑜、陈勇编著:《国际视野下的大武汉影像 (1838—1938)》, 人民出版社 2017 年版。

侯红志等编著:《老照片上的武汉》, 武汉出版社 2022 年版。

胡哲民编辑:《湖北省概况》, 中国文化学会总会 1934 年版。

《湖北航运史》, 人民交通出版社 1995 年版。

黄强、唐冠军主编:《长江航运百年探索》, 武汉出版社 2009 年版。

蒋君章编著:《西南经济地理纲要》, 正中书局 1943 年版。

李昌隆编著:《中国桐油贸易概论》, 商务印书馆 1934 年版。

李继曾、施葆瑛编:《武汉指南》, 汉口行市日报馆 1921 年版。

凌耀伦主编, 李天元等编写:《民生公司史》, 人民交通出版社 1990 年版。

刘中国、黄晓东:《容闳传》, 珠海出版社 2003 年版。

楼祖诒:《中国邮驿发达史》, 中华书局发行所 1940 年版。

罗正齐:《港口经济学》, 学苑出版社 1991 年版。

皮明庥、欧阳植梁主编:《武汉史稿》, 中国文史出版社 1992 年版。

皮明庥主编:《近代武汉城市史》, 中国社会科学出版社 1993 年版。

皮明庥主编:《武汉通史·晚清卷》, 武汉出版社 2006 年版。

任放主编:《中国近代经济地理·华中近代经济地理》, 华东师范大学出版社 2016 年版。

盛叙功编译，刘虎如校订：《交通地理》，商务印书馆 1931 年版。

苏生文：《中国早期的交通近代化研究（1840—1927）》，学林出版社 2014 年版。

涂文学：《城市早期现代化的黄金时代——1930 年代汉口的市政改革》，中国社会科学出版社 2009 年版。

汪瑞宁：《武汉铁路百年》，武汉出版社 2010 年版。

王葆心著，陈志平等点校：《续汉口丛谈·再续汉口丛谈》，湖北教育出版社 2002 年版。

武汉书业公会编纂：《汉口商号名录（附汉口指南）》，武汉书业公会 1920 年版。

谢彬：《中国邮电航空史》，中华书局 1933 年版。

行政院新闻局编：《电信事业》，行政院新闻局 1947 年版。

杨志洵译述，李湛田校订：《水运》，邮传部图书通译局，出版时间不详。

叶兆言：《南京传》，译林出版社 2019 年版。

郁秉坚编述：《电信大意》，中国科学图书仪器公司 1949 年版。

章勃：《日本对华之交通侵略》，商务印书馆 1931 年版。

张心澂：《中国现代交通史》，良友图书印刷公司 1931 年版。

郑少斌主编：《武汉港史》，人民交通出版社 1994 年版。

中国公路交通史编审委员会编：《中国公路史》（第一册），人民交通出版社 1990 年版。

周荣亚编著：《武汉指南》，新中华报馆 1933 年版。

朱从兵：《张之洞与粤汉铁路——铁路与近代社会力量的成长》，合肥工业大学出版社 2011 年版。

朱美予编著：《中国桐油业》，中华书局 1939 年版。

（二）国外

［德］沃尔夫冈·希弗尔布施：《铁道之旅：19 世纪空间与时间的工业化》，金毅译，上海人民出版社 2018 年版。

[美] 刘广京：《英美航运势力在华的竞争（1862—1874年）》，邱锡镣、曹铁珊译，上海社会科学院出版社1988年版。

[美] 罗威廉：《汉口：一个中国城市的商业和社会（1796—1889）》，江溶、鲁西奇译，中国人民大学出版社2005年版。

[美] 马士：《中华帝国对外关系史》（第三卷），张汇文等译，上海书店出版社2000年版。

[美] 史谦德：《北京的人力车夫：1920年代的市民与政治》，周书垚、袁剑译，周育民校，江苏人民出版社2021年版。

[美] 伊锡尔·德·索拉·普尔主编：《电话的社会影响》，邓天颖译，展江校，中国人民大学出版社2008年版。

[日] 松浦章：《清代内河水运史研究》，董科译，江苏人民出版社2010年版。

四 论文

（一）期刊论文

常城：《论汉口开埠初期湖北航运业新旧力量的嬗递（1861—1889）》，《湖北经济学院学报》2017年第3期。

陈波：《汉口五国租界"客邮"始末》，《集邮博览》2004年第6期。

陈玥：《从多元到整合的晚清汉口邮政——以江汉关博物馆馆藏为视角》，《集邮博览》2018年"大龙邮票与清代海关邮政——大龙邮票诞生140周年特刊"。

胡俊修、曹野：《长江轮渡与近代武汉市民生活》，《湖北社会科学》2008年第7期。

胡鲁瑶、杨方益：《解放前镇江工商概述——抗战前部份》，宝应县政协文史资料研究委员会编《镇江文史资料》第15辑，1989年。

李友林、张明方、刘建群：《武汉公共汽车（1929.2—1945.5）》，《武汉春秋》1982年试刊2号。

梁志权：《清末民初汉口创办有轨电车计划失败经过》，《湖北档案》2002年第3期。

刘秋阳：《困顿与迷茫——近代的武汉人力车夫》，《学习月刊》2007年第4期。

龙良超、廖广生：《人力车和轿子》，《武汉春秋》1983年第4期。

马庆国：《民国时期镇江海关逐渐衰落的研究》，镇江市历史文化名城研究会编印《镇江市历史文化名城研究论文集》第五集，2004年。

舒国藩：《也谈轿和轿夫》，《文史杂志》1990年第2期。

苏醒：《清末武汉驿站漫谈》，《武汉文史资料》2020年第4期。

汤蕾：《抗战后人力车夫多重管理者角色探析——以1946—1949年汉口废除人力车运动为例》，《学习月刊》2012年第8期。

汤蕾：《老武汉的街头文化——近代汉口人力车夫的业缘与生存》，《三峡文化研究》（第七辑），2007年。

汤蕾：《战后汉口人力车夫的生存合力（1945—1949）》，《华中师范大学学报》（人文社会科学版）2007年第6期。

涂文学：《武昌起义后汉口重建中的国家与社会》，《史林》2021年第6期。

王耀、周德钧：《近代中国城市电信事业的基本考察（1884—1937）——以武汉为样本的分析》，《南京邮电大学学报》（社会科学版）2023年第3期。

吴成国、王秦：《江汉关与武汉——以航运交通为中心的考察》，《档案记忆》2023年第3期。

吴成国、王秦江：《江汉关与近代武汉的城市发展——以航运交通为中心的考察》，《湖北大学学报》（哲学社会科学版）2023年第1期。

吴承胜：《近代武汉轮渡发展述论》，《社会科学动态》2017年第8期。

吴华、李俊：《民国大武汉城市公共交通》，《档案记忆》2020年第5期。

吴华、徐佳：《民国大武汉对外交通》，《档案记忆》2020年第4期。

严锴、严昌洪：《中共武汉地方组织与1921年汉口人力车夫大罢工》，《广东社会科学》2022年第5期。

张克兰：《清末民初湖北内河航运业的变迁》，《长江论坛》1998年第

3 期。

张学厚：《郑州棉花业的兴衰》，《河南文史资料》编辑部编辑《河南文史资料》（第 37 辑），中国人民政治协商会议河南省委员会文史资料委员会 1991 年版。

张炎卿：《郑州花行旧闻》，《河南文史资料》编辑部编辑《河南文史资料》（第 44 辑），中国人民政治协商会议河南省委员会文史资料委员会 1992 年版。

张益游：《怀念逝去的南湖机场》，《档案记忆》2023 年第 3 期。

赵苒婷、谭刚毅：《"兴"、"隐"之间——京汉、粤汉铁路与汉阳（城）》，《华中建筑》2019 年第 11 期。

（二）学位论文

艾智科：《公共汽车：近代城市交通演变的一个标尺——以 1929 年到 1931 年的汉口为例》，硕士学位论文，四川大学，2007 年。

卞桂英：《战后武汉电信事业研究（1945—1949）》，硕士学位论文，华中师范大学，2014 年。

郭少丹：《清末陇海铁路研究（1899—1911）》，博士学位论文，苏州大学，2015 年。

李伦：《中共早期在人力车工人群体中的动员》，硕士学位论文，华中科技大学，2021 年。

李明术：《近现代武汉水运对城市空间演变影响规律研究（1861 年—2009 年）》，博士学位论文，华中科技大学，2011 年。

苏明强：《近代湖北航政研究（1928—1949）》，博士学位论文，华中师范大学，2015 年。

汤蕾：《多重权力网络下的近代中国人力车夫——以 1945—1949 年的汉口人力车夫为中心》，硕士学位论文，华中师范大学，2006 年。

于镕彬：《晚清以来武汉的轮渡事业与城市交通网络（1896~1987）》，硕士学位论文，华中师范大学，2021 年。

英　文

"Automatic Telephones Installed in Hankow," *The Shanghai Evening Post & Mercury*, December 16, 1935.

"Mr. Detring and the Tsungli Yamen," *The North – China Herald and Supreme Court & Consular Gazette (1870 – 1941)*, September 10, 1897.

后　记

本书是我个人第一部严格意义上的学术专著（以前多为合著与主编），对学术界的"大龄新人"来说，自是不易。本书的写作缘于我参与的"武汉城市通史"研究项目。在这一项目中，我负责晚清民国时期武汉三镇近代交通事业发展演变的内容，在查阅报刊、档案资料及写作的过程中，逐渐萌发出将相关内容汇总并以城市史的视野对近代武汉交通变迁进行考察的念头，最终形成了这本薄薄的小册子。

在原本的设想中，本书力求解决两个问题，一是通过对近代武汉交通发展变迁的全面梳理、系统概括，弥补当前关于近代武汉交通研究过于分散、细化的不足；二是通过对近代武汉交通发展状况的系统梳理，全方位展现现代交通对近代武汉城市空间、经济格局、社会生活、城市功能等方面的多重复合影响，进一步透视城市发展的独特样貌、角色定位与基本特点。然则，由于本人学识有限，最终呈现的结果只见广度、未见深度，只见概览、未见探究，只能寄希望今后在研究中继续深入。

本书的写作参考、运用了诸多作者的研究成果，特此一并向所有给本书提供借鉴的学人致以衷心的感谢。此外，书中部分章节曾以论文的形式在相关期刊发表，在此专一说明。

本书的出版得到了江汉大学"城市治理与文化传承"省级优势特色学科群的资助及中国社会科学出版社鲍有情编辑、何路广先生的支持与帮助，硕士研究生邱湘岚协助做了大量的校对修订工作，在此一并表示最真诚的敬意和最衷心的感谢!

  本书完结之时,适逢三伏。近四十度的高温,火炉武汉的顶楼,三尺见方的书房,虽有空调,然亦是汗流浃背,幸有温柔贤惠的妻子与活泼可爱的女儿陪伴左右,方能驱赶我内心的焦躁不安。我将保有这份淡定从容,在学术的道路上继续前行!

癸卯盛夏于汉上